Chinese History

彩圖版

You never know these Interesting Stories about Chinese History

老師沒教的中國史

透析紛擾宋遼

從五代十國到南宋907A.D.－1270A.D.

李默──【主編】

CONTENTS

◎五代十國

◎宋遼金夏

目錄

CONTENTS

目錄

CONTENTS

926A.D. 唐同光四年、唐明宗李亶天成元年；契丹天贊五年、大宗耶德光天顯元年

・四月，從馬直指揮使郭從謙作亂，莊宗中流矢死。李嗣源至東都，稱監國，尋稱皇帝，改元天成，是為明宗。阿保機死，次子德光立，是為太宗。

932A.D. 唐長興三年；契丹天顯七年

・二月，後唐令國子監依西京石經本校定九經，雕版印製，官府大規模刻書自此始。

・十一月，後唐派人到兩浙、荊湖收集唐宣宗以後野史文獻。

933A.D. 唐長興四年；南漢大有六年；吳大和五年；契丹天顯八年；閩龍啓元年

・正月，閩王王延鈞稱帝，國號大閩，改元龍啓。十一月二十六日，李嗣源病逝。

・十二月，後唐宋王李從厚即皇帝位（是為後唐閩帝）。

934A.D. 唐應順元年；契丹天顯九年；後蜀明德元年

・閏正月，孟知祥稱帝。國號蜀，史稱後蜀，都成都。

・二月，後唐李從珂拒命，三月舉兵東下，四月即皇帝位，改元清泰（是為後唐末帝）。

935~945A.D.　945~960A.D.

946A.D. 晉開運三年；契丹會同九年

・十一月，契丹大舉攻晉。十二月，杜威等降於契丹，契丹主遣降將張彥澤先取開封，晉帝降。

947A.D. 漢高祖劉暠天福十二年；契丹會同十年、遼大同元年、世宗天祿元年

・二月，契丹主耶律德光服漢衣冠，受百官賀，改國號為遼，改元大同。

・劉知遠稱皇帝於太原，六月，劉知遠至汴州，定國號曰漢，是為後漢高祖。

・契丹主兀欲因其祖母述律太后，改元天祿，自稱天授皇帝，是為遼世宗。

950A.D. 北漢乾祐三年；遼天祿四年

・漢隱帝殺大臣楊邠、史弘肇、王章等，又遣人赴鄴都殺郭威，威引兵趨東京，隱帝親禦之，為亂兵所殺，威入東京，立高祖侄武寧節度使劉贇為皇帝，遣使迎之，旋即殺之。

951A.D. 周大祖郭威廣順元年；遼天祿五年、穆宗耶律璟應曆元年；北漢世祖劉崇乾祐四年

・正月，郭威即帝位，國號周，是為後周太祖。九月，契丹主兀欲被察割軋弑殺，自立為皇帝，部衆旋殺察割，奉耶律德光之子述律為主，改元應曆，更名明，是為穆宗。

954A.D. 周世宗郭榮顯德元年；遼應曆四年；北漢乾祐七年

・周太祖死，養子柴榮繼位，是為世宗，改元顯德。二月，契丹、北漢連兵攻潞州，敗周兵；三月，周帝率兵禦之，大敗之於高平，乘勝進圍太原。

959A.D. 周顯德六年；遼應曆八年；北漢天會三年

・趙匡胤為殿前都點檢。

・周世宗死，子宗訓繼位，是為恭帝。

五代十國

五代十國年表 907~959A.D.

907~915A.D. 915~925A.D. 925~935A.D.

907A.D. 唐天祐四年；梁太祖朱晃開平元年

．四月，唐哀帝禪位於朱全忠，全忠即位，國號梁，更名晃，是為梁太祖。契丹主耶律阿保機侵雲州，李克用與其議和，約定共同攻擊梁，阿保機歸契丹後，李克用背盟。

．九月，王建稱皇帝，國號蜀。

908 A.D. 梁開平二年；蜀太祖王建武成元年

．二月，李克用死，子存勖繼為河東節度使、晉王。淮南將軍徐溫等殺節度使楊渥，奉其弟隆演為主。

912A.D. 梁乾化二年；蜀永平二年

．六月，梁帝為其子友珪所殺，友珪稱皇帝。

913A.D. 梁郢王朱友珪鳳曆元年、梁末帝朱友貞乾化三年；蜀永平三年

．二月，梁均王朱友貞勾結禁軍殺梁帝友珪；友貞即位於開封，復稱乾化三年，是為梁末帝。

916A.D. 梁貞明二年；契丹太祖耶律阿保機神冊元年

．二月，梁晉大戰於魏州，梁兵大敗。契丹主耶律阿保機稱皇帝，建元神冊，是為太祖。

919A.D. 梁貞明五年；契丹神冊四年；吳楊隆演武義元年

．四月，吳王楊隆演稱吳國王，以徐溫為大丞相、都督中外諸軍事，封東海郡王。次年五月，吳國王楊隆演死，徐溫迎王弟楊溥繼位。

923A.D. 梁龍德三年；唐莊宗李存勖同光元年；契丹天贊二年

．四月，晉王李存勖稱皇帝，國號唐。十月，唐主李存勖率兵襲梁，俘王彥章。梁主令其下殺之，梁亡。

925A.D. 唐同光三年；蜀威康元年

．唐李存勖發兵攻蜀，十一月，蜀主王衍降。

936A.D. 唐清泰三年；晉天福元年；契丹天顯十一年

．五月，河東節度使石敬塘上表，以幽薊十六州為代價，換取契丹援助，叛後唐。九月，契丹軍南下，大敗後唐軍。十一月，遼太宗冊封石敬塘為帝，國號晉，史稱後晉。閏十一月，石敬塘攻入洛陽，末帝從珂自殺，後唐亡。

938A.D. 晉天福三年；契丹天顯十二年、會同元年

．石敬塘割燕雲十六州與契丹。遼太宗詔以皇都為上京，升幽州為南京，南京為東京。

943A.D. 晉出帝石重貴天福八年；南唐昪元七年、中主李璟保大元年

．二月，唐主昪死，子璟嗣，是為中主，改元保大。

944A.D. 晉天福九年、開運元年；後蜀廣政七年；南唐保大二年

．後蜀王孟昶作春聯，中國春聯開始。

朱全忠建梁、五代開始

朱溫，即朱全忠，原為黃巢部將，中和二年，與唐王重榮戰於夏陽，由於援軍缺乏，朱溫知起義軍大勢已去，於是舉兵投王重榮。唐朝廷授朱溫同華節度使、右軍吾大將軍、河中行營招討副使，賜名全忠。朱全忠兵勢強盛，企圖篡唐以代，後詔授朱全忠為梁王。朱全忠先後兼併淮北、漢水中下游，東迄山東、西接關中，北與燕南、晉南相接，古稱中原之地都被朱所佔據。朱全忠先後殺昭宗、立幼主、屠諸王、滅朝士，擁兵自重，境外諸藩如李克用、李茂貞、王建、楊渥、錢鏐、劉仁恭等不能與之抗衡。當時唐哀帝困居洛陽，在朱全忠掌握之中。

唐天祐四年（西元九〇七年）正月，哀帝遣御史大夫薛貽矩至大梁慰問。薛返回洛陽告知朱全忠有意受禪。哀帝被逼下詔，定於二月禪位。二月，唐哀帝李柷令文武百官前往朱全忠帥府勸進，湖南、嶺南藩鎮也上書勸進。三月十三日，再令薛貽矩赴大梁傳禪位之意。二十七日，哀帝正式禪位於梁。唐天祐四年（西元九〇七年）四月十六日，梁王朱全忠更名朱晃，十八日，梁王即皇帝位，即歷史上的後梁太祖。二十二日大赦，改元「開平」，國號「大梁」，以汴州為開封府，稱東都。以唐東都洛陽為西都，廢唐西京長安，改稱大安府，置佑國軍。以哀帝為濟陰王，遷之於曹州，派兵防守，第二年將哀帝殺死。撤廢樞密院，設崇政院，任命首輔敬翔為使。自此，自高祖以來經二十一帝，兩百八十九年的李唐王朝為梁王朱晃所亡，中國進入分裂，五代十國混戰開始。

同時河東、鳳翔、淮南、川蜀仍奉唐正朔，抗拒梁朝。河東沙陀李克用與朱溫勢不兩立；川蜀王建與鳳翔李茂貞相約聯晉李克用發兵攻梁。九月，王建在蜀稱帝；淮南楊渥則擁兵坐觀時局變化。而南方政權諸鎮先後向後梁稱臣接受冊封，契丹也遣使與梁，唐滅亡後各割據政權相繼形成並展開混戰。

朱溫像

王建稱帝、建國大蜀

前蜀天復七年（西元九〇七年）九月，王建得知朱溫廢唐哀帝建大梁即帝位後，拒絕向朱溫稱臣，在成都稱帝，國號大蜀（後曾一度改漢，史稱前蜀）。冊立皇太子，封爵諸王，設置文武百官。授王宗傳爲中書令，韋莊判中書門下事，唐道襲爲樞密使。

王建原籍許州舞陽人，少時不務正業，以屠牛馬、盜竊、販鹽爲生，有「賊王八」之稱。後來在唐末農民起義時乘亂而起，起兵佔據川蜀，採取了一些有利於農業生產和安撫息平的政策，當時有很多朝廷官士名族到蜀避亂，得到王建的優厚對待。當時蜀境已成爲繁華安定的經濟文化中心，領兩川、山南西道四十六州之地，置武信、永平、保寧等十餘節度使。王建晚年聽信於宦官，日益昏潰，前蜀光大元年（西元九一八年）六月病逝，享年七十二歲。其子王宗衍繼位。

王建坐像

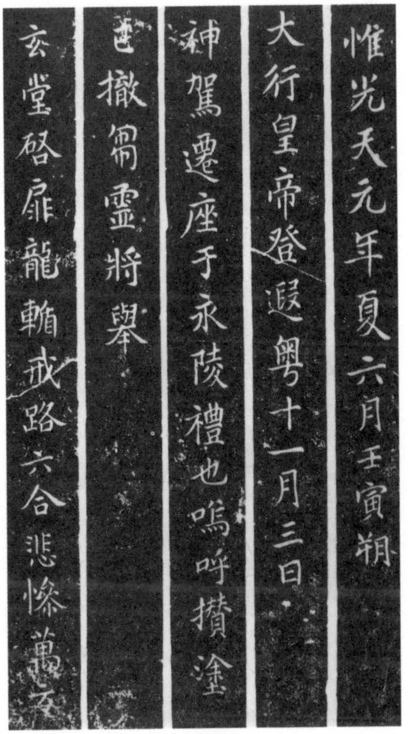

惟光天元年夏六月壬寅朔
大行皇帝登遐粤十一月三日
神駕遷座于永陵禮也嗚呼攢塗
撤冊靈將舉
玄堂啓扉龍輴戒路六合悲慘

王建哀冊

高僧義存圓寂

義存（西元八二二－九〇八年），泉州南安人，俗姓曾，是唐朝末年的高僧。義存出生於佛禮之家，從小深受家族影響，誠心向佛，十二歲時在閩蒲田玉潤寺爲童侍，十七歲時落髮爲僧。此後義存離家，遍遊大江南北，黃河上下，訪問各地名山高僧，廣傳佛經。唐咸通六年（西元八六五年）義存返回閩中，在雪鋒山建壇傳教，一時名動海內。乾符年間，唐僖宗封義存爲「眞覺大師」。唐朝末年，王審知占據福建，他本人推崇佛教，因此義存受到很高的禮遇。義存傳教行化達四十餘年，門下達一千五百人，弟子分布很廣泛，時人都稱義存爲「雷鋒和尚」。義存卒後，王審知按佛禮厚葬義存。

吳越築捍海石塘

吳越天寶三年（西元九一〇年）八月，吳越錢鏐爲保護杭州地區而下令修築捍海石塘。

捍海石塘基木樁和橫木捆綁情況

杭州捍海石塘用了兩個月的時間才完成。錢塘江海潮向來是杭州城的大患，唐朝以前當地居民就數次築堤防護，都因潮水衝擊難以修好，修成之後馬上又被沖毀。這次錢鏐組織修建的石塘，用竹籠裝巨石，以十餘排巨木爲欄，並以鐵鍊貫欄杆，做成塘基，修成的堤壩能經受潮水衝擊。此後很多年杭州城都沒有因潮水影響居民生產。錢鏐又擴建杭州城，大修亭臺樓館，通衢巷陌，從此之後杭州城逐漸發展繁榮起來，成爲東南富庶之地。

五代發展皴法

皴法這種畫技由唐人初創，但是在唐代畫家山水畫中尚未大量使用，只是到了五代，山水畫家才把它廣泛運用於南北山水畫中，使圖畫更逼眞，更具有表現力，很好地表現了崇山峻嶺雄偉高邁之勢，樹木皮質粗糙遒勁之態，岩石突兀不平之貌，並進而影響了後世的山水畫家。

皴法是用以表現山石、峰巒和樹身表皮的各種脈絡紋理的畫技。表現山石、峰巒者，主要有披麻皴、雨點皴、春雲皴、解索皴、牛毛皴、折帶皴、括鐵皴、大斧劈、小斧劈等；表現樹身表皮的，則有鱗劈、繩皴、橫劈等，它們都是以各自形狀命名的。皴法創立始於唐代。唐李思訓創小斧劈皴，重勾勒，畫家稱爲北字。唐王維創雨點皴，重渲染，畫家稱爲南字。五代荊浩、關仝、董源、巨然四人又在唐代山水畫皴法基礎上，形成適於表現南北山水狀貌的皴法。

主要活動於後梁的荊浩，朝夕觀察太行山的壯麗景色，寫松數萬本，對唐人山水筆墨頗有心得，他的傳世作品《匡廬圖》寫廬山一帶景色，在畫山水樹石時

五代關仝《山溪待渡圖》

五代董源《夏山圖》（局部）

皴染兼用，小披麻皴層次井然，用墨精潤而深厚，發揮了唐人水墨畫的長處。

後梁的關仝在《山溪待渡圖》中，皴法使用相當細密，筆力堅挺。其皴法變化依景物而爲之，如各種樹木表現皴法有樹種、遠近、老木新枝等變化；山岩皴法也根據質量、形體狀貌而施以不同輕重、粗細、濃密、走向的皴點。

活躍於江南的董源、巨然，創造了不同於荊浩、關仝的山水畫風貌。董源山水取南方豐茂秀潤、雲水蔥籠的特質，融匯唐人青綠和水墨技法，獨闢蹊徑，創造水墨、色彩並用，披麻皴與苔點相結合的畫法。董源的水墨礬頭披麻皴對後世山水畫影響尤爲顯著，這種畫法，中鋒用筆，從上而下，左右披拂，如一絡絡苧麻散披其間，十分適合表現江南山丘土原草木華茂的特點。山頂作成群相集的小山石（即礬頭），綴以苔點。

師法董源的南唐山水畫家巨然，山水筆墨清潤，也善於長披麻皴，山頂畫礬頭，常以破筆焦墨點苔，風格比董源奇逸雋秀。

皴法經五代發展，種類越來越繁多，對後世山水畫家有很大的影響。

朱溫爲次子所殺

梁太祖朱溫晚年荒淫暴躁，與眾兒媳均有亂倫關係，尤寵養子友文之妻王氏。長子友裕早死，友文因而在宮中不可一世，而次子友珪，三子友貞則備受梁帝猜忌。

乾化二年（西元九一二年）六月，朱溫病危，想立友文爲皇太子，友珪妻張氏得知內情，告之友珪，友珪因此發動政變，六月二日帶兵進入宮中，至梁帝寢殿，殺死朱溫，秘不發喪，並矯詔令友貞殺友文，然後才爲帝發喪，並即皇帝位。乾化三年一月，朱友珪在洛陽祭天，並改元鳳曆，以求爭取輿論的支持。

友珪弒父篡立，朝野上下人心不服，而且政局不穩定，均王朱友貞見狀乘勢起兵，與握有重兵的楊師厚共擊新軍，形勢急轉直下。

後梁開平元寶

乾化三年二月，友貞兵至洛陽，數千禁軍舉兵倒戈，突入宮中。友珪見大勢已去，與妻張氏自殺。

朱友貞返回開封即皇帝位，復年號爲乾化三年，追廢朱友珪爲庶人。開五代兵變擁立皇帝的先例。

詩僧貫休圓寂

貫休（西元八三二－九一二年）字德隱，金華蘭溪人，俗姓姜。貫休七歲就已出家，苦習《法華經》，詩、書、畫均爲一絕，在當時享有盛名。

貫休早年周遊荊南、吳越等地，詩歌中常見有激於義憤諷刺時弊之作，因而數遭流放。入蜀後，貫休以「一瓶一缽垂垂老，萬水千山得得來」等詩句得到蜀高祖王建讚賞，禮遇有加，並號曰「禪月大師」。有《禪月集》傳世。

貫休擅長草書，時人稱之爲閻立本、懷素，在朝野之間流傳一時。貫休又工水墨佛像，筆法堅勁，形象誇張，其傳世名作《十六羅漢圖》中之羅漢多粗眉廣目，隆鼻豐頤，自云是夢中所見，醒後憑印象繪成。

傳為貫休所繪《十六羅漢圖》（局部）

契丹稱帝建元

遼神冊元年（西元九一六年）十二月，契丹王耶律阿保機自稱皇帝，國號契丹，建元神冊，國人稱天皇王（爲遼太祖）。

契丹銅鏡

契丹原為胡服騎射之族，部落眾多，各部為疆域、獵物等爭奪不斷。阿保機出，以良策治軍，所在部落日見昌盛，終於統一契丹八部，遏止了紛爭。

塞外物資匱乏，契丹便開始了南下的侵略。而此時的中原之地也是寸土必爭。群雄逐鹿，能取得外援支持自然更有競爭力，於是中原河北的地方勢力亦時常勾引契丹，利用他們實現自己的個人野心，契丹則從中取得實惠或好處。在互相的利用與被利用中，契丹族加強了與中原的接觸，中原先進的文化和政治制度給阿保機以巨大的震撼。

阿保機是個善於學習的人。於是仿效漢制，以妻述律氏為后，置百官，又在城南別建漢城。阿保機自此之後野心更盛，「頗有窺中國之志」。

人物小事典

布袋和尚

布袋和尚是明州奉化岳林寺的僧人，名叫契此，因為常攜一布袋在街市之中求乞，因而又得名布袋和尚。

布袋和尚體形肥胖，大腹便便，滿臉笑意，到處雲遊，行蹤不定。他習慣累了便睡，不擇住所，身體卻很潔淨，他還能給人看禍福之兆，每每應驗，後人以之為神，稱之為彌勒轉世。

後梁貞明三年（西元九一七年）三月，布袋和尚去世，北宋時徽宗還加賜其號為定應大師。現在，寺廟山門之中還常可見到以布袋和尚為原型的笑彌勒形象。

契丹文字創成

神冊五年（西元九二〇年），遼太祖耶律阿保機由於契丹族政治、經濟、軍事、文化的發展需要，在文臣耶律突呂不和耶律魯不古的參與下，依仿漢字創造了契丹國字，即契丹大字。

由於受到漢字與契丹語的雙重影響，契丹大字成為表意文字與拼音文字的混合體。其字形結構有點像簡化的漢字，有點、橫、直、撇、撩等筆劃，也都是橫平豎直拐直角的彎。有少數是直接借用漢字的形、音、義，例如「皇帝」、「王」等，這類字都是用來記錄契丹語中的漢語借詞。還有些只借用漢字的字形和字義，讀音則用契丹語來讀。而絕大多數契丹大字都是與漢字字形不同自行創制的新

字。

契丹大字不但數量少，而且筆劃簡單。據《新五代史·四夷附錄》，契丹大字有「文字數千」，據現有資料統計，契丹大字僅有一千餘字，而十畫以上的字約百餘，占總字數的十分之一。絕大多數都在十畫以下，這都是契丹大字比漢字的進步之處。

契丹大字過於模仿漢字。漢字記錄漢語，漢語的特點是單詞多爲單音節，每個字都是單音節並都各有字義。契丹大字是記錄屬於阿勒泰語系的契丹語，契丹語的單詞多爲雙音節或多音節。契丹語是粘著語即用粘著詞尾的方法來表達語法關係，契丹語有母音和諧律，有時一個漢字的語音需要用幾個契丹大字組合在一起才能記錄，並且單詞之間沒有分隔符號號，極不易辨認，這樣在使用中存在許多弊病。遼太祖弟耶律迭剌創制了另一種更完善、更進步的契丹小字。

契丹大小字區別不是字的大小，而是由於創制先後不同而表現出來的拼音程度的不同。

契丹小字是參照漢字和契丹大字的字形而在漢字反切法的啓發下創制的一種拼音文字。它的字母只是發音符號，也就是現代學者所稱的「原字」。一般並無字義，只有拼成單詞之後才有意義。據現有資料統計，原字共有四五十多個但「數少而該貫」則是其一大特點。

契丹大字《北大王墓誌》

《番騎圖》（局部）

契丹自北魏以來即與中原多有聯繫。唐亡梁立，戰亂頻仍，契丹開始南下侵擾。

契丹小字即契丹語單詞分別由一至七個不等的原字拼成，並按一定規律順序堆在一起，單詞之間有間隔，極易辨認。每個原字構成的契丹小字爲單體字，兩個以上原字構成的則爲合體字，排列順序爲先左後右、二二下推。款式係自上往下寫，向右向左換行。筆劃都較少，沒有十畫以上，多在六畫左右。字體最常見的是楷書，非常適合記錄契丹語，故流傳於遼和金朝前期，至蒙古滅西遼時，才漸絕於世，至明代，則成爲不爲人們所識的古民族死文字。現在傳世的契丹文字資料，大都是本世紀陸續出土和發現的金石材料，供後人研究。

契丹文字是古代契丹族人民爲多民族中華大家庭貢獻出的一份珍貴歷史文化遺產，它開中國東北少數民族創制文字之先河，對於女眞文字、蒙古文字和滿州文字的創制有極大影響，契丹文字記錄的單詞中有大量漢語借詞，對中古漢語語言的構擬和漢語史的研究也提供了寶貴資料，契丹文字在中華民族文明史上佔有重要的地位。

梁禁私度僧尼

貞明七年、龍德元年（西元九二一年）三月，梁禁止全國上下私度僧尼。

後梁祠部員外郎李樞極力反對僧尼沒有任何修爲而妄求師號紫衣，因此於本月上書梁帝朱友貞，奏請禁止全國上下的寺院私自剃度出家爲僧尼，以免僧尼質量良莠不齊，破壞佛家清譽。朱友貞隨即下詔：大梁、洛陽兩都左右街賜紫衣號僧的，一律要由功德使詳細登記姓名上奏。以後要得到這種稱號，必須到有空缺時才能奏請。每年逢明聖節，兩街各准許官壇剃度人出家。地方上如果要度僧尼，必須到京城官壇，令祠部給牒。如自願出家受戒者，也須入京比試經業，願意返俗者，聽其自便。

五代趙岩《八達春遊圖》；趙岩，梁太祖女婿。

唐莊宗寵優伶

後唐莊宗李存勖在位年間（西元

五代樂伎

九二三—九二六年），不單重新任用閹人，致使宦官干預朝政，同時優伶也得到了他的信寵。

李存勖自幼擅長音律，並喜好演戲，經常粉墨登場，自取藝名曰「李天下」。他即位後，唐之優伶常得以陪侍左右，多受寵信。一次，優人敬新磨聽到有人自呼爲「李天下」，便打其耳光，並說：「理天下者只有一人，尚誰呼耶？」莊宗聞聽大悅，重賞了他。於是，別的優伶爭相仿效，想盡辦法討皇上的歡喜。莊宗對優伶寵信尤勝。

諸伶人出入宮禁，侮弄縉紳，群臣或敢怒而不敢言，或交結攀附以求庇護恩澤。如伶人景進受寵特厚，租庸使孔謙附之求寵，常呼其爲「八哥」。四方藩鎮也爭相賄賂。伶人得以干預政事，而朝中文武官員的意見，李存勖不但不加重視，甚至置之不理。同光二年（西元九二四年）五月，莊宗非但沒有將臨陣逃梁的伶人周匝治罪，還任命他推薦的梁優伶陳俊、儲德源分別爲景州、憲州刺史。而當時隨帝身經百戰的親軍尚有沒得到刺史官職的，聞訊後都大爲憤怒，郭崇韜極力諫阻也無效。

後唐置端明殿學士

天成元年（西元九二六年）五月，後唐設置端明殿學士，目的在於協助主政者閱讀文件和出謀劃策。自此時開始才有「端明殿學士」之職。

後唐之所以創置「端明殿學士」

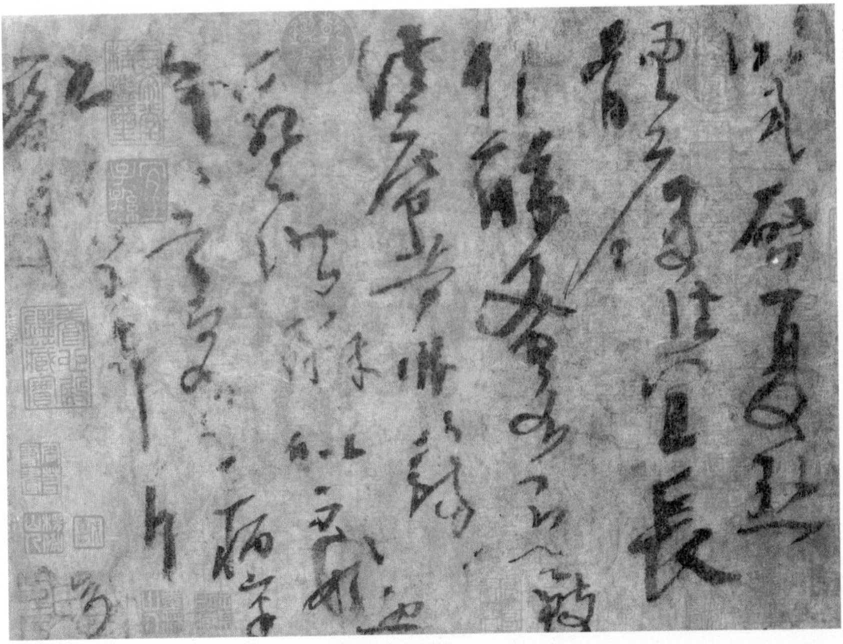

五代楊凝式《夏熱帖》
楊凝式歷仕梁、唐、晉、漢、周五朝，官至太子少師。

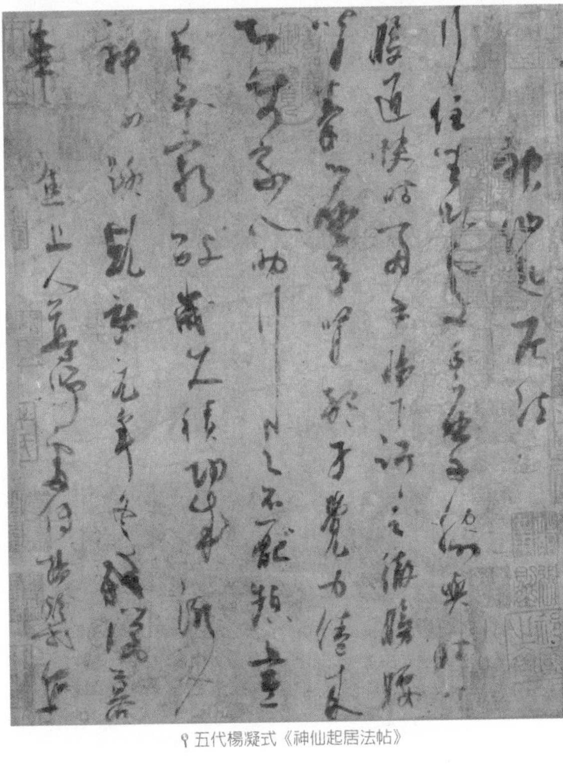

五代楊凝式《神仙起居法帖》

的職位，是由於明宗李嗣源目不識書，四方所上奏章都由樞密使安重誨宣讀，而安重誨文化水平也不高，不能完全領會文義。於是，根據宰相孔循的建議，遵循唐代侍讀、侍講及後梁直崇政院、樞密院之制，選文臣與樞密使共事，從而創置端明置端明殿學士，以馮道、趙鳳充任。次年正月，又令他們位居翰林學士之上，並且只能派翰林充任。

端明殿學士一方面充當皇帝顧問，以備應對，協助處理各方奏議和宣讀文件等；另一方面是與他人合作編修日曆史錄，其職能大體是延續唐代的傳統。

花蕊夫人遇害

同光四年（西元九二六年）四月，前蜀主高祖王建之徐賢妃及其妹徐淑妃（世稱「花蕊夫人」），約八八三—九二六年）在秦川驛被殺。

同光三年十一月，前蜀為後唐所滅，蜀後主王衍串眾投降。第二年正月，後唐征蜀帥魏王李繼芨派遣李繼儼、李嚴押解王衍及宗族、文武百官往唐都洛陽。三月，行至後唐境內長安（今陝西西安），莊宗敕令「王衍一行並從殺戮」，樞密使張居翰怕遺留禍患，偷偷將「一行」改作「一家」。四月初一，唐中使向延嗣帶敕令至長安，在秦川驛殺王衍及王氏家

五代前蜀舞伎

五代前蜀舞伎

族所有成員，花蕊夫人徐淑妃及其姐、王衍之母徐賢妃同時遇害。花蕊

夫人徐淑妃，也稱小徐妃，「花蕊夫人」是其在前蜀宮中的稱呼，在高祖王建時頗受寵，後主即位尊爲皇太妃。徐淑妃爲一才女，善寫宮詞，內容多敘述蜀宮中的遊宴風物，風格和婉清麗，有《花蕊夫人宮詞》百多首傳世。

唐許民間釀酒

天成三年（西元九二八年）七月，後唐下令馳放麴禁，允許民間造麴釀酒，而千秋稅上納麴錢，每畝出五錢，隨稅徵納。都城及諸州市鎮每年買官麴釀酒之戶，准其自造酒麴釀造酒賣。

榷酒之法（指定酒爲國家專賣品）開始於唐朝德宗建中初年（七八○年），此後，唐政府多所申令，又不斷下敕詔令。至李嗣源（後唐明宗）初年，發生了一件震動朝野的事：東都留守孔循以犯私麴法等罪而族殺一家。本月，明宗採納建議，乾脆開放此禁，「一任百姓造麴釀酒供家」及買賣，開始准許民間釀酒。長興二年（西元九三一年）五月，又罷畝稅曲錢，城中官麴減半價出賣，城居之外不得私自造麴，而鄉村則聽任百姓自造。到七月，三司以百姓造酒不到官場買麴爲由，恢復舊法，由官府控制銷售。從此，官府雖沒有完全壟斷釀酒，但民間釀酒的稅收已比以前大大加重了。後唐以後的後漢、後周諸朝，恢復了榷酒之法，禁止民間釀酒，違法的嚴厲懲處。

五代《閘口盤車圖》
全圖描寫一官營麵坊，在建築規模、器物、服飾方面，都具有晚唐五代的時代特色。山石勾勒用筆起伏頓挫；皴作刮鐵小斧劈；柳葉的描法還保存著濃重的唐代遺風。以盤車水磨為主題的界畫，獨盛於五代，這與社會背景，經濟生活有關。在五代中葉以後，統治者在飽經戰亂之後，懂得恢復農業為當務之急，因為它既可增加稅收，又可起到穩定民心、緩和矛盾的作用。所以對農業生產有關的水利灌溉和利用水力的其他加工機械，不論在後周、南唐、吳越都得到相應發展，並且都由地方官府管理，以便「徵納課利」。因此畫家以水磨盤車作為創作主題，就完全有它重要的現實意義。

後唐置場市党項馬

後唐天成四年（西元九二九年）四月，後唐在西部沿邊設置市場，專門買党項馬，用以阻止党項入京。

後唐初年，立國西部的党項常以進貢爲名，牽馬到洛陽，其馬不論良駑，都稱是上好品種，後唐則除照給馬值外，爲表嘉其忠心，常加倍賞酬，每年的這項花費不少於五六十萬貫，因而於本月下詔「沿邊置場買馬，不許蕃部至闕下」，以減少國家的財政支出。不過，明宗又認爲後唐馬匹不足以支配，還必須經常徵買以備急時之需。而党項諸部有精良馬匹作爲貢物，朝廷給予賞賜亦是常事，關係到國家的禮儀和形象，不可能完全廢止。故此，四月所下詔令宣而不

五代趙岩《調馬圖》
馬夫深目高鼻，屬西域人形象。

天成元寶

用，党項各部的貢羊貢馬仍絡繹不絕地販運到洛陽買賣。

直到長興四年（西元九三三年），隨著購置的馬匹越來越多，實際用得著的地方卻很少，而國家爲了購買蕃部馬匹，每年都必須消耗十之六七的國力，實在是得不償失，於是明宗又下敕，沿邊藩鎮

維天成四年歲次己丑十一月丙寅朔五
日庚午故錢氏地家生居城邑殁安宅地
龜筮叶從相地襲吉宜於犀浦縣陽侯鄉
巴州里之原安厝其地謹用五綵銅錢買
得東至青龍西至白虎南至朱雀北至玄
武內方勾陳分掌四域丘承墓陌封步界
畔道路將軍整齊阡陌千秋万歲永無殃
咎訶禁之者將軍亭長收付河伯今以牲
牢酒禮百味香新共爲信契財地交付工
匠修營安厝之後永保貞吉知見人歲月
主者保人今日直使故氣邪精不得忤恡
先有居者永避万里若違此約地府主吏
自當其禍主人內外存亡安吉急急如五
帝女青律令

天成四年地券

若是有蓄部貢馬，只可以選擇精良的品種限數購買，杜絕濫買。從此以後，党項送到後唐的貢馬才大大減少。

荊浩發展新畫法

中國五代後梁時期的荊浩，因爲中原一帶戰亂頻繁，政局動盪，於是就隱居太行山的洪谷，自號洪谷子。隱居生活中，荊浩耳濡口染於山川美景，師法自然從而得就一手好畫。

荊浩對中國山水畫的發展作出過重要貢獻，將唐代出現的「水暈墨章」畫法進一步推向成熟。他對唐人山水筆墨頗有心得，寫有《筆法記》傳世。他認爲「吳道廣畫水有筆無墨，項容有墨無筆，吾當採二子之長，成一家之體」。從而形成以筆墨見重的山水畫面貌，標誌著中國山水畫的一次大突破。他創造了全景式山水畫的風格，其特點是在畫幅的主要部位安排氣勢雄渾的主峰，在其他中景和近景部位則布置喬窠雜植，溪泉坡岸，並點綴村樓橋杓，間或穿插人物活動，使得一幅畫境界雄闊、景物逼眞和構圖完整。傳

荊浩《匡廬圖》

世作品《匡廬圖》，氣勢恢宏，層次井然。山水樹石，皴染兼用，充分發揮了水墨筆法的表現力，體現了荊浩本人追求山水「氣質俱盛」的藝術境界。他的這種全景式山水畫，奠定了稍後由關仝、李成、范寬等人加以完成的全景山水畫的格局，推動了山水畫走向空前的全盛期。歷代評論家對他的藝術成就都極爲推崇。

荊浩所著的《筆法記》，在中國古代畫論中最早全面系統地論述了山水畫的創作方法和藝術準則，提出了「六要說」，即畫要有「氣」、「韻」、「思」、「景」、「筆」、「墨」。他強調對自然形象的觀察、認識、體驗，並經過作者提煉，整理、創造出更爲眞實生動的藝術形象，這一卓越見解，在繪畫理論發展中具有重要意義。「六要」除了吸收和繼承了中國古代畫論中的氣韻、用筆、立意等說之外，還特別標榜「景」和「墨」，反映了山水畫歷經隋唐五代時益趨發達和水墨畫越來越受到重視的時代風尚。

文中還指出繪畫中的「有形之病和「無形之病」。認爲「有形之病」只是犯有「花木不時」、「屋小人大」等錯誤，雖然不能改變，但還是容易辨識。而無形之病是畫中缺少氣韻形象死板沒有活氣，那就更爲嚴重和難以補救。這也同樣反映了荊浩重視神形兼備的可貴主張。

人物小事典

韓偓

韓偓（西元八四二—九二三年），字致堯，小名冬郎，號玉山樵人，京兆萬年（今陝西西安附近）人，從小聰慧過人，十歲即可即席作詩。龍紀元年（西元八八九年），考取進士，隨後出任河中節度使幕府，以後，歷任左拾遺，左涑議大夫。翰林學士，中書舍人，晚年政場波折，貶為外官，慘死於閩南南安縣。

韓偓的《香奩集》，收集了《嫋娜》、《繞廊》、《夜深》等詩作，多是抒寫男之間纏綿之情及婦女的服飾容貌，風格纖巧綺麗。如《繞廊》、《欲去》描寫的是男女之間因為愛情受阻而引發的追憶、想念之情，心理活動刻劃深刻，用詞真摯，委婉動人。《嫋娜》、《詠浴》描寫的則是士大夫的戀情，狎邪生活，筆致也較為酣暢。由於《香奩集》的題材內容在歷史上所引發的褒貶不一，對之評價較有爭執。

韓偓的詩除了《香奩集》中描寫的男女之情外，還有一些借景抒情和借事抒懷的佳作，這與韓偓晚年的政場被動及唐王朝的崩潰有很大的關係。他總是在詩作中借事或借景以抒發對已去的唐王朝的緬懷之情，如《故都》、《傷亂》、《惜花》等等。

五代女舞俑

遼治礦冶

遼代的礦冶比較發達。遼太祖的父親擔任夷離堇期間，「始置鐵冶，教民鼓鑄」。西元九一一年，遼太祖耶律阿保機率軍南征幽、薊，到達灤河，在還軍途中，得銀、鐵礦，並命令冶煉。天顯元年（西元九二六年），遼太祖滅渤海國，得到渤海的冶鐵基地鐵利府，並改名爲鐵利州。遼太祖還曾以渤海俘戶在東京道饒州建長樂縣，其中一千戶在當地從事冶鐵生產。遼朝接收渤海的大量鐵礦及冶鐵技術，使遼朝的冶鐵業迅速發展起來。

遼朝在各地先後建了許多冶鐵處所。如在東京道尙州東平縣建冶鐵處，集中採煉的有三百戶人家，而且把鐵製品作爲賦稅上繳政府。政府還役使大量奴隸從事礦冶，柳濕河、三黜古斯、手山三處礦冶都是契丹曷術部奴隸所開採。手山（又名首山，今鞍山）是當時規模比較大的礦冶中心。

遼代的鐵冶，以冶煉堅硬的鑌鐵著稱於世。鑌鐵是一種質量很高的鐵，其硬度幾乎相當於鋼，而且遼朝很有可能已經掌握了先進的灌鋼技術。遼朝每年賀宋朝正旦（正月初一），用鑌鐵刀作貴重的禮物。

除鐵以外，銅和金銀冶煉也是遼代重要的礦冶業。還在遼建國前，契丹人已經能用銅製作錢幣了。遼中京大名城是當時具有一定規模的銅冶中心。遼人已經完全掌握了銅的冶煉工藝，當時著名的銅器製品主要有銅鏡、銅洗、銅執壺、銅面具、銅佛像、鎏金銅佛龕等。遼太祖時，曾從蔚縣俘掠漢族人，在澤州採煉銀冶。滅渤海國後，獲渤海富州銀礦，改富州爲銀州，繼續開採和冶煉。另外，遼還在陰山、顧州、都峰、大石等地都設置金、銀冶，冶煉金、銀。

遼朝設有專門機構管理礦冶，東京設有戶部司管理當地礦冶，在陰山金礦設置山金司，管轄當地金銀礦的開採與冶煉。

後唐印賣監本《九經》

後唐明宗長興三年（西元九三二年），宰相馮道、李愚請令判國子監事田敏校定《九經》，刻版印賣。

監本，是一種版本類型，是中國歷代國子監雕版印刷的書本，始於五代後唐。《九經》是九部儒家經典，有《三禮》（《周禮》、《儀禮》、

《禮記》）、《三傳》（《左傳》、《公羊傳》、《穀梁傳》）及《易》、《書》、《詩》。

後唐印賣監本《九經》，始於後唐明宗長興三年，到後周廣順三年（西元九五三年），歷時二十二年，《九經》全部刻完。刻印監本經書，後唐爲始，以後歷代都有監刻經書。這對於保存古籍有積極的貢獻。

遼設定斡魯朵

遼時期，爲了加強皇族權力，耶律氏政府建立了完整的斡魯朵制度。

「斡魯朵」在契丹語中是「宮帳」的意思。還在遼朝建立前，契丹人就過著「逐寒暑，隨水草畜牧」的遊牧生活，往往是整個部落帳居野外，車馬爲家，四處遷徙。遼朝建立後，他們繼承了這種傳統，並建立了與遊牧民族生活相適應的斡魯朵制度。終遼一代，從遼太祖開始，皇帝和皇后等共立有十二個斡魯朵。他們是：

遼太祖耶律阿保機的宮帳算斡魯朵（算，契丹語爲「心腹」之義）。遼太祖皇后述律平的宮帳蒲速碗斡魯朵（蒲速碗，契丹語爲「興隆」之義）。遼太宗耶律德光的宮帳國阿輦斡魯朵（國阿輦，契丹語爲「收國」之義）。遼世宗耶律阮的官帳耶魯碗斡魯朵（耶魯碗，契丹語爲「興盛」之義）。遼穆宗耶律璟的宮帳奪里本斡魯朵（奪里本，契丹語爲「討平」之義）。遼景宗耶律賢的宮帳監母斡魯朵（監母，契丹語爲「遺留」之義）。承天皇太后蕭綽的官帳孤穩斡魯朵（孤穩，契丹語爲「五」之義）。

遼聖宗耶律隆緒的宮帳女古斡魯朵（女古，契丹語爲「金」之義）。遼興宗耶律宗眞的宮帳窩篤碗斡魯朵（窩篤碗，契丹浯爲「孳息」之義）。遼道宗耶律洪基的宮帳阿思斡魯朵（阿思，契丹語爲「寬大」之義）。遼天祚耶律延禧的宮帳阿魯碗斡魯朵（阿魯碗，契丹語爲「輔佑」之義）。遼聖宗之弟耶律隆慶的宮帳赤寔得本斡魯朵（赤寔得本，契丹語爲「孝」之義）。

每個時期的斡魯朵都有自己的武裝、民戶、奴隸和州縣。斡魯朵的武裝稱爲「宮衛騎軍」。宮衛騎軍也是遼軍中的精銳部隊。遼太祖稱帝後，從各地挑選二千人組成宮衛騎軍，平時擔任皇帝或皇后的警衛，戰時隨軍出征，葬後守陵。斡魯朵的民戶叫宮戶，分正戶和蕃漢轉戶兩種，正戶來源於契丹人，蕃漢轉戶來源於其他民族的人。

斡魯朵制對加強皇權，維護耶律氏的統治起了重要作用，對後來蒙古人的斡耳朵、怯薛制度有著直接的影響。

杜光庭納儒入道

杜光庭（西元八五〇—九三三年），字賓聖，號「東瀛子」。處州縉雲（今浙江永康縣）人。他是南朝道教茅山宗創始人陶弘景的八傳弟子，唐末五代的著名道士，道教學者，也是進一步將道教思想義理化的代表人物。杜光庭生前著作頗豐，著名的有：《道德眞經廣聖義》五十卷、《常清靜經注》、《道教靈驗記》、《錄異記》、《天壇王屋山聖跡記》、《廣成集》，《道門科範大全集》等等。

杜光庭注重研究《道德經》，其道教思想最主要的特徵就是以道爲本，納儒入道，調和儒道矛盾。他繼承和發展了唐玄宗時期道家吳鈞的作法，在其著作《道德眞經廣聖義》中，集中表現了他的道教思想。他在這本書的卷三第九中說：「仲尼謂敬

五代胡瓌《卓歇圖》（局部）
描寫契丹人歇息飲宴的情景。從中可見契丹人的服飾。

五代玉帶（局部）

五代玉帶

叔曰：吾聞名聃博古而達今，通禮樂之源，明道德之歸，則吾師也」，表明了他的道教思想宗旨即道儒相契合又高於儒。在同一本書中他對這一宗旨作了進一步的發揮，卷五第二十中說：「仁以履虛一，禮以不恃不宰，義以柔弱和同，智以無識不肖，信以執契不爭，其大旨亦以玄虛恢廓沖寂希微爲宗。」

從這一發揮中也可清楚地看到，杜光庭的道教思想的目的在於以道爲主，融合儒道。他聲稱老君《道》、《德》二篇非謂絕仁義聖智，在乎抑澆詐聰明，將使君君、臣臣、父父、子子，見素抱樸，混合於太和；體道復元，自臻於忠孝。把孔孟之道統一於老君之道。

他的以道爲主、融合儒道的宗旨，以及他將茅山家與天師道兩派齋醮儀式統一起來，並加以規制化和給予義理方面的說明，均爲後世道教所沿用。

五代衛賢《高士圖》

唐恢復月首入閣

清泰二年（西元九三五年）七

月，後唐恢復月首入閣、五日一起居住，君臣論政事。

後唐（明宗）李嗣源即位後，力圖恢復唐朝君臣議事之制，曾規定朔望入閣、五日一起居住等。末帝李從珂即位後，深以時事爲憂，宰臣盧文紀建議重開延英奏事制度，則宰相有事隨時奏議，不受干擾，可以盡言而無所顧忌。

李從珂採納此改，下詔五日起居百官俱退，宰臣獨升，奏事改政。若機要事關重大，可當日聽於閣門奏榜子，盡屏侍臣，不必拘泥成限。

蜀中刻經

後蜀宰相毋昭裔性喜藏書，酷好古文。蜀中自唐末以來，學校廢絕，毋昭裔出自己百萬資財建學宮。因其

五代王齊翰《勘書圖》

貧賤之時曾因借《文選》而受難，發奮如有可能當雕版印之，以贈學者。

後蜀明德二年（西元九三五年）毋昭裔爲宰相，即令門人句中正、孫逢吉寫《文選》、《初學記》、《白氏六帖》，刻版印行。至廣政元年（西元九三八年），毋昭裔又於蜀中刻經，由平泉令張德釗書寫，然後刻石，置於成都學宮，其中《孝經》、《論語》、《爾雅》、《周易》、《毛詩》、《尚書》、《儀禮》、《禮記》。《周禮》、《春秋左氏傳》（至十七卷）等爲後蜀時期所刻。入宋後又刻有《左氏傳》十八一三十卷、《穀梁》、《公羊》、《孟子》以及《石經考弄》等，共一百二十七萬多字，稱「廣政石經」，或「孟蜀石經」，打拓本傳於今世。毋昭裔致力推廣文化歷史於蜀中，因此文學復盛。

蔣承勛出使日本

後唐清泰二年（西元九三五年），吳越人蔣承勛等赴日本，獻羊數頭。第二年九月，蔣承勛、季孟張等又至日本，爲錢元瓘之使，八月二日，日本左大臣藤原忠平致書狀於錢元瓘。此次蔣、季之行，爲吳越與日本官方往來之始，此前爲客商性質。

至後晉天福三年（西元九三八年），蔣承勛再次赴日本，獻羊二頭，八月，日本大宰府賜給蔣承勛布。

五代時期，吳越因地位東南，多由商船往日本、高麗等地通商。一般利用季節風，夏季往日本，人多經肥前國松浦郡（今日本佐賀、長崎一帶）入博多津港，八、九月之交返航。蔣承勛於後周廣順三年（西元九五三年）又一次以吳越王使者身分出使日本，獻書信、錦綺等，日本右大臣托其帶致吳越王錢俶的覆信。

段氏大理國建立

後晉天福元年（西元九三六年）十二月末，大義寧通海節度使段思平會合三十七蠻部，自石城（今雲南曲靖北）攻大理，大義寧帝楊干貞兵敗出逃。天福二年，段思平建國大理，建元文德，後改元神武。以大理爲都城，董迦羅爲相國，高方爲岳侯，分治成紀（今雲南永勝）。巨橋（今雲南晉寧）景地，免除東方三十七蠻部徭役。文德三年赦楊干貞罪，廢爲僧人。

段思平（西元八九四－九四四年），其祖先爲武威（今甘肅武威）人。世代爲蒙氏南詔將領。唐玄宗時，南詔閤邏鳳大敗唐軍，段氏因功封爲清平官。段思平後晉開運元年個，廟號太祖。段氏大理傳至宋哲宗紹聖元年（西元一〇九四年）爲高氏所廢。兩年後段氏復位，史稱後理

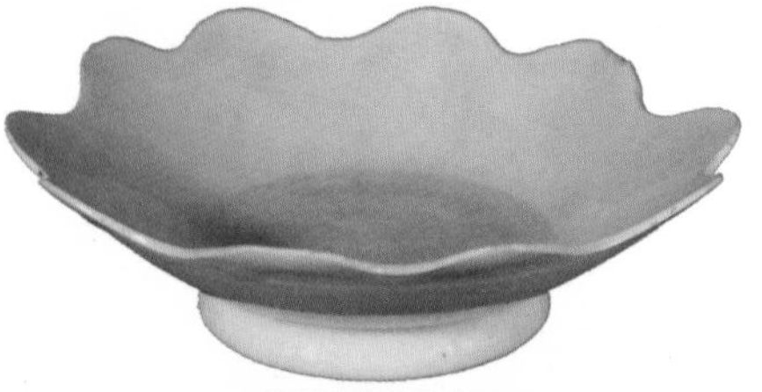

五代白瓷蓮花式盤

五代白瓷盒

國，至宋淳祐十二年（西元一二五三年）爲元世祖忽必烈所滅。

董源創江南山水畫法

南唐時活躍在江南的董源，取南方山川豐茂秀潤、蔥蘢濃密的特質，融匯唐人青綠和水墨技法，獨闢蹊徑，創造水墨，色彩並用，披麻皴和苔點相結合的畫法，開創江南山水畫派。董源字叔達，鍾陵（今江西進賢西北）人，南唐時任北苑副使，世稱董北苑。他的傳世作品有《夏山圖》、《瀟湘圖》、《夏景山門待渡圖》、《谿岸圖》、《寒村重汀圖》、《龍袖驕民圖》，代表了董源江南山水的風貌。

在《夏山圖》中董源一變鉤斫之法，使畫境達到平淡天眞，不裝巧

董源《夏山圖》（局部）

趣。這圖應屬水墨畫，但個別地方曾用輕微色彩加染。畫的是一片山巒重

董源《龍袖驕民圖》

疊，煙樹沙磧的景致，其間點綴一二人物，一眼看去畫畫給人開闊遼遠的感覺，難得的是這幅圖畫結構又十分嚴密緊湊，畫幅下部利用山坡叢樹的起伏，頂部利用遠山覆蓋於山巒之上的隱顯，使章法本身組成既有規律又有變化的節奏，中部一帶沙磧山巒間

董源《夏景山口待渡圖》（局部）

的空間，在視覺上造成一種遼闊的氣勢。樹木雖短小，但因沙磧的空間感而見其高大；山巒雖重疊，卻因遠山的牽引而不感到阻隔。在藝術手法上值得注意的足以平直橫垠的沙堤，來帶起球面疊起的山巒，畫面布局極繁密又見單純，似平淡而見變化。

《瀟湘圖》和《夏景山口待渡圖》的皴染比《夏山圖》顯得工致，《瀟湘圖》水墨清潤而氣度深厚，《夏景山口待渡圖》深茂而樸實，在對自然景象的寫照上，精緻眞實高於《夏山圖》，但藝術上的抽象簡練、氣勢的雄偉蒼鬱，則當推《夏山圖》爲第一。

從《瀟湘圖》看，董源的創新發展是多方面的，山的表現除取江南幽潤清深的峰巒樹石外，還採用了獨特的皴法。山勢從卷首而起，花青運墨勾皴，漸至層巒疊嶂，愈深愈遠。爲了表現透視深度，山巒上的小土丘自近至遠由大漸小，由疏漸密，墨點也有疏密漸淡的變化，斑斑駁駁，顯出密密雜雜的遠樹勢態，在用墨彩渲染時又在山凹得當處留出了雲靄霧氣，造成迷濛淡遠之感。

在《龍袖驕民圖》中，董源所繪山石，是用長披麻皴，以中鋒筆從上而下左右撥拂，線條的方向大致相同，而時常交疊起來，樣似披梳苧麻成絡，礬頭則通過空心點皴，表現得草木蒙茸，披麻皴和礬頭畫法都是從董源開始才大量使用的。董源在王維「清潤」之境的基礎上，汲取李思訓設色之巧於用墨，深得妙處。

董源對後世影響顯著的，是水墨礬頭披麻皴這種風格的源頭。他的作品深深影響了南唐山水畫家巨然。他的畫風迥異於北方畫派，以無數點線來表現山的輪廓，並以水墨烘暈來突出它，精工生動，開啓了江南山水畫派。

契丹建國號遼

大同元年（西元九四七年）二月初一，契丹建國號遼，改元大同，以鎭州（今河北正定）爲中京。前一年十二月，契丹大軍前鋒軍在原後晉降臣張彥澤的率領下攻陷後晉首都大梁（今河南開封），晉出帝降契丹，後晉亡國。次年正月初一，契丹帝耶律德光串後續大隊人馬進入大梁城，廢

五代胡瓌《卓歇圖》
作品描寫契丹可汗率部下騎士出獵後歇息飲宴的情景。

去東京並降開封府爲汴州。然後耶律德光發布詔書給原後晉各藩鎭賜名，原後晉藩鎭於是爭先恐後上表向契丹稱臣，以免爲契丹所滅。

但是，涇州彰義節度使史匡威卻不吃這一套，堅決不受契丹的統治。另外，雄武節度使何重建甚至還把契丹派來的使者殺掉，然後率領秦、階、成（今甘肅秦安西北，成縣、武都縣東南）等三州投降了後蜀。原後晉密州刺史皇甫暉、棣州刺史王建則率眾逃奔南唐去了。河東節度使劉知遠也上表契丹，假意祝賀其取得汴州，實際上是虛以應付、以觀形勢變化。南唐還專門派特使來朝祝賀契丹滅晉。

大同元年（西元九四七年）二月初一，契丹主耶律德光著漢人衣冠，登正殿，受百官朝賀，全國大事慶典，遼國建立。是爲遼太宗。

郭威稱帝建國

西元九五一年，後漢樞密使侍中郭威殺劉贇，自己即皇帝位，改國號為周（史稱後周），建元廣順，定都大梁。郭威就是後周太祖。

周太祖自己出身微寒，頗知下民疾苦。所以後周初立，他勵精圖治，革除了一大批不合理的稅課、刑法，使政局頗呈面貌一新的跡象。

周太祖生活起居非常儉約，即位之初，他就將後漢宮中珠寶玉器盡數取出，當庭毀掉，並詔令珍華悅目之物，不得入宮；天下州府舊貢珍美食物，今後不須進奉；所有奏章必須直白簡明，不得修飾華麗辭藻。直至病重，他還下令身後薄葬，不修地下宮殿，不設守陵宮人，墓前不豎石人石獸，而立碑刻字：「周天子平生儉約，遺令用紙衣瓦棺，嗣天子不敢違也。」

周太祖在位期間，多次改革不合理賦稅，即位當年，他詔令掌倉場庫務不得收斗餘（概量之外，又取其餘），秤耗（計斤之外，又多取之，以備折耗），罷進羨餘（地方官加重搜刮後以賦稅盈的名義進貢皇室）。不久，又改革稅牛皮制度，廢除私自買賣即抵死罪的刑法，詔令納貢之餘，聽民自用及買賣。廣順三年（西元九五三年），又罷營田、牛課。命將營田之民隸屬州縣，其田、廬舍、牛、農具，分給現佃者；從前百姓有牛者每年須交牛租，牛死而租照樣收繳，百姓苦不堪言，周太祖一併廢之。當年，全國就增加人口三萬多戶。

周太祖又革除了不合情理的刑法制度，原來後漢刑法苛嚴，竊盜一錢以上皆死；犯罪者又往往被族誅、籍沒。周太祖盡數廢革，規定罪人非作反逆，不得誅及親族，籍沒家資。從前後漢嚴禁私製鹽、麴，違犯者死，至後周刑法有所放寬，以所犯斤兩逐等量刑。廣順二年（西元九五二年），又制定了訴訟程序，並規定事不關己，不得妄興訴訟。

廣順二年，周太祖還親自拜謁孔廟，光大儒學。

周太祖在位僅三年，但他革除積

郭威像

弊，與民休息，使後周成為五代較強的王朝。由此對外屢敗契丹、四邊高麗、回鶻、南漢諸國皆稱臣納貢，北漢、契丹、南唐境內人民紛紛遷入後周境，由此初步奠定了統一中國的基業。

周蜀刻《九經》

戰亂年代，文化事業並未完全停頓，後蜀廣政十六年，後周廣順三年（西元九五三年），周蜀兩國均刻印《九經》。

後蜀廣政十六年五月，宰相毋昭裔出私財百萬，繼其主持刻石經之後，又請鏤版印《九經》以頒郡縣，後蜀後主從之。蜀中舊時文人輩出，中途一路斷絕，自此，蜀中文學復盛。

五代四大天王木函彩畫

後周刻九經淵源當直溯後唐明宗時，長興三年（西元九三二年）起，詔令國子監校定《九經》，當時的屯田員外郎田敏等充詳勘官。雕版歷時二十多年，雖然朝代更迭，工程未止，至後周廣順三年（西元九五三年）六月完成。此時已任周尚書左丞兼判國子監事的田敏獻書周太祖，計有《五經文學》、《九經字樣》各二部，共一三〇冊。此次刻印之本，世稱「五代監本」。雖值亂世，但《九經》賴此而傳布甚廣。官府大規模刻書的歷史，也由此開始。

柴榮即位後周

顯德元年（西元九五四年）正月，後周太祖郭威病逝，養子柴榮繼位。柴榮（西元九五一－九五九年）是郭威聖稱皇后之侄，郭威收為養子。廣順三年（西元九五三年）封晉王。郭威死前，黜退一批恃功倨傲之臣，又任命一批新官吏，將朝政委歸柴榮，因此權力移交順利。柴榮即是後周世宗。

柴榮重用王朴，王朴獻「平邊策」，提出先攻南唐，取江北而控制南方各國，再取後蜀和幽州，最後解決契丹邊患的戰略思想；又提出爭取民心和避實擊虛等建議，柴榮一一採納，成功地發動了一系列統一兼併戰爭。

柴榮深知「兵務精不務多」，因而大簡諸軍，操練精兵，於是士卒精強，征伐四方，所向皆捷。初即位時，北漢、遼趁後周太祖新卒，大舉攻周，柴榮親臨陣前督戰，敗漢遼於高平。之後漢、遼趁柴榮親征南唐，兩度襲侵後周，皆被周軍所敗。

高平之役鼓起柴榮統一天下之志，他依王朴之言，先取南唐。後周顯德二年（西元九五五年）、顯德三年、顯德四年三度征伐南唐，柴榮每次皆勝，南唐自去帝號，割地請和。後周平定江北，得州十四、縣六十。

後周又謀取攻蜀，顯德二年大敗後蜀，取秦、成、階、鳳四州。顯德六年（西元九五九年），柴榮以契丹未逐，決意北伐。後周屢敗遼師，兵不血刃而取燕南之地，柴榮於此役染病班師，旋即病逝，未能完成一統大業。

柴榮實施與民休養生息。發展農業的政策，擴建大梁城等工程，多是利用農隙完成。即位當年，他便令李谷治理黃河，修築黃河堤岸，比較徹底地根治了河患。

柴榮留心農事，刻木為耕夫、蠶婦，置於殿庭，以示尊崇。顯德五年（西元九五八年），他讀唐人元稹《長慶集》，對均田圖大為激賞，決意均定田租，使貧困農戶田租得以減少。這次均田賦稅成績顯著，全國墾田數增得很快，後周國力財力因而增加。

柴榮還疏浚河渠，著手重建漕運網路，以與舟楫灌溉之利。自顯德三年起，先後疏引汴水東通泗水，北入五丈河，使魯齊舟船可直達大梁；鑿通鸛水，重新溝通長江與淮河；浚通汴口，導黃河於淮，使長江，淮河、黃河三大水系重新通航。又疏浚汴

柴榮像

水、五丈渠，使得以大梁開封爲中心的水路漕運網路基本形成。

柴榮還命令王朴主持擴建大梁城，使城內道路最寬者達三十步，大梁成爲當時最繁華興盛的首都，爲宋代開封的更大發展奠定了基礎；又令王朴撰《大周欽天曆》和《律准》通行天下；以舊律文格式煩雜不一，命侍御史知雜事張湜等十人詳定格律，定《大周刑統》頒行天下；詔令中書舍人竇儼編《大周通禮》和《大周正樂》。

自唐以來，統治者多數佞佛，柴榮認爲寺院氾濫使逃兵和不法之徒有隱匿之所，因而下旨禁佛，不許妄度尼僧，並停廢寺院，毀佛像鑄錢。

柴榮在位六年，多有仁政惠民，不僅減免苛政，而且在大戰過後、淮南大饑時，還令貸米與淮南饑民。而他最大的功勞還在於謀策統一大業，其未完之志，在他死後，由趙匡胤繼續完成。

南唐設科舉

南唐歷代君主喜好文學。在五代諸國中，是文化最爲發達的一個，但自立國後一直未設科舉，凡選拔人材，只憑上書獻策，言事遇合者，隨材進用。

保大十年（西元九五二年）二月，在文學出身的韓熙載、馮延巳、馮延魯等人影響下，南唐始開進士科。唐主李璟詔令翰林學士江文蔚主持其事，本年便有盧陵王克貞等三人及第。

但因南唐執政者均不爲科第出身，他們中的多數人不約而同對科舉制大力毀謗，使得唐主無奈宣布從此罷廢科舉。

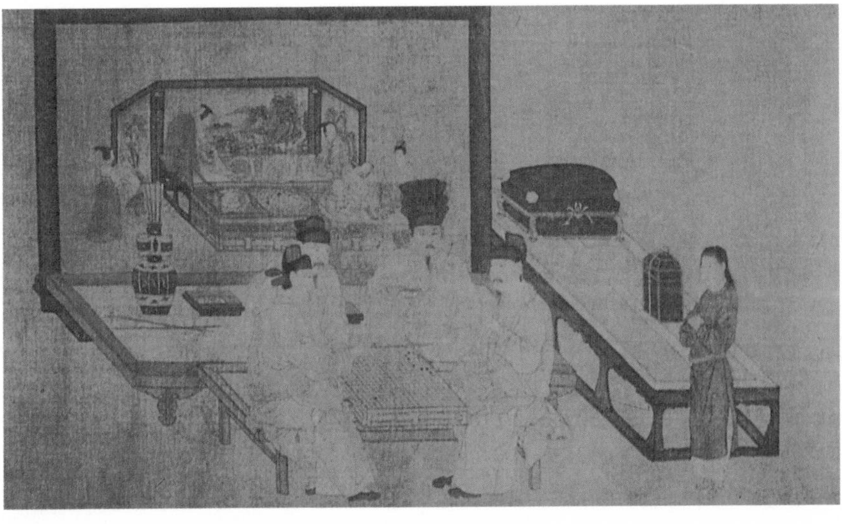

五代周文矩《重屏會棋圖》圖所繪中間者為南唐國主李璟

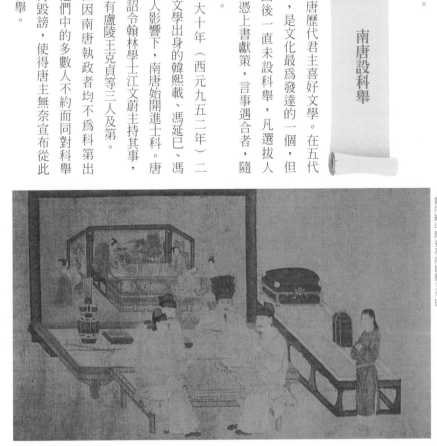

五代南唐男舞俑

第二年，南唐祠部郎中、知制誥徐弦上書奏稱初設貢舉，不宜遽罷，於是南唐主順水推舟，宣布恢復科舉制。

周世宗選兵

高平一役後，後周世宗柴榮深感驕兵惰將之弊。因爲自五代以來，禁軍皆務求姑息，不加簡選，不僅羸弱居多，而且驕橫不聽號令，一有大敵，非逃即降。柴榮決心汰選士卒，振作軍心，免蹈覆轍。

他對侍臣說，自古兵馬貴精不貴多，何況軍費繁重，一百名農夫的苦勞而不足供養一名甲士，怎麼忍心榨取民脂民膏，去供養疲弱無能的廢物呢。於是命令檢閱諸軍，留強汰弱，侍臣對此一致贊同。

顯德元年（西元九五四年）十月，柴榮命殿前都虞侯趙匡胤主持大閱軍士，精銳者升爲上軍，羸弱者淘汰。又詔募天下壯士，不論出身，都赴京師，柴榮親臨閱試，遇有才藝出眾又儀表出眾者，即補入殿前諸班。此外騎步諸軍，各命統將選擇。

經過這次閱軍，凡從前驕兵惰卒，一概淘汰，宮廷內外，盡列熊羆，軍務大有起色。後周由是士卒精強，征伐四方，幾乎無往而不利。

周世宗毀佛鑄錢

後周世宗柴榮以寺院氾濫，不僅大量勞動力出家，減少了國家勞役和兵役的人力資源，而且逃兵和不法份子也往往剃度出家，逃避刑罰，遂於顯德二年（西元九五五年）五月下詔毀佛：「天下寺院，作敕賜寺額者，皆屬私建，一律停廢；又禁止私度尼僧，私自剃度者勒令還俗並治罪；又禁僧眾自殘肢體、幻惑流俗。」經此整頓，當年停廢寺院三〇三三六所；存者僅二六九四所；在籍僧四二四四四人，尼一八七五六人。

九月，柴榮以縣官久不鑄錢，而民間又多銷錢爲器皿和佛像，錢幣日少，敕立監採銅鑄錢。民間鋼器、佛像限五十日內上繳官府，按斤兩給還價錢；逾期不交，五斤以上者死。禁止民間私用銅鑄佛像、器物。

有人以爲佛像不可毀，柴榮回答說：「佛以善道教化天下，只要立志是善的，就是奉佛了。佛像哪裡算是佛呢？再說，我聽說佛爲救濟人，連頭眼都捨得布施給人，如果朕的身體能濟民，我也不惜犧牲自己啊。」

五代濫施刑罰

五代時期，連年混戰，軍閥當政。他們爲了維護自己的統治，往往實施嚴酷刑罰。具體表現如下幾方面：

在立法方面，刑罰普遍加重。如處理盜竊罪，唐後期用重刑，盜竊贓物滿三匹以上者，才處以死刑。後唐重申此制。後漢天福十二年（西元九四七年），後漢高祖劉暠下令，所有抓獲賊盜，只要按驗眞實，不管贓物多少，都應處以死刑。後周對盜竊罪處以死刑的最低限度也是「贓絹滿三匹」。又如處理「和奸」罪，依唐律僅處一年中徒刑，後晉法律則規定處以死刑。此外，五代還設置了一些《唐律》中所沒有的罪名與重刑條款。如從重懲治製造和販賣私鹽、私

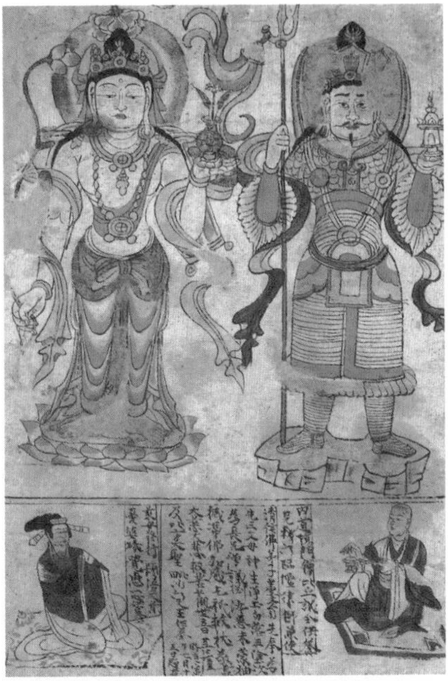

五代《觀世音菩薩毗沙門天王像》

五代《八臂十一面觀音像》

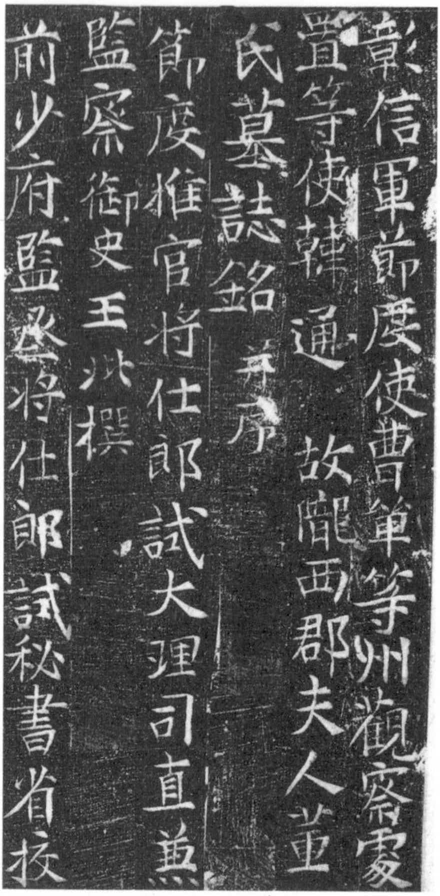

後周《韓通妻董氏墓誌》

酒麴者。後唐規定販私鹽十斤以上即處死，私自煮鹽，不論斤兩都判死刑。後漢嚴懲私自製麴者，不論斤兩都處死刑。後周改爲私販鹽、麴五斤以上，判決重杖一頓，再處死。

在死刑的執行與刑罰的運用方面，由十軍閥成爲執法者，往往隨意喜怒，視人命如草芥，動輒族誅；如後唐莊宗滅梁，將梁臣趙岩、朱友謙族誅；部將張諫謀叛，又將其黨羽三千人一併族殺，禍至軍士數百人亦遭族誅。而且法外施刑的現象相當普遍。據《舊五代史・劉銖傳》載，劉銖性格狠毒，喜歡殺人，他制定的法令嚴峻，吏民稍有違反，就令人將其倒拖出去幾百步才停止，致使遭罰者體無完膚。每當他實施杖刑，他便令雙杖齊下，稱爲「合吹杖」；或者杖打次數與罪犯年齡相等，稱爲「隨年杖」。在司法審判方面，輕罪重判，禁錮超過刑期，動輒處死獄囚的現象更是不勝列舉。據《舊五代史・蘇逢吉傳》載，後漢高祖曾命令蘇逢吉「靜獄」以祈福佑，蘇逢吉卻將全部獄囚處死。由於五代統治者對監獄實行軍事管制，設立了馬步司左右軍巡院監獄，任用嗜殺成性的牙校掌管司法審判和監獄管理，導致各地監獄更加暗無天日。

汴梁城形成

汴梁又稱汴京、東京，在今河南省開封市。五代時後梁、後晉、後漢、後周四代均在此建都，稱汴梁。北宋建國後，亦因交通便利（處於黃河中下游扇形沖積平原的軸端，又是大運河的中樞和大運河漕運的樞紐地帶），在此建都，稱爲東京。汴梁城經歷代修建，在五代時逐漸形成，至北宋，頗具規模。

汴梁最早爲戰國時魏都大梁，後世相沿稱，簡稱梁。因汴河從中間穿過，唐時在此設汴州，簡稱汴，後合稱汴梁。原汴州舊城規模較小，後周顯德三年（西元九五六年），在舊城週邊築了一層廓城。北宋定都後又經幾次擴建，最後形成規模。汴梁城結構布局爲外城、裡城。宮城三重城牆和護城河。外城又稱新城，全長四十餘里，南面有三門，東、北各有四門、西南五門，各城門都有聯通附近的州縣市鎮的水、陸通道，呈放射狀展開。城內橫穿四條河均通過護城河相連通，汴河橫穿城東北，通南北人運河，是汴梁漕運的主要渠道。裡城相當唐時的州城，周長二十里。宮城又稱大內，在裡城中心偏北位置，由唐時州衙改建而成。四面開門，城四角建有角樓。在宮城南北軸線南部的丹鳳門內，是外朝的主要宮殿，東西並列，一改唐洛陽城建築布局。宮內主要殿堂首先採用工字形布局。這對以後歷代各朝宮殿建築產生了重大影響。

汴梁城因舊城擴建而成，城市街道布局不如唐代那樣橫豎方整，但主要街道仍成井字形。北宋時，城內居民超過百萬，爲當時世界上人口最多的城市，北宋打破唐時的坊市分離制，裡城、外城居住區和商業區混雜在一起，形成了熙熙攘攘、繁華的城市景象，這在張擇端的《清明上河圖》上反映出來。

汴梁城與前代都城最大的不同是宮城不在最北部而接近市中心以及城市面貌的商業化。汴梁首次在宮城正

宋《清明上河圖》（局部）
它以汴河為中心，詳細描繪了都城汴梁的社會生活情景。

門和裡城正門之間設置了丁字形縱向宮前廣場。

西蜀畫風興盛

五代十國時期，各地軍閥混戰不休，文化也慘遭破壞，但在一些較少戰亂的國家，文化事業不但未被破壞，還有所發展，這就是五代十國中西蜀畫風興盛的重要原因。

西蜀位於較偏僻的西南地區，所以戰亂相對中原來說較少。中原的每一次戰亂都爲西蜀送來一批避難的畫壇名士，如安史之亂後來的趙公佑、陳皓、張騰、辛澄等人。這些畫壇高手的加入，使西蜀畫壇新意盎然，也使西蜀畫風揉合了中原畫風的特色。

西蜀的畫家大都擅長宗教畫，擅長山水畫花鳥畫的也不少，如吳道玄的《地獄變相》、《金光明經變》、周昉的《水月觀音》等，這些畫大都畫在寺院的牆壁上，和當時佛教興盛有著緊密的聯繫，成都最大的寺院大聖慈寺也是當時壁畫最集中的地方。除了少量帝王貴族肖像和山水花鳥畫外，更多的是宗教畫，據李純《大聖慈寺書院》載：「……總九千六院，畫諸佛如來一二一五，菩薩一〇四八八，帝釋梵王六十八，羅漢祖師一七八五……」直至南宋時，范成大將遺存的壁畫記錄造書，還遺留有三十多院閣壁畫，

五代《白衣觀音圖》

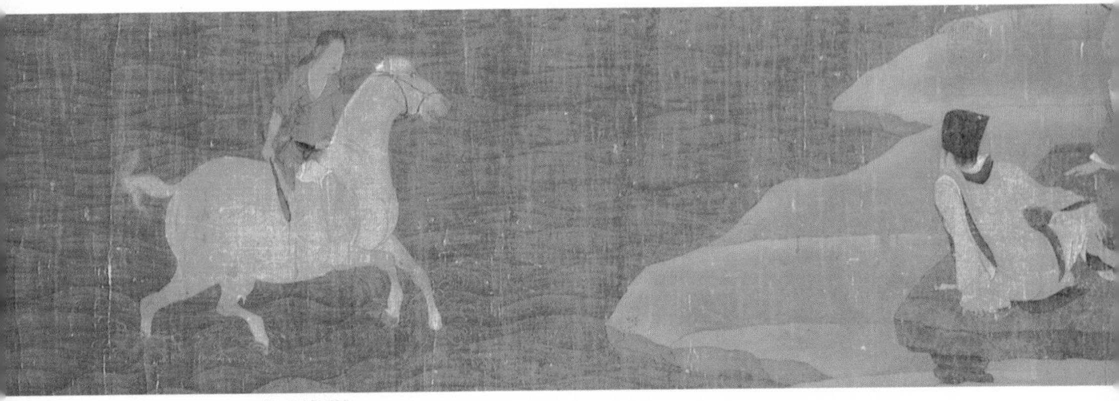

五代《神駿圖》

可見西蜀畫壇名作中宗教畫佔了相當大的比重。

在興盛的西蜀畫壇背後，是一大批畫壇名手的辛勤努力。趙德玄入蜀，帶來隋唐名畫百餘本，「多爲祕府散逸之作」，令西蜀畫手得益非淺。當時僅出名的畫手就有房從眞、張玄、徐德昌等，不下二三十人，且湧現出一批父子相傳的名手，如黃筌、黃居寶、黃居寀、高道興、高從遇、杜子環、杜敬安、蒲師訓、蒲延昌等。西蜀專門的畫院，名手很高的社會地位也促進了畫壇繁榮。在大批畫家長期的切磋、互相的學習之下，西蜀繪畫還有許多創新，如在大型構圖方面，後蜀明德年間，趙德玄、趙忠義父子共同創作了福慶禪院的十三幅大型壁畫《東流傳變相》，結構舒朗，山水精細，人物逼眞，名冠一時。後蜀後期，在題材方面，山水畫、花鳥畫有了進一步發展，傳統的宗教畫在表現人物精神狀態上也有了進一步提高。

滄州鐵獅子鑄成

後周廣順三年（西元九五三年），山東匠人李雲鑄成著名的滄州鐵獅子。

滄州鐵獅子位於今河北省滄州市東南二十公里的滄州故城內開元寺前。鐵獅形態威武，身披障泥，背負蓮花巨盆，前後飄著束帶，掛有串珠等裝飾，髮捲曲呈波浪形，當爲開元寺文殊菩薩的座駕。鐵獅身長五點三米，高五點四米，寬三米，重約四十噸，左側有「山東李雲造」五字，頭頂及頸下各有「獅子王」三字，右頸及牙邊皆有「大周廣順三年鑄」七字。鐵獅腹內和牙外還有很多字跡，有人認爲是金剛文，但已難以辨認。

據分析，鐵獅背部的化學成分爲：碳四·一%、矽○·○四%、錳○·○三%、硫○·○一九%、磷○·二三五%。又據表面金相檢測，鐵獅腿部爲灰口鐵，頭部和蓮花座駕爲白口鐵，其間有麻口鐵。體內頸部和背部鑄有加強筋用以負載重量。鐵獅採用泥範明注式澆鑄法整體鑄成，表面遍布長方形等多種規格的外範拼接痕跡，鑄造時共用外範六百多塊。內範布滿圓頭鐵釘，頭部和背部均墊有鐵片，用以控制內外範之間的距離。外範拼接處用熟鐵條聯接，用以增加強度。據研究推測，鐵獅子的鑄造工序大體是：一、塑泥獅原型；二、在泥獅上塑製外範，陰乾後取下；三、製內型，將泥獅刮去一層，其厚度等於鑄件厚度；四、接拼外範；五、澆注成型；六、清理。

滄州鐵獅子的鑄成，標誌著中國製造大型鑄鐵件技術的提高。在中國冶鑄史上佔有重要地位。

滄州鐵獅像

棲霞寺舍利塔建成

五代時，南北方對待佛教的政策是兩個極端，北方五代統治者對佛教執行嚴格的限制政策，而南方如吳越王錢弘俶鑄金塗塔，是推崇佛教的，於是南方成爲佛教禪宗的根據地，這裡的佛教藝術也獲得較大發展，南京棲霞寺舍利塔的建成，足以代表南唐佛教建築和佛教造像藝術的最高水準。

棲霞寺是南朝以來佛教中心之一，至唐代被推爲國內四大寺塔之一，可惜今大半佛龕古跡毀損。舍利塔在寺左側，始建於隋文帝仁壽元年（西元六○一年），後毀，現存遺蹟是南唐高樾及林仁肇重建。

舍利塔高一八·○四公尺，是通體用石灰岩砌成的仿木結構建築形式。塔身造型秀麗、小巧、玲瓏，爲八角五層塔，每層的高度與廣度都隨層次逐漸減縮，現出十分穩固的姿態。精美的造像和裝飾性雕刻施滿塔

棲霞寺舍利塔降魔浮雕

身，集民族傳統雕刻諸技法成於一塔，表現形式極爲多樣，顯示出當時石雕藝術的高度成就。最有代表性的是雕在基壇束腰部的「釋迦八相」，和刻在塔身上的二菩薩、二天王、二仁王。

棲霞寺舍利塔

環繞基壇周圍的八幅橫披式「釋迦八相」，是五代遺跡中僅見的淺浮雕珍品，處處顯示出傳統繪畫的功力；應用了前代壁畫中把不同時、地的情節，表現於同一畫面的處理方法，如「山遊」圖既描寫了悉達太子的出城，刻畫了人廣遊四門時前後所見的生、老、病、死等世苦的全部情節；也運用了「壓地隱起」這種從漢代書畫基礎上發展而來的新方法，在浮雕中凸出主要人物，使之具立體感。題材內容。圖景合傳說與現實爲一體，人物形象，宮殿樓閣反映了中國當時社會的眞實情況。

棲霞寺舍利塔說法浮雕

棲霞寺舍利塔降生浮雕

塔身上的天王、仁王和文殊、普賢菩薩等像都爲半浮雕作品，作者徐知謙、王文載、丁延規等均有題名刻於上角。此外，在基壇和塔身各層，精美雕飾密布，幾乎沒有空隙。各層均設龕造像，角柱飾於侏儒和立龍，簷下則雕飾供養天人，其他局部刻寶相華、海石榴、蓮華、蔓草紋以及其他瑞禽祥獸，題材範圍相當廣泛。表現形式隨題材和形象而異，隨處可見壓地隱起、線雕、須地平鈒等各種雕法，特別是波濤翻騰的浮雕海面，活潑遊動的龜蝦顯現其中，刻畫相當出色。

棲霞寺舍利塔，整體形象富麗精巧，氣派工整典雅，在雕刻史上足以代表南唐藝術的高度成熟，在建築藝術方面是後來《營造法式》的範例。

雲岩寺塔出現觀音檀龕

梅檀質重而香，木理堅細，是宜於雕琢的珍貴木材。以梅檀造佛像，始於印度，在南北朝時傳入中國，至唐時漸有造作，唐高祖李淵曾下詔爲其父母造梅檀等身像三軀供養於寺廟中，自此檀像造作漸多，刻檀佛像隨遣唐使等流傳到日本，現仍有保存，但中國現存唐檀刻佛像極少。一九五六年在汀蘇蘇州虎丘雲岩寺第三層塔心發現許多佛教文物中，最稀見的是五代時期的觀音檀龕。

雲岩寺塔出現的觀音檀龕，從其題材內容、風格樣式等考證，應當是五代時南方重佛教的吳越地區所造，也有可能是晚唐末期的舊作。它是於後周顯德六年至宋建隆二年間（西元九五九—九六一年），建造雲岩寺塔時被藏納於塔中的，因木頭不易保存，年代久遠，此檀龕已有些殘破。觀音檀龕以一木雕成，作三連龕，兩扉龕可以開合。木質雖已枯朽變形，仍可以看出雕刻技藝之精湛。觀音被雕成端坐蓮台的姿勢，其蓮座下作對稱結構的蓮藕和蓮葉，並有雙手合十的善財童子立在蓮蓬之上，作仰首屈膝向觀音參問狀。觀音表情親切，善財童子面容虔誠而略帶稚氣，頗能突破常規，構意新穎精巧，可能是描寫《華嚴經入法界品》裡所說善財童子參拜觀音的事蹟，實際上開了後世寺院中「善財」五十二參變相塑壁的先例。

觀音檀龕

這一觀音檀龕妝彩描金，高僅一九釐米，小巧精緻。在這小塊木頭上鐫刻生動人物及裝飾，確需精湛的雕刻技術，顯示出當時木雕術的水平。這是中國木雕藝術中不可多得的精品。

《舊唐書》成

《舊唐書》是五代後晉官修的最重要的紀傳體史書，也是第一部完整的唐史著作。始稱《唐書》，爲與宋代歐陽修等撰《唐書》相區別，習慣叫《舊唐書》。

《舊唐書》共二百卷，含紀二十卷、志三十卷、傳一百五十卷。始撰於天福六年（西元九四一年），成書於開運二年（西元九四五年），先後參與編撰工作的有張昭遠、賈緯、趙熙、鄭受益、李爲光、呂崎等，成書時劉昫以宰相身分監修，故題爲「劉昫撰」。可以說，它凝聚了許多史學家的心血。

《舊唐書》帝紀二十卷，起於高祖武德元年（西元六一八年），迄於哀帝天祐五年（西元九〇八年），其中把武則天立爲本紀，可說是不可多得的遠見卓識。志三十卷，其中禮儀七卷，音樂四卷，曆三卷，天文二卷，五行一卷，地理四卷，職官三卷，輿服一卷，經籍、食貨各二卷，刑法一卷，志目與《五代史志》基本相同，但編次、識見均比後者遜色。傳一五〇卷，以多人合傳爲主，獨具匠心，類傳有外戚、宦官、良吏、酷吏、忠義、孝友、儒學、文苑、方位、隱逸、列女等，民族與外域有突厥、回紇、吐蕃、南蠻、西南蠻、西戎、東夷、北狄諸目。

五代青釉壺

五代青釉夾耳罐

《舊唐書》集中了豐富而有價值的歷史資料，具有很高的文獻價值。如《五行志》列舉各地不同的自然災害，有不少反映民生困苦，工商業狀況和國內外交通方面的資料，《地理志》記載了全國邊防鎮戍的分布和兵馬人數，各地州縣設置和戶口等情況，〈輿服志〉記載了唐代帝、后、王、妃及百官按品級規定車輿、衣冠、服飾制度，用以區別貴賤，反映了封建等級制度。《食貨志》集中記載了唐代田制、賦役、錢幣、鹽法、漕運、倉庫及雜稅、榷酤等經濟史資料，《刑法志》記載了唐代法典律、令、格、式的制訂過程及執行情況。

但是該書在唐武宗以前史事以唐人所撰《國史》爲藍本，難免有殘缺和推測雕飾的弊端。而且成書倉促，撰述不精，仍有遺漏，傳有重出，存著錯訛。難能可貴的是，五代政局動盪，後晉史學家編撰此巨著，使中國歷史上一個盛大皇朝的歷史面貌得以呈現於後人，他們對中國史學的貢獻應充分肯定，我們可從書中粗略看到七至十世紀初中華文明發展的軌跡。《舊唐書》至今仍有不可替代的史學價值。

《花間集》成

晚唐五代時期，前蜀王氏、後蜀孟氏割據蜀中，前後達六十年之久，由於地理上的封閉，使得這一地區政

治較爲安定，經濟比較繁榮，因而文化生活也顯得更爲豐富，統治集團和各階層人士無不沉溺於歌舞伎樂之中，供歌唱的曲子詞也開始盛行起來，當時蜀中文人填詞十分普遍，蔚爲風氣。後蜀廣政三年（西元九四〇年），趙崇祚正是順應這種時代的需要，收集了當時的詞作，編成了中國文學史上最早的詞作選集——《花間集》，成爲供歌伎伶人演唱的曲子詞選本。

趙崇祚，字弘基，生平事蹟不詳，曾任衛尉少卿。《花間集》共選當時十八位元詞作家的作品五百首，大致以作家生活年代爲序，將溫庭筠、皇甫松等晚唐詞作家列於卷首，表明了西蜀詞派的創作源流。和凝是北漢宰相，以寫曲著名，張泌爲南唐詞人，其餘十四人均爲蜀中文人，多爲朝廷的侍從之臣。其詞作的內容不外歌詠族愁閨怨，合歡離恨，多局限於男女燕婉的私情，也有一些作品略微顯露出「亡國」哀怨，如鹿虔扆的《臨江仙》。而歐陽炯的《南鄉子》歌詠了南方的風土人情，有一定的社會意義。總之，在思想內容上，《花間集》中的詞作長期以來幾乎不被稱賞，而文字的富豔精工，卻得到比較一致的肯定。代表《花間集》詞作風格的詞作家是溫庭筠和韋莊，溫詞濃豔華美，韋詞疏淡明秀，其餘的詞多蹈襲這兩種詞風。

溫庭筠（西元八一二—八六六年），本名岐，字飛卿，年輕時苦學成文，才思敏捷，精通音律，善長鼓琴吹笛，作側豔之詞，喜歡譏諷權貴，多觸忌諱，又不受羈束，縱酒放浪，所以不爲時俗所重，一生坎坷，終身潦倒。《花間集》將他的詞列在首位，共收二十六首，是文人中第一個大量寫詞的人，是「花間派」詞的先導，對詞的發展產生了極大的影響，多寫婦女生活，如閨閣怨情、征婦思夫等，也許寄寓了自己的某種情懷，在手法上，穠麗綿密，多用比興，以景寓情，頗值玩味。

韋莊是「花間派」中成就較高的詞人，其詞注重作者感情的抒發，個性較爲鮮明。善於用清新流暢的白描

五代小琵琶

五代海水龍紋蓮瓣碗

筆調，表達比較眞摯深沉的感情。有些詞受民間詞影響較爲明顯，用直截決絕的語言，或寫一往情深，或寫一腔愁緒。風格與溫庭筠大相異趣。

李璟、李煜父子爲詞

文人詞在初、盛唐時已經出現，如沈佺期作《回波樂》、唐玄宗作《好時光》等。相傳李白曾作詞十餘首，其中《菩薩蠻》「平林漠漠煙如織」、《憶秦娥》「簫聲咽」二旨在藝術上已有極高成就，被推爲「百代詞曲之祖」。

中唐時，文人填詞者日益增多，如張志和曾作《漁歌子》、韋應物有《調笑令》、白居易有《憶江南》等。到了晚唐，湧現出更多的填詞能手，溫庭筠即爲其中之一。溫詞在詞的發展史上曾起過不小的影響：一是藝術上力求精細，使詞由樸素的民間格調向文人化發展，在藝術上有較大發展；二是他的香軟穠麗的詞風給後世帶來不良的影響，形成了以他爲「鼻祖」的花間詞派。

到五代後期的南唐，由於宮廷的提倡，盛行寫詞，代表作家是李璟、李煜和馮延巳。

李璟（西元九一六—九六一年），字伯玉，南唐中主，南唐開國主李昪之子。二十八歲繼位，在位十九年。他的詞作僅存四首，藝術成就較高，其中《應天長》、《望遠行》二首，境界與花間詞相近。《浣溪紗》二首，則運用傷春傷別的比興手法，寄寓對自己身世遭遇和南唐國運衰微的悲慨，深沉動人。王安石曾盛稱其「細雨夢回雞塞遠，小樓吹徹玉笙寒」二句；王國維稱該詞前二句「菡萏香銷翠葉殘，西風愁起綠波間」，大有「眾芳蕪穢，美人遲暮」之感。他的詞蘊藉含蓄，耐人尋味，對李煜的詞很有影響。

李煜像

李煜（西元九三七—九七八年）爲李璟第六子，建隆二年（西元九六一年）繼位，史稱後主。三十八歲時，宋軍長驅渡汀，圍攻金陵，次年城陷降宋，被封爲右千牛衛上將軍、違命侯，後被宋太宗趙光義毒死。李煜在政治上是庸駑無能的皇帝，卻具有多方面的藝術才能，如書法、繪畫、詩文等，詞的成就尤高。

李煜詞以宋太祖開寶八年（西元九七五年）他降宋時爲界，可分爲前後兩期。前期詞雖也顯示出非凡的才華和出色的技巧，但題材狹窄，主要反映宮廷生活與男女情愛，基本沒有脫離花間詞的窠臼。到了後期，李煜由皇帝變爲囚徒。屈辱的生活，亡國的慘痛，往事的追憶，每天只能以淚洗面，這種經歷使他的詞的成就大大超過前期。《破陣子》「四十年來家國」反映了他身世與詞風的轉折。《虞美人》「春花秋月何時了」、《烏夜啼》「林花謝了春紅」、「無言獨上西樓」等是其後期代表作，主要抒寫了自己憑欄遠望，夢裡重歸的情景，表達了對故國與往事的追憶與悔恨，藝術上達到很高的成就。

李煜的詞繼承了晚唐以來溫庭筠、韋莊等花間詞人的傳統，又受李璟、馮延巳的影響，將詞的創作向前推進了一大步。其成就表現在：一、擴大了詞的表現領域。李煜之前的詞作以豔情爲主，內容貧乏，多寫女性，很少寄寓個人的思想感情。而李煜詞中多數作品則直抒胸臆，傾吐身世家國之感，情眞語摯。二、語言自然流暢而又極富表現力。他後期的詞不鏤金錯彩，也不隱約其詞，而善用白描，長於比喻，所以仍然文采動人。情思雋永。三、具有較高的概括性。李煜的詞，往往通過具體可感的個性形象來反映現實生活中具有一般意義的某種境界。「小樓昨夜又東風，故國不堪回首月明中」（《虞美人》）、「落花流水春去也，天上人間」（《浪淘沙》）等句子深刻而生動地寫出了人生的離合不定的情狀，感情眞切，又明白如活，很容易引起

五代南唐武士立像

讀者類似的感情聯想和共鳴。四、風格上有一定的獨創性。《花間集》和南唐詞，一般以委婉精細見長，李煜詞則表現出流麗疏宕的特點。他是晚唐五代詞人中成就最高，對宋詞影響最大的一位。

回鶻文形成

回鶻文是十世紀中葉以後，由回鶻人創造、使用的文字。這種文字來源於中亞粟特文（窣特文）。活動於七河流域的突騎施部，最初採用粟特文拼寫突厥語，後來兩州（高昌）回鶻以流行於當地的粟特文為基礎，創造出一代文字，通稱為回鶻文。

回鶻文是一種音素文字，其字母數目因時有所增加而不同，大約有十八至二十三個字。在書寫上，回鶻文字分木刻印刷體和書寫體兩種。書寫體又分為楷書和草書，楷書用於經典著作，草書用於一般文書。從行款上看，回鶻文字最初由右往左橫寫，後來才改為從右往左自上而下直行豎寫。

回鶻文最初只應用於高昌回鶻政權的管轄範圍之內，後來隨著喀喇汗五朝勢力擴展使用範圍逐漸擴大。在新疆的吐魯番、哈密一帶，回鶻文一直使用到十四到十五世紀。歷史上，回鶻文對周圍其他民族的文化發展也產生很大影響，如對契丹小字、蒙古文、滿文等文字的形成產生影響。

回鶻文在古代畏兀人採用阿拉伯文字之前得到了廣泛的應用，成為該特定地區內公認的、最具權威性的文字。現在我們所能見到的十世紀前後的回鶻文獻，包括了宗教文獻、文學作品、醫學文獻和官方檔案、民間契約、商業合同等社會生活的各個方面，涉及範圍十分廣泛。

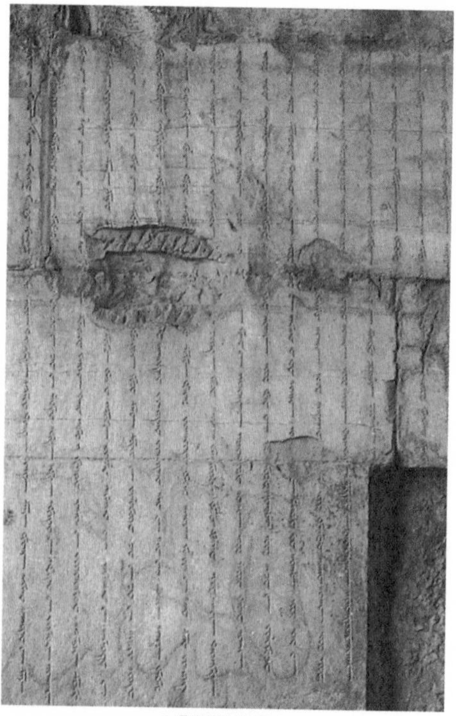

過街塔刻回鶻文

文化小事典

《福樂智慧》流傳

在回鶻文化史上具有代表性的文化成果中，長篇韻文敘事長詩《福樂智慧》具有無可替代的歷史地位。

《福樂智慧》是用回鶻文寫成的文學作品，作者玉素甫，全名為「玉素甫．哈斯．哈吉甫」，出生於巴拉沙袞。該書於一〇七〇年寫成，分八十五章，共一三九〇〇行。書中塑造了四個人物：象徵正義與法治的國王日出（空圖格迪），象徵幸福的大臣月圓（阿依脫里德），象徵智慧的大臣之子賢明（奧克托里米升），象徵謙虛的大臣之子的朋友覺醒（烏提庫爾米什）。長詩通過這四個人物的對話和他們的言行，表達了主張正義、追求幸福、開發智力以及教育人們誠實謙虛這一思想。詩人採用了回鶻人常用的含蓄和喜聞樂見的比喻，常用寡婦的喪服，魔鬼的面孔比喻黑暗，以天鵝的羽毛和首次揭開面紗的新娘來形容光明。全詩詞句優美。韻律嚴格，技巧嫻熟，一直是中亞和伊朗高原許多卓有成就的詩人們學習的楷模。

《福樂智慧》長詩包含有廣泛的社會內容，其意義遠遠超出其文學範圍，涉及到社會經濟、地理、政治、哲學、法律、倫理、醫學、數學等各個方面，具有重要的學術價值和歷史意義。

《福樂智慧》流傳下來的有三種寫本，最早的回鶻文本是一四三九至一四四〇年在赫拉特城（今阿富汗境內）完成的。另兩種是阿拉伯文抄本和一九一四年在蘇聯的納曼幹城（今費爾幹）發現的完整抄本。

古格王國遺址

位於西藏箚達縣。古格王國為西元十世紀前半期吐蕃贊普達磨後裔德祖袞所建。這是後吐蕃時期的重要文化遺存。

遼作星圖

遼朝在遼太宗大同元年（西元九四七年）攻滅後晉後，「建國改號，號令法度，悉尊漢制」，在天文曆法方面，也向漢族文化學習。從天祿元年（西元九四七年）到統和十二年（西元九九四年）遼朝採用晉馬重績編制的調元曆，九九五年以後使用遼刺史賈俊的大明曆，但實際上是祖沖之的大明曆，可能有些改動。

契丹人信仰巫術，重視觀察天象，並將天象與政事聯繫。遼代統治者在洗掠汴京時，便帶回中原先進的天文儀器，這爲遼代天文學的發展提供了極爲便利的條件。一九七一年在河北省張家口市宣化區一座遼墓的發掘中，發現一幅遼代墓室星圖。這幅彩繪星圖呈圓形，直徑爲二．一七公尺，採用極投影法繪製。中央爲極，嵌有三十五公分銅鏡山面，鏡周圍繪有蓮花，再外爲二十八星宿，最外圈爲黃道十二宮，顯然是一幅表意性星圖。十二宮知識來自西城，但明顯地「遼化」，因爲那雙子和室女的人物衣著遼服；而中央的蓮花又帶著佛教色彩，由此可見這幅星圖是遼代多民族文化融合的結晶之一，也可稱爲文

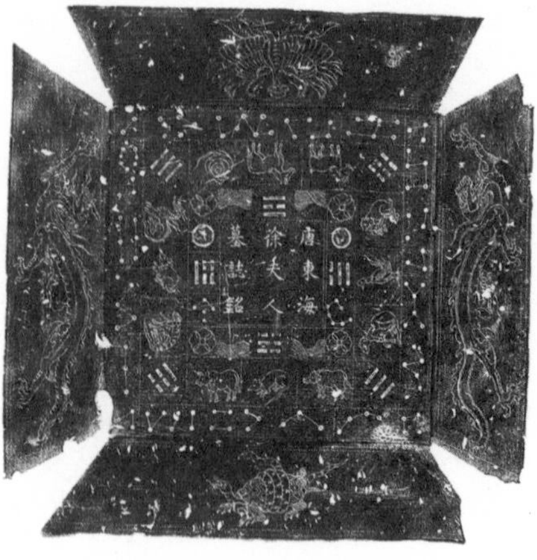

南唐徐氏墓誌（十二生肖）
墓誌刻於南唐大保年間。志蓋頂部刻日、月、華蓋（杠）和勾陳星宿、八卦，中刻十二生肖圖形。十二生肖的次序與現今使用的完全相同。目前發現的十二生肖文物中，這是較為完整的一處。

明史上的一個奇觀。

一九八九年張家口宣化另二座遼墓又各出土了一幅星圖，與一九七一年發現的星圖相比，大同小異，如二號墓星圖加進了十二生肖，而且十二生肖皆作人形。這又證實了遼人喜歡將人事與天象相聯繫。在同一地區先後出土的三幅遼代星圖，說明遼代天文學已達到很高的水平，堪稱是中國天文史上的奇觀。

《唐會要》編成

五代末年撰成的《唐會要》與《唐書》可稱爲這一時期史學成就的「雙璧」。

《唐會要》共一百卷，分五一四目。它言詞簡約，內容豐贍詳實，有關細事，以「雜錄」爲名附於各條之後。詳細地記錄了唐代政治體制的沿革和損益。

這部重要的史學著作是王溥在唐人兩次編撰《會要》的基礎上增補、編訂，編成於北宋代周的當年。宋太祖閱後甚爲讚賞。

王溥生於五代後梁龍德二年（西元九二二年），後漢乾佑（西元九四八－九五〇年）年間進士及第入仕。後周時爲中書侍郎，平章事，兼禮部尚書，監修國史，加右僕射，北宋時爲司空。太子太師，封祁國公。

《唐會要》對於研究唐代史事，人物、典制及政治興亡，文明盛衰演

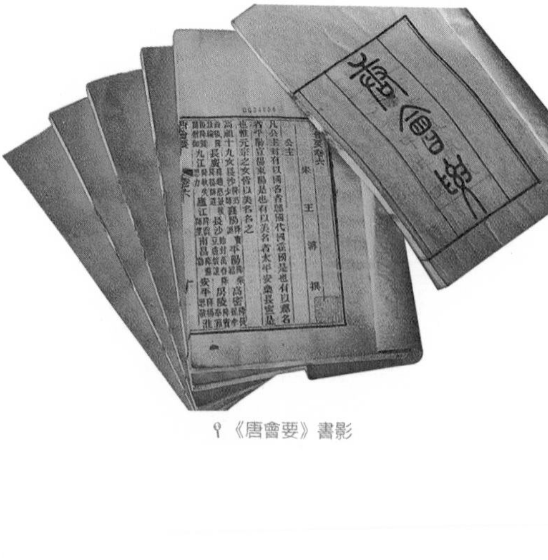

《唐會要》書影

進，有特別重要的價值和意義，深受重視。

《韓熙載夜宴圖》

五代南唐畫家顧閎中所作《韓熙載夜宴圖》，代表了五代時期人物畫創作所達到的成就，是稀有珍品。

顧閎中，江南人，五代南唐畫家，南唐後土時期（西元九四三—九七五年）在南唐畫院任待詔，擅長人物畫。《韓熙載夜宴圖》是他受南唐後主李煜之命創作的。相傳李後主想瞭解大臣韓熙載家宴的情形，命顧閎中夜至其私宅，暗中觀察。顧閎中口識心記，以默畫爲基礎創作了這幅紀實的人物畫作品。畫中主要人物韓熙載出身北方豪族，朱溫（西元九〇七年至西元九一二年在位）時以進士登弟，南唐時官至魚中書侍郎，有志不得伸，抑鬱苦悶：晚年放浪不羈，縱情聲色。這幅畫以連環畫形式表現了五個互相聯繫又相對獨立的情節，展示了夜宴活動的內容，即聽樂、觀舞、休息、清吹、送別。

畫中右十餘個主要人物，在五個情景中又反復出現，多爲見於記載的眞實歷史人物。整幅畫雖然大多描繪歌舞場面，但卻籠罩著沉鬱的氣氛。全卷五情節中，韓熙裁均出現。畫家從不同角度，從外貌到性格，深刻刻劃出韓熙載內心深處的隱衷。其餘人物在五個情節中互相呼應、聯繫，動作表情均表達了其精神狀態，與環境氣氛相統一，這在起首的「聽樂」和第四段自己「清吹」中表現得最好。畫卷用筆與設色十分精緻。畫家以勁健優美、柔中有剛的線條勾勒人物，服飾細入毫髮，衣紋簡煉灑脫。色彩

顧閎中《韓熙載夜宴圖》（局部）

有通體的單純，又有層出不窮的綺麗，豔而不俗。色與線有機結合，使畫面顯出明暗變化。畫家憑著傑出的智慧，深入人物內心，將那種含而不露的感情獨白，融化於優雅的夜宴氣氛中。

《韓熙載夜宴圖》在內容與形式上都達到相當高的水平，也爲研究中國古代音樂史、舞蹈史、服裝史、工藝史、風俗史提供了重要的形象資料。

黃筌、徐熙畫花鳥

黃筌、徐熙的花鳥畫不僅展現了優美的境界，而且使五代的花鳥畫提高了水平並影響了後世。黃筌、徐熙有各自的生活道路和藝術追求，形成了不同的藝術風格和流派。

黃筌，字叔要，成都人，從少年到晚年身居前蜀、後蜀宮苑，飽覽宮中名花奇卉，珍禽異獸，他的畫迎合了宮廷貴族的愛好。他吸收諸家之長，形成自己的「翎毛骨氣尚豐滿」的工麗一體。宋《宣和畫譜》著錄黃筌作品多達三四九件，但流傳至今的只有《寫生珍禽》圖卷和《芳溆春禽》冊頁。《芳溆春禽》冊頁儘管具有相當局促的畫面空間，但由於構思巧妙，故能遊刃有餘，在豐滿典麗的同時，空間開闊，疏密適當，富於動態美。首先，作者以兩柳搖曳，俯視溪流爲中心架構，春風輕拂柳枝，吹皺春水，點出早春的環境特徵。其次，在這個環境裡，分別將黃鸝、水鴨排位，再綴以桃花、野卉、小草。再次，發揮了細部的對比、呼應、襯托的作用，飛鳥與雙鴨動靜高下相應，兩株柳樹一直一斜，對比柳葉桃花紅綠襯托，增強圖畫的多層性和豐富性，在表現技法上，只用淡墨輕輕勾勒輪廓，主要側重於依照對象本身分別設色，顏色既對比鮮明，又和諧

徐熙《玉堂富貴圖》

統一，組成了華麗絢爛的色彩，襯托出春意盎然的意趣，達到高度的藝術眞實。另外，黃筌工筆畫十分工細，先作淡墨而後作色彩渲染，並分許多層次，基本上蓋住墨蹟。圖中間使用「沒骨法」來畫黃鸝、桃花，又略用皴法畫古根坡腳。《宣和畫譜》評他的畫：「如世稱杜子美詩、韓退之文，無一字無來處。」把他的畫與杜甫的詩，韓愈的散文齊名對待。

黃筌作爲晚唐五代傑出的宮廷畫師，以其獨創的藝術技法將中國花鳥畫創作推向了成熟期，他的畫成爲宋代院體畫的儀範，《宣和畫譜》說其畫法是宋太祖、太宗時國畫院的標準，具有很高的權威性，足以想見其對後世繪畫藝術的巨大影響。

「黃家富貴，徐熙野逸」，在黃筌富麗風格之外，南唐還有一派以徐熙爲代表的體現文人意趣的畫風。徐

黃筌《寫生珍禽圖》
此圖畫各類飛禽、昆蟲、龜等二十餘種。形象準確生動，筆法工細，色調柔麗協調，可看出寫生功力之深。構圖無一定章法，鳥蟲互不呼應，畫左下方署小字一行「付子居寶習」，當為傳子習畫範本。黃筌，五代西蜀時任翰林待詔，權院事（皇家畫院的主管人員）等職。善畫山水、人物、龍水，尤以花鳥為最著名，畫法精工富麗。又曾從刁光胤、孫位、李升學畫，善於吸取諸家之長，自成一體，對北宋和以後的花鳥畫有重大影響。其子黃居宷、黃居寶承繼了家法。

熙，江寧人，出身江南名族，放達不羈，志節高邁，畫中多爲寒蘆、野鴨、龜蟹、草蟲、園蔬、藥苗、四時折枝，多爲江南所常見之物。他「落墨」以取骨格，先用墨定枝葉蕊萼，然後再用色彩塗傅，「故氣格前就」，「氣骨能全」（劉道醇評徐熙語）。他只是略施丹粉而已，但「神氣迴出，別有生動之意」。（《夢溪筆淡》）。徐熙花鳥畫風格，從取材到用筆，乃至總體風貌，與黃筌工麗一體區別較明顯。

五代花鳥畫家開創了線條所表現的筆力和墨染所產生的色感，並以二者結合爲花鳥畫藝術造型的最高格調。徐黃二體在技法和審美意趣上代表了五代花鳥畫風格，奠定了兩宋以後的寫意與工筆花鳥的筆調。

990A.D. 宋淳化元年；契丹統和八年

・十二月，契丹以李繼遷為夏國王。

991A.D. 宋淳化二年；契丹統和九年

・十月，女真附於契丹。

993A.D. 宋淳化四年；契丹統和十一年

・宋西川青城縣民王小波聚衆起義。

・十二月，王小波戰死，李順繼之，攻下蜀、邛、彭、漢等州。

994A.D. 宋淳化五年；契丹統和十二年

・李順破成都，稱蜀王，宋遣兵攻之。 五月，宋兵拔成都，俘李順。

1004A.D. 宋景德元年；契丹統和二十二年

・九月，契丹帝及太后大舉侵宋，宋帝用寇準言，親禦契丹於澶州。契丹攻大名不克，旋破德清軍，圍澶州，時宋與契丹已互遣使談和，十二月議成，宋歲以銀絹三十萬予契丹，是為澶淵之盟。

990~1009A.D.　1010~1034A.D.

1010A.D. 宋大中祥符三年；契丹統和二十八年

・九月，契丹冊封李德明為夏國王。

1018A.D. 宋天禧二年；契丹開泰七年

・四月，吐蕃貢於契丹。十月，契丹攻高麗；十一月，契丹戰不利，大掠而還。十二月，高麗大敗契丹兵。

1026A.D. 宋天聖四年；契丹太平六年

・二月，契丹掠女真界，俘獲不可勝計。

1031A.D. 宋天聖九年；契丹太平十一年、興宗宗真景福元年

・六月，契丹聖宗死，太子宗真嗣，是為興宗。太子母元妃自稱太后，攝國政。契丹以興平公主妻李德明子元昊，封為夏國公。

1032A.D. 宋天聖十年、明道元年；契丹景福二年、重熙元年

・李德明死，子元昊嗣，宋讓其襲德明官爵。契丹冊元昊為夏國王。

宋遼金夏

宋遼金夏年表 960~1270A.D.

960~974A.D.

960A.D. 宋太祖趙匡胤建隆元年；遼應曆十年。

・正月，周殿前都點檢趙匡胤稱皇帝，國號宋，是為宋太祖。

961A.D. 宋建隆二年；遼應曆十一年

・二月，南唐主李璟遷都南昌。六月，南唐主李璟死，子煜繼位，是為後主。

965A.D. 宋乾德三年；遼應曆十五年；後蜀廣政二十八年

・宋入成都，後蜀主孟昶降。後蜀亡。

971A.D. 宋開寶四年；遼保寧三年；南漢大寶十三年

・宋兵至廣州，南漢主劉鋹降，南漢亡。六月，宋初置市舶司於廣州。

975~989A.D.

975A.D. 宋開寶八年；遼保寧七年

・江南試進士，錄三十人。

・宋兵下金陵，南唐李煜降。

978A.D. 宋太平興國三年；遼保寧十年

・五月，錢俶獻地於宋。吳越亡。

979A.D. 宋太平興國四年；遼保寧十一年、乾亨元年；北漢廣運六年

・二月，遼遣兵援北漢。宋帝親督師，三月敗契丹援北漢之兵。

・五月，北漢主劉繼元降。

983A.D. 宋太平興國八年；遼乾亨五年、契丹聖宗耶律隆緒統和元年

・六月，遼更國號曰契丹，遼帝號天輔皇帝，太后號承天皇太后。

986A.D. 宋雍熙三年；契丹統和四年

・宋遣曹彬、潘美等分東西道攻契丹。五月，曹彬等以炎暑退至岐溝，為契丹兵所敗，死者數萬。契丹西路援軍敗潘美等軍，復取蔚、寰、朔、雲、應等州，宋將楊業敗死於朔州狼牙村。

1122A.D. 宋宣和三年；遼保大元年；金天輔五年；夏元德三年
・四月方臘敗，被俘，押解至東京，被殺。宋帝仍詔復花石綱。
1122A.D. 宋宣和四年；遼保大二年；金天輔六年；夏元德四年
・正月，金陷遼中京，遼帝奔西京。四月，金陷遼西京，西路州縣部族多降金。六月，遼天錫帝死，妻蕭氏為皇太后稱制，改元德興。十二月，金帝自將陷燕京，遼太后蕭氏北走。

1123A.D. 宋宣和五年；遼保大三年；金天輔七年、金太宗完顏晟天會元年；夏元德五年
・遼帝為金兵所逼奔雲內，五月，入夏境，封夏國主為皇帝。金太祖死，弟吳乞買嗣，是為金太宗。
1125A.D. 宋宣和七年；遼保大五年；金天會三年；夏元德七年
・正月，遼天祚帝奔党項，二月，為金所俘，封為海濱王。遼亡。
・十二月，金大舉兩路侵宋。宋徽宗稱教主道君太上皇帝，禪位太子恒，是為欽宗。

1100~1120A.D. 1121~1125A.D. 1126~1129A.D.

1126A.D. 宋欽宗趙恒靖康元年；金天會四年；夏元德八年
・正月，金東路兵渡河攻東京，宋太上皇帝東走；宋帝亦欲出走，李綱諫止之。十月，金兵南下，東路陷真定府，西路陷汾州、平陽府、澤州。
・閏十一月，宋命康王構為兵馬大元帥，統領援兵。金兵破東京，即退，許議和。宋帝至青城金營，十二月回宮。
1127A.D. 宋靖康二年、宋高宗趙構建炎元年；金天會五年；夏正德元年
・三月，金立張邦昌為皇帝，國號楚，都金陵。四月，金兵退，俘宋帝、太上皇帝及六宮皇族北去。宋康王構即帝位於南京，改元建炎，是為宋高宗。
1128A.D. 宋建炎二年；金天會六年；夏正德二年
・正月，金侵宋京東西及陝西。二月，金圖攻宋東京，屢為宗澤所敗。
・七月，宋東京留守宗澤屢請宋帝回京，不聽，憂憤死。金聞之，遂謀大舉南侵。
・金封宋徽宗為昏德公，欽宗為重昏侯。
・十一月，金破宋延安府，自是陝北諸州多淪於金。

1038A.D. 宋寶元元年；契丹重熙七年；夏趙元昊大慶三年、天授禮法延祚元年

．李元昊稱皇帝，國號夏，改元天授禮法延祚，遣使告於宋，仍自稱臣。

1040A.D. 宋寶元三年、康定元年；契丹重熙九年；夏天授禮法延祚三年

．正月，夏主元昊率兵陷金明寨、侵延州，大破宋兵而還，宋大將劉平死之。

1044A.D. 宋慶曆四年；契丹重熙十三年；夏天授禮法延祚七年

．九月，契丹帝親攻夏，大敗。十月，宋與夏和議成，夏主稱臣，稱夏國主。

．宋畢昇發明活字印刷術約在此數年間。

1049A.D. 宋皇祐元年；契丹重熙十八年；夏毅宗諒祚延嗣寧國元年

．六月，契丹帝親督師攻夏。隔年三月，契丹敗夏兵於三角川，隨又遣兵入夏大掠。

1066A.D. 宋治平三年；遼咸雍二年；夏拱化四年

．正月，契丹改國號為遼。四月，司馬光奉詔編歷代君臣事蹟，後賜名《資治通鑑》。

1081A.D. 宋元豐四年；遼大康七年；夏大安七年

．宋以夏集兵於邊，命將備之。七月，遂大舉攻夏。九月，宋收復蘭州古城，蕃部皆降，且助攻夏。

1097A.D. 宋紹聖四年；遼壽昌三年；夏天祐民安七年

．宋再貶元祐舊黨。三月，夏侵宋麟州，又擾葭蘆城；宋大敗夏兵於長波川。四月，宋兵入夏邊，破洪州，入鹽州；八月，宋收復宥州。

1035~1064A.D. 1065~1099A.D.

1112A.D. 宋政和二年；遼天慶二年；夏貞觀十二年

．女真首領阿骨打起兵併吞鄰族。

1114A.D. 宋政和四年；遼天慶四年；夏雍寧元年

．九月，阿骨打起兵反遼，破寧江州，遼遣兵擊之。十一月，阿骨打大破遼兵於出河店，遼賓、咸、祥等州及鐵驪部皆降於女真。

1115A.D. 宋政和五年；遼天慶五年；金太祖完顏完顏旻收國元年；夏雍寧二年

．正月，阿骨打稱皇帝，國號金。遼帝親征金，於達魯古大敗。

1117A.D. 宋政和七年；遼天慶七年；金天輔元年；夏雍寧四年

．二月，大理貢於宋，封其王段和譽為雲南節度使、大理國王。

1120A.D. 宋宣和二年；遼天慶十年；金天輔四年；夏元德二年

．遼金和議不成，金帝攻遼，五月，陷遼上京。十一月，睦州青溪方臘以花石綱擾民，聚衆起義。東南大震；宋命童貫攻之。

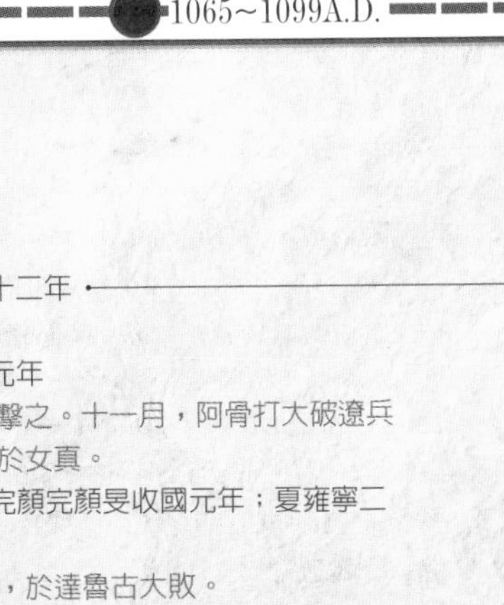

1161A.D. 宋紹興三十一年；金正隆六年、世宗完顏雍大定元年；夏天盛十三年

・九月，金大舉侵宋，金帝亮督東路諸軍，連下數城；其西路失利。金人立東京留守褒為皇帝，改元大定，是為世宗；褒後改名雍。金帝亮渡淮，破滁、廬、和、揚等州，宋淮東西軍退江南。十一月，宋虞允文等敗金兵於采石磯。金帝亮為其下所殺，金遣人與宋議和。

1164A.D. 宋隆興二年；金大定四年；夏天盛十六年

・金以宋相湯思退主和，不修邊備，乘虛渡淮，十一月，連下楚、濠、滁等州；宋遣使與金請和。十二月，宋金和議成，金宋為叔侄之國。

1167A.D. 宋乾道三年；金大定七年；夏天盛十九年

・王吉吉在寧海州全真庵聚徒講道，創全真教。

1188A.D. 宋淳熙十五年；金大定二十八年；夏乾祐十九年

・金置女真太學。丘處機、王處一為金世宗講道，金造道教三陽像。

1201~1209A.D.

1204A.D. 宋嘉泰四年；金泰四年；夏天慶十一年；西遼天禧二十七年

・三月，宋臨安大火。蒙古鐵木真攻乃蠻，殺其酋長太陽汗，又破蔑里乞部。

1205A.D. 宋開禧元年；金泰和五年；夏天慶十二年

・蒙古鐵木真侵夏，大掠而回。

1206A.D. 宋開禧二年；金泰和六年；夏李安全應開元年；蒙古成吉思汗元年

・夏李安全廢其主純佑自立。五月，宋下詔伐金，諸路多敗，僅畢再遇有功。十月，金大舉伐宋。

・蒙古鐵木真稱成吉思汗，是為元太祖。

1208A.D. 宋嘉定元年；金泰和八年；夏應天三年；蒙古成吉思汗三年

・三月，宋金和議成，改叔侄為伯侄之國。

1209A.D. 宋嘉定二年；金衛紹王永濟大安元年；夏應天四年；蒙古成吉思汗四年

・蒙古與金絕裂。

1130A.D. 宋建炎四年；金天會八年；夏正德四年

・三月，金兵至鎮江，韓世忠阻之於江。九月，金立劉豫為皇帝，國號齊。

1134A.D. 宋紹興四年；金天會十二年；夏正德八年

・五月，岳飛收復郢、唐、隨州、襄陽，七月收復歸州。十二月，岳飛軍敗金兵於廬州。

1138A.D. 宋紹興八年；金天眷元年；夏大德四年

・正月，金頒行女真小字。三月，宋復相秦檜，此後專主和議。

1140A.D. 宋紹興十年；金天眷三年；夏李仁孝大慶元年

・六月，金兵攻順昌，為劉錡所敗；攻石壁寨，為吳璘軍所敗；攻京西，為岳飛軍所敗；攻淮東，為韓世忠軍所敗。

・閏六月，岳飛軍破金兵於穎昌府，克淮寧府，張俊軍克亳州，韓世忠軍克海州。七月，岳飛軍克西京，又屢敗金兵於郾城、小商橋、朱仙鎮。

・宋帝聽秦檜議，詔岳飛班師，於是收復諸城皆失，惟數月間陝西仍時有小戰。

1130~1140A.D. 1141~1159A.D. 1160~1199A.D.

1141A.D. 宋紹興十一年；金皇統元年；夏大慶二年

・八月，宋將吳璘大敗金兵於剡家灣，旋受詔班師。十月，岳飛被誣下獄。十一月，宋金和議成，以淮為界，歲幣銀絹各二十五萬，宋帝稱臣。十二月，岳飛被害於大理寺獄。

1147A.D. 宋紹興十七年；金皇統七年；夏人慶四年

・三月，金與蒙古以和，蒙古酋長自稱祖元皇叔，建元天興。

1159A.D. 宋紹興二十九年；金正隆四年；夏天盛十一年

・二月，金籍壯丁，造戰船；八月，又調民馬以備南侵。金境人民以不堪苛暴，紛起反抗，山東沂州、河北大名皆有數萬，契丹人亦出沒太行山，攻破數縣。

1236A.D. 宋端平三年；蒙古窩闊台汗八年
‧四月，宋帝以開戰蒙古，下詔罪已。十一月，蒙古入宋淮西，前鋒至合肥，攻真州不克。蒙古攻江陵，孟珙敗之。
1239A.D. 宋嘉熙三年；蒙古窩闊台汗十一年
‧是歲，蒙古征服南俄平原。正月，宋孟珙屢敗蒙古，收復襄陽、光化等地。
1245A.D. 宋淳祐五年；蒙古乃馬真皇后稱制四年
‧五月，宋大造輕捷戰船以固江防。七月，蒙古掠宋淮西，至揚州而去。
1253A.D. 宋寶枯元年；蒙古蒙哥汗三年
‧九月，蒙古忽必烈分三道攻雲南，十月，降摩些，十一月，降白蠻，十二月，入大理。
1256A.D. 宋寶枯四年；蒙古蒙哥汗六年
‧是歲，蒙古開通雲南與西川之路，會師侵宋。
1258A.D. 宋寶枯六年；蒙古蒙哥汗八年
‧二月，蒙古大舉侵宋，蒙哥汗自攻蜀，忽必烈攻鄂，雲南之師自交廣北上。前鋒至蜀，宋西川州縣皆降。蒙古旭烈兀西征，平十餘國，至是獻捷。旭烈兀遂留西方，是為伊利汗國。

1235~1258A.D.

1259~1270A.D.

1259 A.D. 宋開慶元年；蒙古蒙哥汗九年
‧六月，蒙古敗宋援蜀軍於江。七月，蒙哥汗死於軍。八月，蒙古忽必烈督師至鄂州，九月，渡江圍之，別軍入臨江、瑞州。十一月，蒙古雲南軍入宋廣西，長驅至潭州。宋帥賈似道請劃江為界，奉幣請和於蒙古，忽必烈許之，急回北方爭位。
1260 A.D. 宋景定元年；蒙古忽必烈汗中統元年
‧蒙古忽必烈稱大汗於開平，是為世祖。蒙古忽必烈汗率兵討阿里不哥。
1261A.D. 宋景定二年；蒙古中統二年
‧七月，蒙古設翰林國史院，並修遼金史。十一月，蒙古忽必烈汗大破阿里不哥。
1268A.D. 宋咸淳四年；蒙古至元五年
‧三月，蒙古罷諸路女真、契丹、漢人為地方長官者，而回回、畏吾兒、乃蠻、唐兀人仍舊。八月蒙古圍襄陽。
1270A.D. 宋咸淳六年；蒙古至元七年
‧蒙古遣兵入高麗，立行省，設達魯花赤監其國。五月，宋四川軍與蒙古軍戰於嘉定、重慶，皆敗。

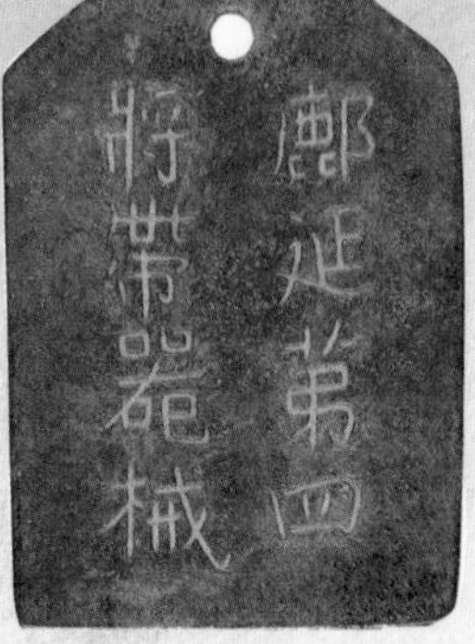

1211A.D. 宋嘉定四年；金大安三年；夏李遵頊光定元年；蒙古成吉思汗六年

・蒙古成吉思汗攻金。

1213A.D. 宋嘉定六年；金崇慶二年、至寧元年、宣宗完顏王旬貞祐元年；蒙古成吉思汗八年

・七月，蒙古成吉思汗攻金，拔涿、易等州。

1215A.D. 宋嘉定八年；金貞祐三年；夏光定五年；蒙古成吉思汗十年

・二月，蒙古下北京。五月，蒙古下金中都，焚宮室，掠妃嬪。

1218A.D. 宋嘉定十一年；金興定二年；夏光定八年；蒙古成吉思汗十三年

・是歲，蒙古攻金河東諸州。高麗稱臣奉貢於蒙古。蒙古滅西遼。

1219A.D. 宋嘉定十二年；金興定三年；夏光定九年；蒙古成吉思汗十四年

・閏三月，宋興元軍士張福等起事，以紅巾為號，是為紅巾軍。

・成吉思汗第一次西征，歷時五年，滅花剌子模等。

1211~1220A.D.

1221~1234A.D.

1223A.D. 宋嘉定十六年；金元光二年；夏光定十三年、李德旺乾定元年；蒙古成吉思汗十八年

・十二月，金宣宗死，太子守緒繼位，是為哀宗。蒙古攻夏，李遵頊傳國於子德旺，改元乾定。

1227A.D. 宋寶慶三年；金正大四年；夏寶義二年；蒙古成吉斯汗二十二年

・夏主李晛降於蒙古，夏亡。七月，蒙古成吉思汗死，第四子拖雷監國。

1231A.D. 宋紹定四年；金正大八年；蒙古窩闊台汗三年

・八月，蒙古以使臣被殺攻宋興元、沔州，破城寨一百四十。

1232A.D. 宋紹定五年；金正大九年開興元年、天興元年；蒙古窩闊台汗四年

・蒙古大破金兵於鈞州黃榆店，金大將死亡殆盡。金潼關降於蒙古。十二月，蒙古遣使於宋約夾攻金。金帝東走，蒙古復圍南京。

1234A.D. 宋端平元年；金天興三年；蒙古窩闊台汗五年

・正月，金帝傳位於東面元帥完顏承麟，旋自縊死。城隨破，承麟戰死，金亡。

陳橋兵變、趙宋代周

建隆元年（西元九六〇年）正月，趙匡胤在陳橋驛發動兵變，奪取後周政權，建立了宋朝。

後周世宗病逝後，他年僅七歲的幼子宗訓（即周恭帝）繼位。由於皇帝年幼，無法管理政事，國家政局動盪不穩。

涿州（今河北涿縣）人趙匡胤（西元九二七—九七六年），從前多次跟從周世宗征伐，掌握了禁軍統帥大權，懷有廢帝自立的野心。

後周顯德七年、建隆元年（西元九六〇年）正月初一，鎮（今河北正定）、定（今河北定縣）兩州快馬奏報北漢與契丹合兵來攻，宰相范質匆忙派趙匡胤率兵北上抵禦。

正月初三，趙匡胤率大軍出發。軍校苗訓製造輿論，說他看見太陽下面還有一個太陽。當天夜裡，大軍駐紮在陳橋驛（今河南開封市東北），將士們已有「不如先立點檢爲天子，然後再向北進軍」的議論。

次日黎明，趙匡義和趙普帶著各位將領去見趙匡胤，要擁戴他爲天子，並把黃袍披到他的身上，扶趙匡胤上馬，回師京城。

正月初五，大軍進入開封。太平軍節度使、同平章事、侍衛馬步軍副都指揮使韓通從宮中逃出，準備抵抗而被殺。宰相范質、王溥迫於威勢，以臣禮拜見趙匡胤。恭帝被迫禪位。

趙匡胤輕易奪取了後周政權，登上了帝位，史稱宋太祖。他改國號爲「宋」，改年號爲「建隆」，仍建都於開封。

宋太祖趙匡胤像

人物小事典

趙匡胤杯酒釋兵權

建隆二年（西元九六一年）七月，宋太祖趙匡胤宴請禁軍宿將，以溫和的方式解除了他們的兵權。

應邀參加這次宴會的，有高級將領石守信、高懷德、王審琦、張令鐸、趙彥徽等。酒過三巡，太祖摒退左右，對他們說：「我能有今天，多虧了諸位。但是做皇帝也不容易，還不如當個節度使自在逍遙。多少天來，我一直未敢高枕。」守信等人忙問其故，太祖說：「這不難理解。誰不想高居皇位呢？」守信等人仍不明白，認為國家早已安定，不會有誰敢生異心。太祖道：「列位固無異志，但若部下有貪圖富貴之人，有朝一日也強將黃袍加身，你們不想當皇帝也不行了。」石守信等人才如夢方醒，哭著請太祖指一條生路。太祖便委婉誘導他們交出兵權，出守藩鎮，多買良田美宅，為子孫創下永久的家業。還可多養些歌兒舞女，每日飲酒取樂，以盡天年。這樣，君臣之間互不猜疑，上下相安。

石守信等人大悟，第二天便上表假稱有病，要求解除兵權。太祖欣然同意，罷免了他們的軍職，任命石守信為天平節度使，高懷德為懷德節度使，王審琦為忠正節度使，張令鐸為鎮寧節度使。殿前都點檢、副都點檢一職此後也不再設。

這就是有名的「杯酒釋兵權」。不久以後，太祖用同樣的方法罷免了各藩鎮的節度使。至此，禁軍與藩鎮的兵權都集中到了趙匡胤手裡。

宋廢除宰相坐議禮

建隆元年（西元九六〇年）二月，宋廢除了宰相坐議之禮。

以往各朝，每逢國家大事，皇帝必召宰相等重臣坐在一起，共同商議。議畢，皇帝賜茶，臣子方可退下。唐及五代時期，仍沿此制。

北宋文臣之像

宋太祖趙匡胤建立宋朝後，仍留用范質、王溥、魏仁浦等後周重臣，范質還當宰相。他們曾受周皇重用，這就容易受到猜忌；加之宋太祖明察秋毫，自己的一舉一動都逃不過他的眼睛，稍有不慎，便會禍從天降。他們想儘量減少與太祖見面的機會，故聯名上疏，奏請改變舊制，遇到有重要國事，不再由君臣坐在一起共同商討，代之以奏箚。宰相有事，可奏呈皇帝，皇帝批閱後，再給宰相下旨。

趙匡胤對此表示同意。於是，賜茶之禮被廢，宰相不再坐議政事。

宋立算學

建隆元年（西元九六〇年），宋

官方設算學博士，算學制度開始逐步完備。

宋朝統治者大興土木，丈量田畝，對數學知識的渴求日益強烈。民間及官方數學教育日益興盛，成果倍出。

宋代繼承唐代李淳風等人奉詔注釋《十部算經》。元豐七年（西元一〇八四年），秘書省刊印數學書，有如下九種：《周髀算經》、《九章算術》、《海島算經》、《孫子算經》、《張邱建算經》、《五曹算經》、《五經算術》、《緝古算經》、《夏侯陽算經》。北宋末年戰亂，這些書散失。南宋嘉定五、六年（西元一二一二、一二一三年），汀州（今福建長汀）鮑瀚之重刻元豐七年刊本九種數學書，補入他於汀州七寶山三茅寧青觀錄得的《數術記遺》，這也就是後世所說的《算經十書》。這套書是對前代數學成果的集大成。

北宋崇寧三年（西元一一〇四年），算學得以全面恢復，招收學生的限額達二一〇人，並頒發「崇寧國子監算學令」及「崇寧國子監算學格」等政令條例。據「崇寧國子監算

國子監辟雍外景

學令」：「諸學生習《九章》、《周髀》義，及算問（謂假設疑數）兼通《海島》、《孫子》、《五曹》、《張邱建》、《夏侯陽算經》，並曆算、三式、天文書。」由此看到，《綴術》、《緝古算經》及《議古根源》、《黃帝九章演算法細草》並沒有列入其中，可知當時數學教育仍有很大局限性。大觀三年（西元一一〇九年），政府下令給有史以來七十位著名曆算家畫像，供人瞻仰，並一一按其籍貫封爵，例如「周大夫商高郁夷公」、「漢……張衡西鄂伯」、「宋祖沖之范陽子」。表明政府對數學的重視，促使時人追求探索數理知識，推動數學教育發展。民間數學教育以楊輝《習算綱目》爲代表，這是一部相當完整的數學教學大綱。宋代算學在中國數學發展史上佔據了重要一頁。

宋皇室崇佛

趙匡胤即位後，對佛教採取尊崇態度。

趙匡胤奪取後周天下後，一改周世宗的抑佛政策，大力支持佛教的發展。不過他看到唐代因無限制地扶持佛教而威脅皇帝的統治及世俗地主的經濟利益，便採取利用與限制相結合的手段。

趙匡胤即位當年，就立刻停止廢毀寺院，一次度童行八千人，繼而又派遣沙門一百五十七人赴印度求法，還派內史張從信往益州刻《大藏經》，開中國歷史上刻藏的先河。

繼位的宋太宗也崇尚佛教，一登基，就一次度童行十七萬。爲了給後世留下崇佛行善的美名，他還效法唐

《御制秘藏詮山水圖》繪高僧為來謁的僧俗講經的情景，是中國最早的山水版畫。

太宗大開譯場，延請中外名僧主持，譯出大量經典。還親自撰寫《新譯三藏聖教序》，刻於石碑，以期流芳千古。他還耗資億萬，歷時八年，在開寶寺內建成一座十一級、三百六十尺高的舍利塔，塔建成後，曾親自上塔安放舍利，史載：「上雨涕，都人萬眾皆灑粒。燃指，焚香於臂者無數。」可見崇佛之情，盛極一時。

此後歷朝皇帝都秉承太祖、太宗的佛教政策，使得佛門香火日盛，出家人日眾。北宋時全國寺院達四萬餘所，僧尼四十三萬。寺院經濟規模相當龐大，不僅佔有田產，還有空房出租、經營當鋪、商店，收入頗豐，而且享受免稅、免役特權。高層僧侶生活多很豪華。因而加劇了僧侶地主集團與世俗地區集團的矛盾，使得北宋

迦葉造像
顯出這位佛門弟子少欲知足、老成持重的性格（陝西子長縣石宮寺石窟內）。

《維摩演教》
李公麟畫。維摩是毗耶離（吠舍離）神通廣大的大乘居士，深通大乘佛法。

末宋徽宗採取排佛政策。

宋皇室對佛教的推崇充分地表現於他們對佛經的翻譯與刻印事業的重視上。宋太宗在太平興國寺設立譯經院，賜西域高僧法天、天息災、施護等人「傳教大師」等名號，入院主持譯經。還有大批中國僧人參與翻譯，擔任證義、筆錄、潤文等職。從太宗到仁宗，五十四年間共譯梵本一四二八夾，譯出經論五六四卷。隨著雕版印刷技術的發展，宋代開始佛經印刷，宋代三百年間，官私刻藏五次，其中第一種就是由皇帝親自派人主持的官刻《開寶藏》，費時十二年（西元九七一—九八三年），達六五三帙，六六二〇卷，這個印本是以後官私刻藏的共同標準。

宋皇室的崇佛政策，是理學心學援佛入儒，使儒學哲理化，進而得以廣泛傳播的一個重大原因。對於中國思想發展史有巨大影響。

宋修治漕運四渠

建隆二年（西元九六一年）正月，宋廷調發幾萬丁夫修治四渠，以通漕運。

宋代的漕運四渠，指的是以東京開封府為中心向四周輻射的汴、蔡（惠民）、金水、廣濟（五丈）四河。

宋代定都開封後，南北轉漕日見重要。於是宋廷決定改造疏浚前代原有水道，形成以開封為中心的水運系統。

汴河即隋唐時的通濟渠，西起河陰縣汴口（今河南滎陽東北劉溝村），引黃河水東流入開封，南至泗州（今安徽日於眙東北）入淮，漕運量最大，每年達六百萬石，是國家最重要的經濟大動脈。

蔡河前身為鴻溝、狼湯渠，五代後周曾導汴入蔡。

廣濟河，一名五丈河，是唐、五

汴河上的州橋遺址，被黃河決口湮沒在七公尺深的地下。

代時在南濟水故道基礎上疏浚而成，引汴水向東，實現齊（今山東濟南）、鄆（今山東東平）間的漕運。

金水河，又名天源河，因其水清洌，主要引入京師官苑飲用，不用來漕運。當時的人常將漕引陝西、河北等地物資的黃河與前列三河合稱「漕運四河」。

宋初，朝廷曾派幾萬民工，將閔水從新鄭（今河南新鄭）引到壽春，與蔡水（後改爲惠民河）會合，貫通京師，南經陳（今河南淮陽）、穎（今安徽阜陽），以通達淮右。京師的薪炭多通過此河漕運。不久，五丈河也被疏通，從都城經曹（今山東河澤南）等地，下接濟水，這是宋都城向東的漕運河道，專供軍糧和馬料。這樣，經過不斷的改造和疏浚，以京師開封爲中心的水運系統得以形成。

宋行刺配

宋代的刑罰制度，仍沿襲唐代笞、杖、徒、流、死五種刑罰爲基本刑制。宋太祖時，爲了補充徒、流之刑，創制了「刺配法」。

「刺配」是對重罪犯先加脊杖，再在臉上刺字，然後發配邊州服役的刑罰。這種刑罰包含有脊杖、刺字、發配三重懲處。宋太祖時實行刺配法，本來是對死刑的寬貸，但實際上，這種刑罰並不「寬厚」。據《文獻通考．刑考七》說，刺面之法始創於晉天福年間。而宋代實行的刺配法比唐代加役流更重，唐代加役流是配流三千里，居役三年，再無任何附加刑；而宋刺配之法，是「既杖其脊，又配其

宋代刑場的實況

人，而且刺其面，是一人之身，一事之犯而兼受三刑也。」

太祖、太宗之後，刺配不再是死刑的寬貸，而是生刑的重處，並普遍使用起來。到南宋孝宗時，刺配人數已經超過十萬。明代人丘濬曾認爲宋江等人揭竿起義，其根源就是「刺配之徒所在」。因爲刺配之人「雖欲自新，而面上之文已不可去，其亡去爲盜，挺起爲亂，又何怪哉？」刺配之人，因爲臉部刺下的恥辱永遠不能褪去，再世爲人已經不可，所以才去爲盜作亂。這便是「刺配」帶來的反作用。

宋設置茶葉專賣市

宋初，爲了加強稅賦管理，在淮南、東南、四川等地設立了管理茶場的機構，官府負責茶葉的產銷專賣與課稅。

乾德二年（西元九六四年），開始專賣東南茶，次年又專賣河南茶，在蘄（今湖北蘄春南）、黃（今湖北黃岡）、舒（今安徽安慶）、廬（今安徽合肥）、壽（今安徽壽縣）、光（今河南潢川）六州相繼設立十三處買賣茶場，稱十三場。茶場中設置官吏，全國茶葉專賣和茶利收入由榷貨務主掌。茶農專置戶籍，稱爲園戶，輸茶折租；由官府規定園戶歲額，歲額以外的餘茶，必須全部按官價賣給官府，或與官府特許專賣的茶商交易，不得私賣。

專賣茶葉的辦法，一是交引法，允許商人在京師納錢或從西北沿邊州郡入納糧草，從優折價，發給文券，稱作交引，憑引到淮南十三場和沿江榷貨務那裡領茶；二是貼射法，商人貼納官買官賣每斤茶葉應得淨利，給券爲據，直接向園戶買茶出售；三是茶引法，徵收商人專賣稅，發給茶引，憑引向園戶買茶出售；四是茶馬法，儲備蜀茶，專用來給少數民族換取馬匹。

宋茶具
日本把宋代由日本僧人從浙江天目山寺院帶回國的這種斗笠狀黑釉茶具，視為國寶，並把此造型的碗統稱天目盞。

宋煮茶畫像磚

北宋初期設立榷茶場，茶利收入對保證財政開支、軍需和軍馬供應，起了重要作用。但是，嘉祐四年（西元一〇五九年），朝廷放鬆了茶禁，允許茶商與園戶直接交易，這樣，茶場相繼廢黜。北宋中後期，十三場早已名存實亡。

宋初山水畫三大家

山水景物先是在人物畫中用作配景的，大約在唐代逐漸形成獨立的畫種，《歷代名畫記》說：「吳道子寫蜀道山水，始創山水之體自爲一家。」到了北宋，可謂名家輩出，風格多樣，在題材、風格、技法上均有重大發展，形成了宋初三大家。元代湯垕認爲「宋畫山水超過唐世者，李成、董源、范寬三人而已」，謂此「三家照耀今古，爲百代師法」。

李成（西元九一九—九六七年），字咸熙，李成文藝修養較高，琴棋詩畫，無一不工，尤其擅長於山水畫。他的山水畫學習荊浩、關仝，繼承了荊浩、關仝的北方山水畫派的特點，並發展成新的風格。他喜好遊歷名山大川，受這一影響，所作的畫「山林藪澤，平遠險易，縈帶曲折，斷橋絕澗水石，風雨晦明煙雲雪霧狀，一皆吐胸中而寫之筆下」。他充分運用繪畫中筆墨的表現力，筆致爽利灑脫，墨色變化微妙，充分表現了煙靄霏霧中山川大地的靈秀。他善於用淡墨畫寒林平野，層次分明，使觀

李成《茂林遠岫圖》

李成《讀碑窠石圖》

者有山水秀色可掬之感，墨法精微，被後世稱爲惜墨如金。

李成的畫作眞品，傳世不多，只有《讀碑窠石圖》、《寒林平野圖》、《晴巒蕭寺圖》、《茂林遠岫圖》等，其中《讀碑窠石圖》畫的是荒野寒林之中，古樹下有一古碑，有一騎騾老者正仰觀碑文，旁有童僕相隨。又有一種說法是說曹操和楊修在讀碑。畫中古木盤環曲折、樹枝形似蟹爪，背景寒寂空曠，容易使觀者聯想起歷史的興衰變遷，連起歷史滄桑之感。畫中蟹爪狀的樹枝、卷雲狀的石頭、蕭瑟的氣象及平遠的背景，無不體現了李成畫作的特點。碑側有小楷題字「王曉人物、李成樹石」，可知畫中人物乃王曉所畫。

李成的繪畫風格影響很大，形成了李成畫派，北宋前期這個畫派的主要畫家有許道寧、李宗成、翟院渾等，北宋中後期的郭熙、王詵等也是這個畫派的成員。

董源擅長畫山水，尤其是江南風光。他用乾濕不同的墨線皴出峰巒坡岸，又以聚散變幻的墨點畫草木雜樹，這種「披麻皴」、「點子皴」交互使用、皴染結合的表現方法，成功地描繪出江南山川的神氣。董源有《瀟湘圖》、《夏山圖》、《夏景山口待渡圖》、《籠袖驕民圖軸》等畫傳世。

董源畫派影響不是很大，除了他的學生僧巨然外，基本上沒出現過什麼名畫家。

范寬《雪山蕭寺圖》

范寬，一名中正，字中立，陝西華原（今耀縣）人。他的山水畫，初學荊浩、李成，後來有所領悟，嘆道：「前人之法，未嘗不近取諸物，吾與其師於人者，未若師諸物也；吾與其師諸物者，未若師諸心。」這是他的心得體會，也是中國山水創作的重要論點。於是他深入到終南山、太華山一帶的深山裡去，坐臥其間，對自然山水進行細心觀察體會，終於發展了荊浩的北方山水畫派，並能獨闢蹊徑，形成渾厚壯觀的山水畫家。

范寬的作品，今存臺北故宮博物院的《溪山行旅圖》，是比較可靠的眞跡。迎面矗立的雄壯渾厚的大山頭，表現出大自然雄偉氣勢。山間飛瀑如練，直落千仞。山下空濛一片，襯托出怪石箕踞的崗丘，丘上雜樹叢生，樹巔露出樓閣，山腳流水潺潺。山路上有一隊馱馬經過。整幅山水表現了對祖國河山壯麗的讚美。范寬喜作雪景寒林，在宣和御府所藏他五十八件作品中，有三分之一的作品是雪景寒林的。雪山形象，是他的創造。畫山石，用雨點皴。山頂好作密林，水際作突兀大石，到晚年趨於枯老勁硬，畫山多呈正面，折落有勢，晚年用墨太多，土石不分。這些均是其山水畫的藝術特點。

北宋初期的三大家開創了山水畫的不同風格，代表了當時山水畫的最高水準，他們和他們的弟子及後學們的創作，差不多構成了宋代山水畫的全部風貌。

范寬《雪景寒林圖》

文化小事典

秧歌

秧歌是一種綜合性很強的藝術，由詩歌、音樂、舞蹈和戲劇表演綜合而成，早在一千餘年以前，它只是勞動時唱的小曲，到後來形成獨立的民間歌舞演唱，最終才發展成小型戲曲，即宋代的秧歌。

秧歌根據表演形式的不同可分為兩種類型：一類是在地面上徒步行走歌舞，稱為地秧歌；另一類則是雙腳踩在木蹺上歌舞，稱為踩高蹺。表演人數從幾人到數十人不等，均扮成各種神話傳說中的人物形象，手執扇子、手帕等道具。基本節拍是一步一拍，以四拍為一組，前三拍向前，後一拍退後，基本動作是揮臂跳躍，扭腰甩肩。整個秧歌舞蹈過程分開頭、中間和結尾，其中開頭和結尾是大場，由一至二名領舞率領衆人跳集體舞，邊舞邊走出各種圖案，如「門轉子」、「二龍吐鬚」。中間則為小場，是二、三個人的跳舞或是小型戲曲的表演。整個舞蹈進程一直都有音樂作背景。節拍以二、四拍為主，為的是配合秧歌的舞步，曲目有《滿堂紅》、《三點水》等等。

依流行地域不同，中國秧歌基本上可分為東北秧歌、河北秧歌、山東秧歌、山西秧歌等等。東北秧歌流行在東北地區，以演唱秧歌小曲為主，人數約為二到五人，舞蹈包括大鼓秧歌、小鼓秧歌和地秧歌，樂曲小調有《鬧五更》、《茉莉花》等等。河北秧歌包括冀東秧歌、冀中秧歌和榆林秧歌，冀中秧歌主要是演唱秧歌劇，已由開始的歌曲發展到戲曲形式，伴奏樂器有鼓、鑼、鈸等，曲目有《借女孝》、《雀光瑞打柴》等等。冀東秧歌則以演唱小曲為主，領舞者扮演成梁山好漢武松或魯智深，後面則跟隨著《西遊記》、《八仙過海》中各種人物形象，舞蹈圖案有「馬峰窩」、「編花寨」等，動作靈活，神態幽默、風趣。

秧歌在宋代的保存和曲折發展，為以後秧歌的發展和繁榮奠定了基礎。

宋畫院成立

北宋建國初期創立圖畫院。宋代翰林圖畫院是爲宮廷帝王服務的機構，它不同於爲皇帝顧問性質的翰林院，而是隸屬於內侍處，由宦官管理。位址開始設在宣祐門內東廊，太宗雍熙時則置於內東苑東門裡，以便皇帝召使，與之平行的還有御書院、棋院、醫官等局。畫院的畫家則有待詔、藝學、祗候、畫學生等職。開始的時候沒有定員，仁宗時以待詔三人，藝學六人，祗候四人，學生四十人爲限度。宋代之初，南唐西蜀國滅後的畫院成員都集中到北宋畫院，王道眞、高益，燕文貴、崔白、郭熙等代表了當時繪畫壇的最高的水平。

畫院畫家不同於工匠。他們享受比較好的待遇，到徽宗宣政年間並許佩魚，可以調借宮中藏畫臨摹欣賞，因而有提高的機會。爲了培養畫院宮廷繪畫人才，徽宗於崇寧三年（西元一一〇四年）還設立了畫學隸屬國子監，藉此培養畫家。畫院還有考核制度，確立考試標準，以筆意簡全，意高韻古爲上，不推崇摹仿古人而重視創造力的培養。

宋代畫院畫家的創作主要是爲皇

王希孟《千里江山圖》

帝宮廷服務，他們大致的工作有：繪製宮觀壁畫；裝飾宮廷，還包括圖繪高級官署屛風障壁等；表彰「賢臣」主要是圖繪功臣的肖像；畫各朝盛德之事以鑒戒教育臣僚後代；搜訪鑒別名畫；爲皇帝代筆：皇帝的御畫，有的是出自畫院畫師的代筆。比如趙信的許多作品就出自院人之手。

行團發展

宋代，隨著商業和交換的發展，市場進一步衝破了種種限制，與當時的經濟發展水平相適應。由於都市商業的繁榮，市場的解放，以及集市貿易的進一步發展，宋代城鎮工商業，服務業從業人員按行業的區別組成不同的行或團（或不稱行、團，而稱市、作）。例如：果子行、魚行、藥行、花團、柑子團、金銀市、珍珠市、碾玉作等。

行團的組織形式在隋唐時期已經出現，宋代工商業和服務行業的發展使這時的行團組織數量明顯多於前代。

行團依據商品種類劃分場地，在同處營業，出售同類商品的工商業者或服務業從業人員就組織成爲行團。行團的首領稱行老，行團的成員稱行戶。

宋代行團有自己明顯的特點：

一、宋代的行團存在於封建王朝政治統治中心的城市。城鎮行團組織得到官方的認可、保護和支援，有些行團組織更是適應官府市場管理的需要，在官方的推動下建立起來的。

二、宋代行團組織內部沒有嚴密的規章制度。行團組織對工商業者的生產活動與經營活動以及服務行業從

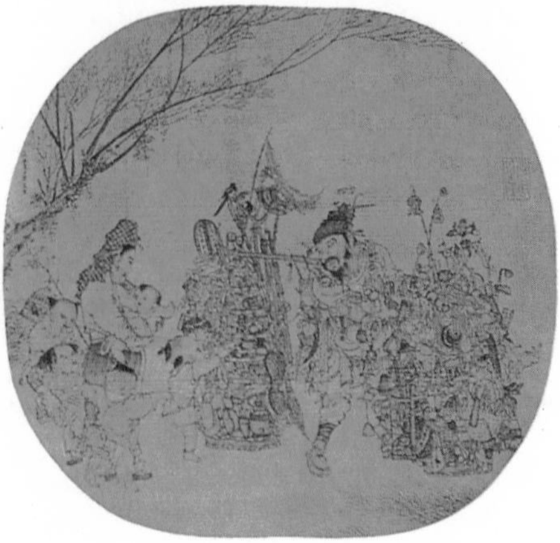

宋代貨郎圖

業者都沒有限制性規定。它對行戶的生產和經營大致不加干預。在行團內部並不排斥自由競爭，行戶之間可以實行技術保密。

三、宋代行團的職能是協調本行本業同官府的關係。官府依靠行團組織購買或是製造官府需求的物品。行團組織爲官府提供合適的採辦人員和技藝高超的工匠。

四、當行制度。行團的一個主要作用是分攤官府加給本行本業工商業者的賦役。宋代官府常通過行團組織攤派勞役，而行戶擔負這種通過行團組織分攤的勞役稱爲「當行」。這種當行制度常使行戶受壓榨和盤剝。宋神宗時王安石變法，廢除當行制度，改納代役稅，即免行錢。這一措施使行團組織壟斷某地本行業經營。南宋時恢復舊制，停徵免行錢。

宋代官方重視利用行團組織爲其服務，行團組織在實質上起到了進一步發展商品經濟的作用。

銅版印刷出現

中國四大發明之一的印刷術就出現於宋代。在宋代，古代印刷技術達到很高程度，成爲印刷技術發展的一個重要階段，不但雕版印刷達到鼎盛時期，而且也發明了銅版印刷。

宋代銅版印刷主要用以銅鑄成的銅活字進行排版印刷，其工作程序同泥活字印刷基本相同，只是銅活字比泥活字造價高，未能如泥活字那樣廣爲流傳。銅版印刷在宋代主要印刷一些商品廣告、紙幣等。用銅版印刷的商品廣告，如北宋時期所印的、流傳下來的有中國歷史博物館所藏的「濟南劉家功夫針鋪」銅板。其最上部刻「濟南劉家功夫針鋪」八字，上半部正中刻玉兔搗藥圖像，左右兩邊分刻「認門前白，兔兒爲記」八字，下半部刻有「收買上等銅條」等二十八字。另有南宋用銅版印製紙幣「會子」，上海市博物館今收藏有會子銅板，版式長方形，上部右邊爲金額，左邊爲料號，當中爲賞格文「敕僞造會子犯人處斬。當錢壹仟貫」等字，

宋代濟南劉家功夫針鋪廣告版，是已知世界最早的商標實物。

賞格下文是「行在會子庫」五字，再下爲花紋圖案。南宋時還有用銅版印刷會子的文獻記載，《文獻通考・錢幣考二》就有一一七六年皇帝下詔令都茶場會子庫將第四界銅版繼續印會子的記載。

銅版印刷的發明，從一個側面反映了宋代印刷技術的發展，也是中國印刷術走在世界前列的一個實證之一。

四大刻書中心形成

宋代出版業十分興盛，刻書業遍布全國，其中最發達的是四川成都和眉山地區、北宋首都開封、浙江杭州和福建建陽、麻沙地區，這些地方成爲宋代四大刻書中心，並出現了蜀刻、浙刻、閩刻等不同刻書風格，帶動著全國刻書業的蓬勃發展。

北宋初年，成都一帶刻書業即蜀刻最盛。四川是雕版印刷技術的發祥地，成都作爲宋初雕印刷大藏經的基地而馳名全國，成爲著名的刻書中心和刻印技術集散地，培養了大批技術工人，積蓄了豐富的印刷經驗。南宋年間，蜀刻中心向眉山轉移，四川轉運使井度主持刻印了宋、齊、梁、陳、魏、北齊、北周七朝史書，此即著名的蜀刻大字本「眉山七史」。眉山地區還刻有《周禮》、《春秋》、《禮證》、《史記》等書。蜀刻本校勘精當，字體遒勁方正，行款疏朗，版式舒展，爲宋代刻本中的精品，歷來爲版本學界所看重。

北宋首都開封，政府掌管校刻圖書的機構國子監就設在這裡，不少著名監版書在開封刻印，極大地促進了開封刻書業，也帶動了這一帶坊刻、私刻的發展。開封生產的監本書以校刻精湛而聞名。宋朝南渡後，開封的刻印力量一部分隨政府南遷，一部分被金遷到了山西平陽，在北方形成了金代的刻書中心。

杭州爲浙刻的中心，早在唐末就有刻書基礎，且盛產造紙原料，具有較發達的經濟和優良的文化背景，北

宋版畫《御制祕藏詮山水圖》（部分）

宋國子監中有不少書就在杭州鏤版。宋室南遷後，中國文化中心南移，進一步促進了浙刻的繁榮。浙刻本刻工技術嫻熟、紙墨工料上乘而刻印精美，是宋版書中的佳品。

福建刻書業即閩刻集中於建陽、麻沙一帶，其刻本稱爲建本，麻沙鎮刻本則稱爲「麻沙本」。四大刻書中心中，閩刻後來居上，刻印量最大，甚至出現了全村以刊印書籍爲業的村落，即「書坊村」。閩刻以刻印速度快和發行量大而聞名，故有「福建本幾遍天下」之說。但其質量優劣參半，麻沙本甚至成了劣本書的同義詞。但建本中也有一些傳世精品，如余仁仲萬卷堂《周禮》和泉州州學刻本《禹貢論》，可爲閩刻代表。

重鑄正定銅像

開寶四年（西元九七一年），太祖趙匡胤爲恢復佛教昔日的地位，大力提倡佛教，命重鑄河北省正定縣隆興寺（宋稱龍興寺）的大悲菩薩銅像，重建大悲閣。

龍興寺原建於隋開皇年間。原大悲寺、內有銅佛像，毀於契丹戰火和後周世宗毀以鑄錢。趙匡胤登基後，爲宣傳佛法，安撫民眾，不惜人力財力重鑄銅佛。成爲中國古代遺留下來的最高大的金銅佛像。

正定銅佛的重鑄，規模宏大。鑄造時，首先掘地基「至於黃泉」，用礓礫、土石、石炭和土分層打結。座底深六尺，長四十尺，寬四十尺，內栽七根熟鐵柱，每根又由七條鐵筍合就，上面用鐵條固定，座底澆鑄生鐵。佛像自下而上分七段鑄接而成，「第一度先鑄蓮花台座，第二度鑄至腳膝，第三度至臍輪，第四度至胸臆，第五度至腋以下，第六度至肩膊，第七度至頭頂」。中空泥芯與外範用鐵條連接固定，銅像表面塗漆，臉和一些部位貼金。這樣，一尊千手千眼佛像便鑄造成功。

　　這尊四十二臂銅觀世音像，亦稱千手千眼像，重約七十六噸，像通高二十二公尺，全身裝金，像體比例勻稱，立於蓮台之上，是國內現存最大金銅佛像。佛台以漢白玉砌築而成，像下又石造須彌座，高二點二公尺。壇側雕有伎樂、力士等人物，形象各異。衣紋流暢。銅佛四十二臂，除胸前兩主臂當胸合掌外，其餘四十臂分鑄裝接，作輻射狀向四周伸屈，持日、月、淨瓶、寶鏡、金剛杵等物，每手臂掌心和指心各雕有一眼，充分

大悲閣佛座

千手千眼觀音菩薩立像

展現觀世音菩薩觀照世間，普渡眾生的法力。像成前後，太祖趙匡胤曾三度臨幸視察。由於帝王的大力提倡，宋代信仰以正定爲代表的千手千眼觀世音菩薩蔚爲一時風尚。只可惜，正定佛像的四十隻手臂在清末已被人鋸掉，現存的是在民國三十三年重建大悲閣時補製的木臂。

正定銅佛的重鑄，無論從規模或工藝上都體現了宋代鑄造佛像的高超技術，也體現了宋代民間普遍信仰觀世音菩薩的盛況，反映了由唐迄宋信仰風氣的轉變。

喇嘛教形成

西元九七五年前後，西藏佛教全面復興，喇嘛教開始形成。

喇嘛教即是藏傳佛教。自七世紀以來，佛教逐漸傳播到西藏高原，並在社會上廣泛流傳和發展起來。佛教在流傳過程中，不斷和當地苯教發生衝突、碰撞，經過二百多年的鬥爭，互相影響，交互吸收，走向融合。佛教從苯教中汲取了當地民眾樂於接受的東西，逐步發展成爲具有西藏特色的佛教，其影響逐漸超出西藏地區，這就是藏傳佛教和西藏佛教，近世國內外學者一般稱之爲喇嘛教。

九世紀中葉，贊普朗達瑪（又譯達磨）曾發動了大規模的滅佛活動，焚經搗佛，驅僧毀寺，西藏地區佛教幾乎絕跡。此期在西藏佛教史上被稱爲「前弘期」。

爲了維護封建領主的統治地位，喇嘛教在發展中帶有濃厚的政治色彩。永丹六世孫耶歇堅贊（又譯意希堅贊），以桑耶寺爲中心在山南地區建立了割據政權，他既自封「阿達」（領主），又是寺主，把持桑耶寺，形成一個政教合一的統治實體。耶歇堅贊聽說丹底地方有佛教流傳，便與後藏的一個小王，先後資助並派出盧梅・粗墀喜饒（又譯楚臣喜饒）等十人和阿里地區的兩個人，從貢巴饒賽

北宋建立的西藏薩迦南寺，類似一座城堡，是藏傳佛教寺院的常用形式。

出家受戒，從其弟子學習律藏和經論。這些人約在西元九七五年前後，陸續回到後藏，在各地重建和新建了大批寺院和小廟，勢力和影響越來越大。這是西藏佛教全面復興的開始，佛教史所稱的「後弘期」即指此。當時，另一個大力發展佛教的人是吐蕃王室的後裔。耶歇沃（也譯意希沃）。耶歇沃在後藏阿里地區的古路建立地方政權，他既是掌教的封建頭人，又是虔誠的佛教僧人。他出家後，先派仁欽桑波（布）等人到喀什米爾留學，研習佛教經典，並積極設法延請印度著名僧人來藏建立戒律傳承，同時還仿照桑耶寺修建了托林寺。

通過耶歇堅贊和耶歇沃的大力弘揚，喇嘛教在西藏得到空前的發展，擊敗了其他各種教派，居於統治地位。

隨著喇嘛教的發展，各地修建了許多寺廟建築物，寺院成爲西藏的文化中心，佛教的造型藝術成爲西藏藝術的重要內容。

人物小事典

郭忠恕

郭忠恕，字恕先，河南洛陽人。小時候聰明伶俐，七歲應童子科及第。後周時被召為宗正丞兼國子書學博士。九六〇年，他因酒後在朝廷上與監察御史符昭文爭論，御史彈賅，他竟叱責御史，撕碎奏文，被貶為乾州司戶參軍。作參軍時，又因酒後傷人，擅離貶所，被發配靈武。他後來往返於陝西、河南之間，以畫藝游食於公卿富貴家。宋太宗即位後，也召他去做官，後終因貪杯自誤而喪命。郭忠恕善畫山水，尤工界畫，他的界畫以準確、精細著稱。傳世作品為《雪霽江行圖》。郭忠恕多才多藝，擅長篆、隸書，精通文字學。

郭忠恕對中國文字學的最大貢獻，就是編成其專著《汗簡》。北宋初年，郭忠恕著重於「六國文字」的搜集和整理，著成了第一部整理「六國文字」的專著《汗簡》。「六國文字」實際是戰國時代秦以外東方各國使用的書寫文字，這種文字主要書寫於經傳古籍的抄本。《汗簡》此書名取典於古人所謂「殺青」，即用火烤竹，把水分蒸發掉，便於書寫和保存，表明作者搜集的文字主要來源於古代簡冊。

《汗簡》所搜集的古文來源於《古文尚書》、《古周易》等七十一種古籍和石刻材料，所取字數不等，有的近五百，有的只一個。該書體例完全遵照《說文》，按五四〇部排列文字，正文為摹寫的古文形體，各種異體儘量列出，釋文用楷寫今體，不作隸古定，每個字都注明出處，詳盡有致，便於查尋。

該書在當時受到極大重視，夏竦（西元九八五—一〇五一年）曾以它為基礎，撰《古文四聲韻》五卷，並在書中收錄若干青銅器銘文，開宋代搜集研究金石文字的先河。隨著大量戰國文字材料的出土面世，該書的價值日漸揭曉。現已成為識讀戰國文字的重要參考材料。

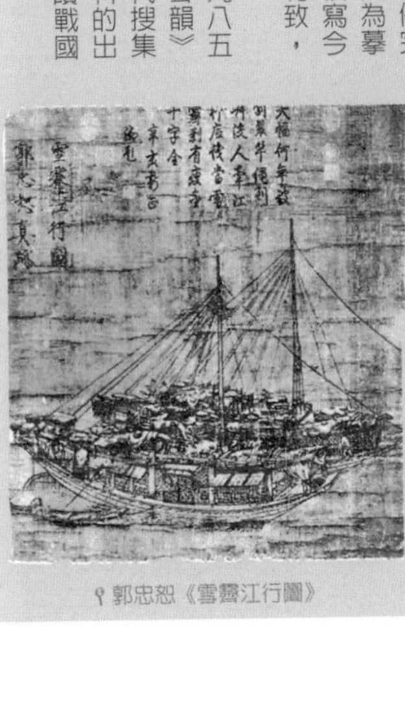

郭忠恕《雪霽江行圖》

宋修四大部書

太平興國二年（西元九七七年），《太平御覽》開始編纂，揭開了宋代修四大部書的序幕。

宋「四大部書」指的是宋初官纂的四大類書，即百科全書性質的類書《太平御覽》、史學類書《冊府元龜》、文學類書《文苑英華》和小類書《太平廣記》。它們皆爲北宋初期纂修而成。

《太平御覽》由翰林學士李日方奉宋太宗命主纂，參加者有扈蒙、王克貞、宋白等十三人。全書一千卷，分五五部，五三六三類，共四七八四○○○字。該書的編纂始於宋太宗太平興國二年（西元九七七年）三月，完成於八年十月。

《太平御覽》在充分運用皇家藏書的基礎上，多用前代類書爲藍本，加以修訂增刪而成。所引用古今圖書達一六九○餘種，此外還引用各種體裁文章近千種。並且該書所引比較完整，多整篇整段抄錄，並注明出處，因此比之前代類書更有價值。又由於該書所引的五代以前的文獻、古籍等，十有八九今已失傳，因此該書更具史料價值。

《冊府元龜》由王欽若、楊億等奉宋眞宗命輯，參加者有十八人。全書一千卷，分三一部，一一○四門。該書始輯於宋眞宗景德二年（西元一

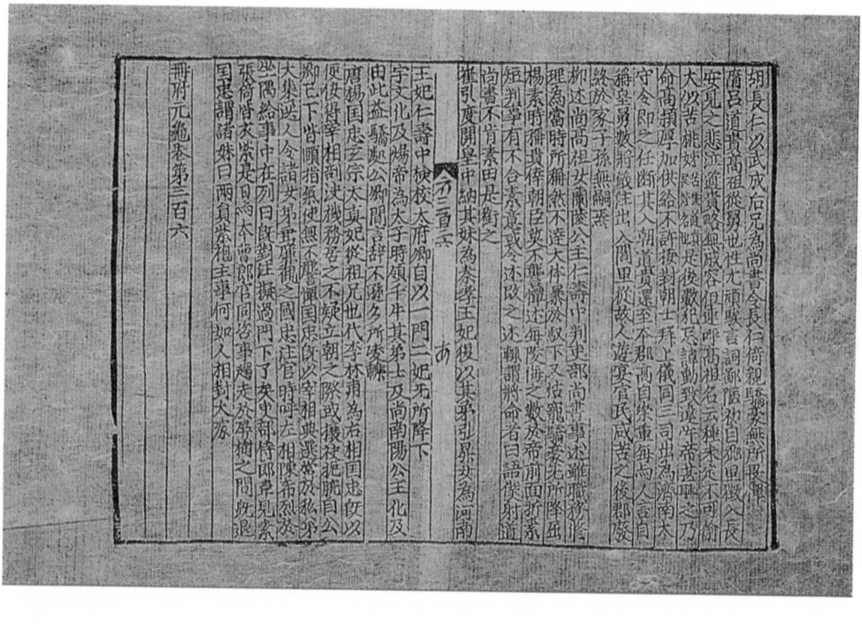

宋代雕版印刷文獻《文苑英華》

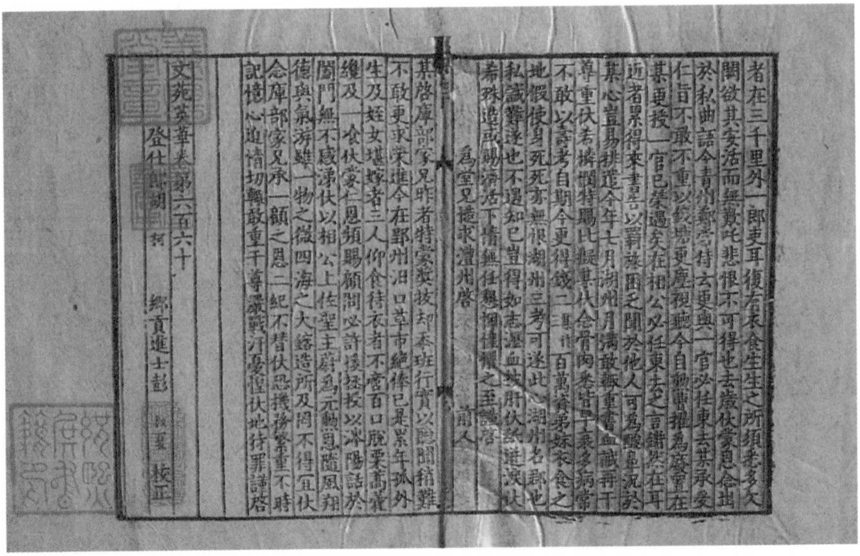
者在三千里外一郎吏耳復有衣食生生之所須者多大闕欲其安活而無歎吒悲恨不可得也去歲伏蒙恩念出於私曲語令青州鄭考待玄吏與一官必任東去某承受仁旨不敢不重以繇塲吏應視聽今自勳曹擢爲廢置在某吏授一官巳榮遇矣在相公必任東去之言錯然在耳近者累得來書言以罰被國之聞於他人可爲駭異況於某心豈易排遣今年七月湖州月請敢輒重書血識再干尊重伏希擒撊特賜比擬專以念骨肉希皆至衰多病常不敢以壽考自期今更得錢二三貫作百萬資弟妹衣食之地假使身死死亦無恨湖州三考可遂此心湖州名郡也私識籌遂也不遇知巳豈得如志瀝血披肝伏紙迸淚伏希殊造感賜濟活下情無任懇擣攀附之至謹啓

爲室兄徳求澧州啓　前人

某啓庫部家兄昨者特蒙奬拔却忝班行實以聰明稍難不敢更求榮進今在鄂州汨口草市絶俸巳是累年孤外生及姪女堪嫁者三人仰食待衣者不啻百口厥要爲養纔及一食伏蒙仁恩頻賜顧問必許擬擢以泌陽話於闔門無不感涕伏以相公上佐聖主爵爲元輔恩臨風翔德與氣涛雖一物之微四海之大鎔造所及罔不得宜伏念庫部家兄承一顧之恩二紀不替伏恐擬務繁重不時記憶心迫情切輒敢重干尊嚴戰汗憂惶伏地待罪謹啓

文苑英華卷第六百六十

登仕郎胡柯　鄉貢進士彭叔夏　校正

宋代《冊府元龜》之一頁

○○五年），成書於眞宗大中祥符六年（西元一○一三年）。

《冊府元龜》彙輯上古至五代的史事記載，所採以史籍爲主，間取經、子，不收說部。去取嚴謹，比其他類書猶勝一籌。由於該書徵收繁富，也成爲後世文人學士運用典故、引據考證的一部重要參考資料。所記之唐、五代史事爲其精華所在，有不少史料爲該書所僅見，因此極具史料價値，可補正史之不足。

《文苑英華》由李日方、徐鉉、宋白、蘇易簡等二十餘人奉宋太宗命共同編纂。全書一千卷，分三九類。該書始纂於宋太宗太平興國七年（西元九八二年），完成於宋太宗雍熙三年（西元九八六年）。後，眞宗時曾進行幾次修訂，孝宗時又命專人作校訂，最後經周必大、胡柯、彭叔夏等複校，於寧宗嘉泰元年（西元一二○一年）開始刻版，四年完工。

《文苑英華》上續《文選》，輯集南朝梁末至唐、五代共二二○○人的作品近二萬篇，以唐爲主。所輯作品按文體分賦、詩、歌行、雜文、中書制誥等三九類。內容約十分之一是南北朝作品，十分之九爲唐人作品。由於所收作品多數依據當時流傳不多的抄本詩文集，因此保存了不少有價値的文獻資料。以後的《古詩記》、《全唐詩》、《全唐文》等都曾取材於該書。另外，《文苑英華》中還收錄了不少詔誥、書判、表疏等，可以用來考訂史實，因此，該書又具有一定的史料價値。

《太平廣記》由李日方、扈蒙、李穆等奉宋太宗命編纂。五百卷，另有目錄十卷，共九十二大類、一五〇餘小類。該書始纂於太宗太平興國二年，次年完成，六年刻版印行。

《太平廣記》採錄漢代至宋初的小說、筆記、稗史及釋、道兩藏等，引書多達五百餘種，因其保存了今已失佚的大量古小說資料，因此對研究和校輯古代小說非常有用。宋元以來，不少小說、戲曲曾從中取材。

宋政府官修本草

《新修本草》是唐時政府頒行的第一部國家藥典，歷經三百餘年的輾轉傳抄，至宋時，其內容已有不少錯漏之處，再加上藥物新的功用及新藥物的陸續發現，《新修本草》已遠不能適應社會對藥物上的需要，所以亟待整理和修訂。

宋開寶六年（西元九七三年），宋太祖詔尚藥奉御劉翰、御醫馬志、翰林醫官張素、翟煦、王從蘊、吳復圭、王光祐、陳昭遇、安自良等九人，修訂《新修本草》，後編成《開寶新詳定本草》一書，除糾正錯誤、增寫注文之外，在該書中還增收了一部分新藥，如使君子、威靈仙、何首烏等常用藥物。

《開寶新詳定本草》印行後，發現仍有部分不妥之處，於是開寶七年（西元九七四年），宋政府又命王光祐、李日方、扈蒙等重加修訂，對某些歸類不當的藥物加以調整，再次增收一些新藥，成書二十一卷，名為《開

《灸艾圖》

宋代外科手術刀「瑪瑙刀」

寶本草》。《開寶本草》比《新修本草》新增藥物一三九種。

宋時除官修藥典外，還有一些私撰本草並行於世，其中許多經驗和知識爲官修藥典所不備，很有實用價值。因此，嘉祐二年（西元一〇五七年），宋仁宗又命掌禹錫、張洞、蘇頌、秦宗古、朱有章等人，增修《開寶本草》。在《開寶本草》的基礎上，附以《蜀本草》、《本草拾遺》、《日華子本草》、《藥性論》等各家之說，又選錄其他醫藥著作及經史諸書中有關藥物的知識，於嘉祐五年，編成《嘉祐補注本草》，簡稱《嘉祐本草》。《嘉祐本草》比《開寶本草》新增藥物近百種。

唐宋流行的本草藥書，藥草和藥圖相輔而行，共同表達藥物形態及效用。但當時的藥圖多爲手繪，長期傳抄，以致原貌難辨，品類混雜。太常博士蘇頌對本草素有研究，深感圖經混亂，不宜適用，遂上奏朝廷，建議對本草圖經進行重新整訂。朝廷接受了蘇頌的建議，並於嘉祐三年，下令各州郡，將所產各種植物、動物、礦物等地道藥物，製成標本，並繪製成圖，注明生長情況、採集季節、效用功用等，呈送京師；進口藥材則命令關稅機關及商人辨清來源，說明出處，並選送樣品到京，以供繪圖之用。這是中國歷史上規模最大的一次藥物普查，也是世界藥學史上的創舉。蘇頌等人奉詔對來自全國各地的藥物標本、藥圖及文字說明，加以研究、整理，編成《圖經本草》二十一卷，共有藥圖九三三幅之多，與《嘉祐本草》同時刊行，這是第一部刻版印刷的藥物圖譜。

在《嘉祐本草》的基礎上，宋人唐慎微又撰成《證類本草》，增收藥物六百多種，將藥物分爲玉石、草、木、人、獸、禽、蟲、魚、果、米穀、菜、有名未用、圖經外草類、圖經外木蔓類共十三類。本書附載方劑很多，增加方論一千多條，各藥之後共附古今單方三千多首。在一段時間裡，《證類本草》取代了國家藥典的地位。大觀二年（西元一一〇八年），宋徽宗命醫官艾盛對《證類本草》進行修訂，編成《大觀本草》，後在政和六年和紹興二十九年又進行修訂成《政和本草》和《紹興本草》。《證類本草》在《本草綱目》問世之前，一直是研究本草學的範本，在本草史上具有重要地位。

宋詔求醫書醫方

北宋太平興國年間，爲振興傳統

醫學，朝廷廣為搜集醫書醫方。西元九八一年，宋太宗下詔，令全國各地無論達官顯貴還是平民百姓，家中藏有的醫書一律送官，視送交卷數多少賞賜錢帛，送交二百卷以上的另加官職，已有官職的升官加俸。

詔令一出，士民踴躍，盛況空前，宋太宗也依詔行事。徐州百姓張成象獻出大量醫書，一夜之間由一介布衣躍升為翰林學士，舉國震驚。從此獻書者更多，許多毀於戰火中的珍貴醫學資料都從民間發掘出來，甚至一些早已認為失傳的醫書也被發現。

宋太宗詔求醫書醫方，對保留和發揚傳統醫學資料起到了積極作用。

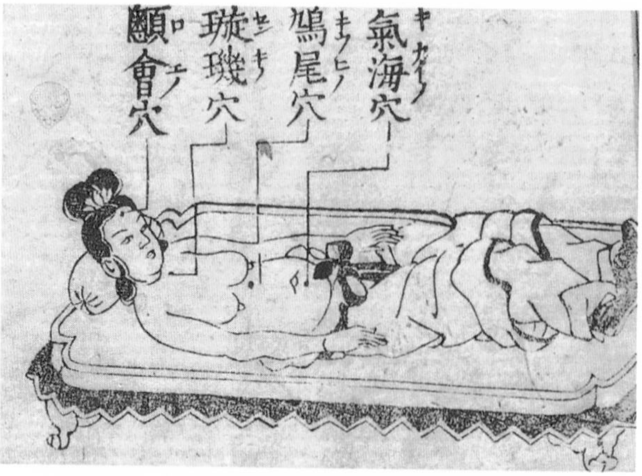

北宋《黃帝明堂灸經》的一幅灸法穴位圖，標明氣海、鳩尾、璇璣、總會穴位。

人物小事典

楊業

楊業，原名重貴，麟州新秦（今陝西神木）人。太平興國四年（西元九七九年），太宗平北漢，楊業降宋，被任為知代州兼三交駐泊兵馬部署。第二年，在雁門關之戰中大敗遼軍。

雍熙三年，宋軍分三路北伐，潘美為雲應路都部署，楊業為副將。北伐軍隊連克寰（今山西朔縣東）、朔、應、雲（今山西大同）四州。後來因為東路軍在岐溝關大敗，奉命撤軍，並護送雲、應諸州百姓內遷。此時，契丹山西兵馬都統耶律斜軫正攻克寰州，兵勢強盛。楊業提出率兵出大石路，令雲應各州百姓入石碣谷，以避敵鋒，保證百姓及軍隊安全的作戰計畫，遭到潘美的反對和誣衊，被迫冒險從石峽路到朔州迎敵。楊業臨行，哭著求潘美在陳家谷口接應。但潘美卻擅離谷口，聽到楊業兵敗的消息，非但不前去救援，反而率兵逃跑。楊業遭契丹軍隊伏擊，拼死血戰，自日中戰鬥到夜晚，輾轉退到陳家谷口不見援兵，再率部下力戰，全軍覆沒，楊業受傷被俘，英勇不屈，不食三日而死。

楊業之死引起朝野震動，太宗追贈楊業為太尉、大同軍節度使，潘美削三級。

楊業之子楊延昭、孫楊文廣等抵禦遼夏軍隊也屢建戰功，被後人稱為「楊家將」。

宋太宗時「神衛左第四軍第二指揮第五都記」印，用來控制軍隊、處理公務。

北京古北口楊令公祠

宋代監獄發達

宋代的監獄制度，較之前代更趨嚴密、合理和文明，但是政治的腐敗也導致了獄政的黑暗。

開封府設酌開封府司獄，既是中央監獄，又是地方監獄，主要關押犯一般刑罪的官吏，以及京師案犯。除府司獄外，開封府及其他府又設有左右軍巡院獄；諸司又有殿前、馬步軍司及四排岸獄；諸州有軍院獄和司理院獄；諸縣都設有縣監獄。宋代專門制定了有關監獄管理的法令，標誌著中國古代獄政向文明、進步的方向發展。

宋初，中央監獄設於御史台，大理寺不設監獄，群臣中犯法事件大者下御史台獄。神宗時，大理寺獄恢復，形成中央大理寺與御史台兩獄並峙的局面。哲宗時開始明確兩獄的分工，御史台專治詔獄，一般案件則由大理寺獄負責羈押犯罪官吏，大理寺治獄又分左、右推，自此，中央兩獄的職能分工，正式明確下來。

宋代的監獄制度雖然相對完備，但上自君主下至各級官吏都敗壞法紀，肆意妄為，宋代獄政相當黑暗，專制君主常常任情喜怒，隨意置獄，不顧現行法制，以特法而興獄，還設特別監獄。如哲宗曾命非司法機關的皇城司設獄，以及興起同文館獄，各級官吏也無視法律，殘害獄囚的現象比比皆是，獄官受賄賣法，獄吏公開索賄。南宋時，獄治進一步腐敗，吏卒勒索財物不得滿足，即「擅置獄具，非法殘民」，用各種法外酷刑，逼供，敲詐，甚至將犯人凌虐致死。此外，無限期地關押「未決犯」及「干連佐證」，也是宋代監獄黑暗腐敗的表

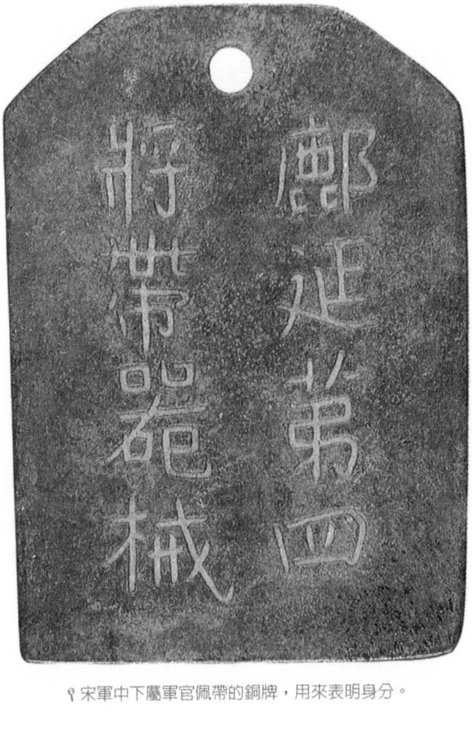

宋軍中下屬軍官佩帶的銅牌，用來表明身分。

現。雖然宋代法律明文規定了決獄期限，但「淹囚」、「滯獄」現象頗為普遍。在仁宗末年，鳳翔府一婦人涉嫌通姦，因懷孕未決，一關四年，超過了二年的最高決獄期限，到英宗即位大赦出獄時，該婦人獄中所生之子已經「髮披面、齒滿口」（《畫墁錄》）宋代治獄，不僅被告須關押，同案牽連者、證人，甚至原告，統稱「干連佐證」一併羈押。南宋末年，滯獄已成為危害南宋政權的一大弊政了。

坐功、無極圖、先天圖

端拱二年（西元九八九年），著名道士陳摶逝世，他創立的「二十四坐功」傳世推廣，他作的《無極圖》和《先天圖》也奠定了內丹學的基本教義。

陳摶，字圖南，自號扶搖子，五代末北宋初著名道士，也是歷史有名的長壽之人。陳摶在後唐長興年間考進士落第後，便在武當山九寶岩隱居。傳說他「服氣辟穀歷二十餘年」後移居到華山的雲台觀。「服氣」和「辟穀」都是導引之術的功法。陳摶住在華山少華石室時，每睡一次覺，往往百多天不醒。宋太宗曾經賜給他「希夷先生」的名號。

陳摶對儒、釋、道三教的學說都有涉獵。著有《指玄篇》八十一章，主要是論述導養和還丹之事。現在流傳下來的陳摶的二十四勢坐功，是依照二十四個節氣進行的，每一勢都分成兩部分。一部分是身體的姿勢，另一部分是肢體的動作，如疊手按髀、拗頸轉身、左右偏引、握固轉頭、反肘後向、伸頭回頭等等；另一部分是保健之法，如叩齒、吐納、嗽咽、咽液，它是在每個動作完成之後做的。在二十四勢的每一勢之後另列有所治的病症，如腿、膝、腰、脾風濕，肺腑蘊滯等等。這套坐式的導引功法，動作簡單，術勢比較少，而且既能治病，又有保健的功效，深受大眾的歡

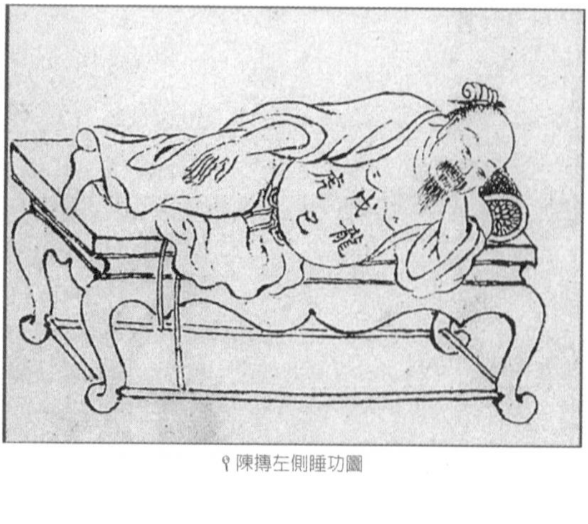

陳摶左側睡功圖

西嶽華山是道教重要的「洞天福地」。華山腳下的玉泉院是為紀念陳摶所建。

迎。

陳摶精於《易》理研究，曾作《無極圖》和《先天圖》，並將《無極圖》刻於華山石壁。該圖由五個部分組成，最下面的一部分稱爲「玄牝之門」，是指「人身命門兩腎空隙之處」，在這空隙之處，可產生氣，稱爲「祖氣」；若將這祖氣提升，就稱爲「煉精化氣」，再提升就稱「煉氣化神」，這是第二部分，即爲「煉有形之精，化爲微芒之氣；煉依希呼吸之氣，化爲出有入無之神」；若再使這些精、氣、神不停運動，並使之貫穿於五臟六腑，就稱爲「五氣朝元」，這是第三部分；貫通五臟六腑之後，五氣朝元進一步升爲「取坎填離」，遂爲聖胎，是爲第四部分；而第五部分則是使「聖胎」復還原於元始，「煉神還虛，復歸無極」，則功用就達到至高至上的地步。

對於陳摶的《無極圖》，歷史上有兩種解釋，若自上而下來看，則認爲是宇宙的生成演化過程，即「順以生人」；若自下而上來看，則是煉養內丹的過程，即「逆以成丹」，並由此得出煉養內丹的五個基本階段：得竅、煉己、和合、得藥、脫胎，奠定了內丹學的基本教義。

陳摶作的《先天圖》，相傳是他從麻衣道人所得，是一種六十四卦圖式。

陳摶的《無極圖》來自於《周易參同契》，揉和了《易》和《老子》的哲學思想，並開創以圖式解釋《易》理的先河，對後世道學及宋明理學的發展有很大影響，他的思想通過師承關係，一直影響著後世的邵雍、劉牧、周敦頤及陳景元等人的學術思想。

中國蒙學形成

對幼童進行蒙養教育，古已有之。西周時規定每巷必有一塾；漢代的啓蒙學校叫書館，教師叫書師，還配備有《倉頡》、《凡將》、《急就》、《元尚》等識字教材。宋代偃武修文，文化教育的普及和繁榮是前代無可比擬的，其蒙學水平的發展已達到相當成熟的階段，教學手段和教育理論漸成體系，還產生了高質量的、長期流傳的蒙學課本，如《三字經》、《百家姓》等。

宋代蒙學水平的發達首先表現在學校形式之多與照顧面之廣。除開正規官學之外，更多的幼童是讀於私立學堂。在當時，鄉有鄉學、村有村校，還有家塾、舍館等。此外尚有利用農閒季節專爲貧民子弟設置的冬學。這類學校，儘管教育質量不高，但至少使受教育者不至流爲文盲。

宋代蒙學教育的目的和任務首先是注重品行的培養，不論是童蒙教材，還是當時著名學者的專章著述，都清楚地表明了這種價值取向。他們認爲，「幼學之士，先要分別人品之上下」，小學的目的和大學是一致的，歸根結底，是要學好「做人的樣子」。其次，宋代學者相信人性本善，因此，童蒙教育的目的也就是保持好先天帶來的這種善，防止後天的惡習浸染。兩宋理學家關於蒙養教育的一系列論述，都發自這一主題。

再次，注重基本歷史文化知識的傳授和文字基礎的積累，並強調自小養成正確的學習態度和良好的學習習慣。背書、寫字就成爲很重要的功課。寫字要求一筆一畫，嚴正分明；讀書要求身體正對書冊，詳緩看字，響亮朗讀；日用筆硯物品，要求放有常處。朱熹在《童蒙須知》中總結道：幼童讀書，要做到心到、眼到、口到，三到之中，心到最爲重要。這一切，都是對後代乃至我們今天仍有積極意義的。

與人們想像中宋儒的刻板形象不同，宋代學者，包括道學家朱熹在內，都非常重視兒童的興趣和愛好，主張啓蒙教育應當形式活潑、因勢利導，他們將蒙養教育形容成是春風化雨一般。道學家張載認爲：教之不

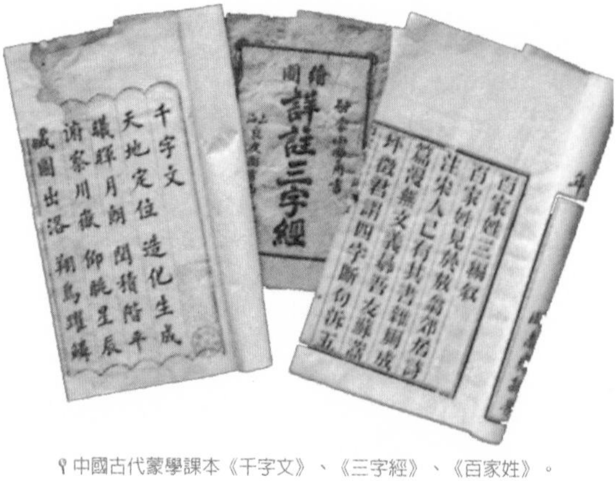

中國古代蒙學課本《千字文》、《三字經》、《百家姓》。

受，告之無益；程頤也強調：孩子未見意趣，必不樂學。顯然，他們對教育方法的研究，是頗爲重視的，這也是蒙學成熟的一個標誌。

宋代的蒙學教材，常常是由著名的學者宗師執筆的。諸如司馬光、朱熹、趙鼎、眞德秀、呂祖謙，均爲一代宗師，有的貴爲宰相，但並不因粗淺而不屑自爲。這也是宋代蒙學教材水平高的緣故。

宋代蒙學教材比起前代發展很大，內容體系方面更爲完備。歷史類的有四言韻語的《十七史蒙求》、《兩漢蒙求》；博物類的有方逢辰的《名物蒙求》和王應麟的《小學紺珠》，倫理道德、起居禮儀和家庭訓誡的教材尤其多，其中影響最大的當數朱熹的《小學》、《童蒙須知》，司馬光的《家範》、《袁氏世範》，這類教材更適宜師長用作參考書。

文化小事典

《百家姓》、《三字經》

北宋時編的《百家姓》和相傳為宋王應麟編的《三字經》（一說是宋末區適子所撰），是兩種流傳較廣的以識字教育為主的綜合性識字課本。

《百家姓》是集漢族姓氏為四言韻語的蒙學課本，作者佚名。全篇從「趙、錢、孫、李」始，為「尊國姓」，以「趙」姓居首。全篇雖是四百多個前後並無聯繫的字的堆積，由於編排得巧，亦極便於誦讀。不僅為孩童提供識字條件，而且提供全國姓氏的基本內容。

《三字經》自宋編成後，經明、清陸續補充，到清初的本子為一一四〇字。全書從論述教育的重要性開始，開頭是「人之初，性本善。性相近，習相遠」，然後依次敘述三綱五常十義，五穀六畜七情，四書六經子書，歷史朝代史事，最後以歷史上奮發勤學，「顯親揚名」的事例作結，把識字、歷史知識和封建倫理訓誡治為一爐。《三字經》「分別部居，不相雜廁」，全為三言，開三言韻語蒙書的先例，且句法靈活，語言通俗，是中國古代最著名的蒙學課本。

《百家姓》、《三字經》和《千字文》曾合稱「三、百、千」，成為相輔相成的整套啟蒙識字教材，一直流傳到清末。後世曾有不少對《百家姓》、《三字經》的改編本，但都未能較久、較廣地流傳，沒能夠取舊本而代之。可見舊本在群眾中的影響，也可見舊本的文字功力。《百家姓》、《三字經》後來還譯成少數民族文字，供兒童學習漢文之用，有的還流傳到別的國家。

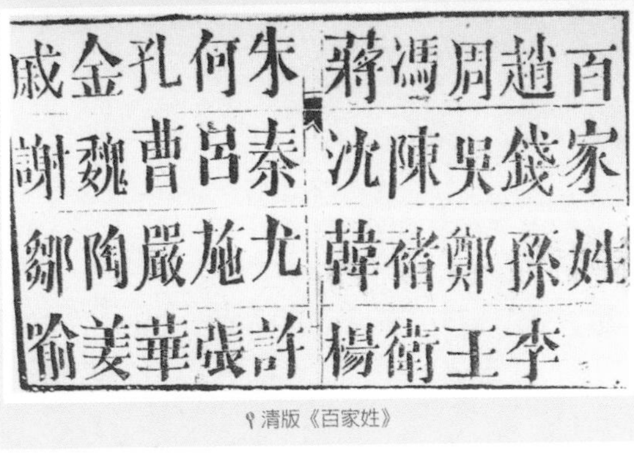
百家姓
趙錢孫李
周吳鄭王
馮陳褚衛
蔣沈韓楊
朱秦尤許
何呂施張
孔曹嚴華
金魏陶姜
戚謝鄒喻

清版《百家姓》

宋政府官修方書

淳化三年（西元九九二年），《太平聖惠方》編成，揭開宋代官修方書的序幕。爲適應醫學不斷發展的需要，重新總結唐宋以來許多新的有效方劑，北宋政府組織許多醫學名家，編著了大批方書。其中著名的有《太平聖惠方》、《聖濟總錄》和《和劑局方》。

宋太宗趙光義素好醫術，收藏效方千餘首。九八二年，太宗詔令翰林醫官院，向全國收集有效方劑一萬多首。命翰林醫官王懷隱、王祐、鄭彥、陳昭遇等整理前代醫方，編纂新的醫方著作。至淳化三年（西元九九二年）撰成《太平聖惠方》一書。該書共一百卷，二百八十多萬字，論述了五臟病症、傷寒、時氣、內、外、五官、骨傷、婦、兒、針灸等，共分一六七〇門，載方一六八三四首。每門之下都先用《諸病源候論》的理論作爲總論，並附上處方用藥，是一部理、法、方、藥完備的醫方著作。

《太平聖惠方》成書後一百多年，醫學又有了新的發展。因此宋政府再次組織醫家們搜集歷代的民間驗方及臨床有效方劑等，歷時七年，於一一一七年編撰成《聖濟總錄》。全書共二百卷，載方近二萬首，幾乎囊括了當時所有的醫方，內容包括運氣、敘例、治法及內、外、婦、兒、五官、針灸、補益等各科的證治以及雜治、養生等，共分六六門。每門下均列有若干種病症和對每一種病症的病因、病理進行的分析、說明及治療方法、藥方等。所列醫方具有較高的臨床應用價值。一些外來藥如犀角、沉香等，也常用於臨床診治中。此外，書中各類病證分類嚴謹、細緻，如將補益門分爲平補、補虛益氣、補虛益血等二十多種，爲後世補益方劑的規範化提供了較完善的理論依據。

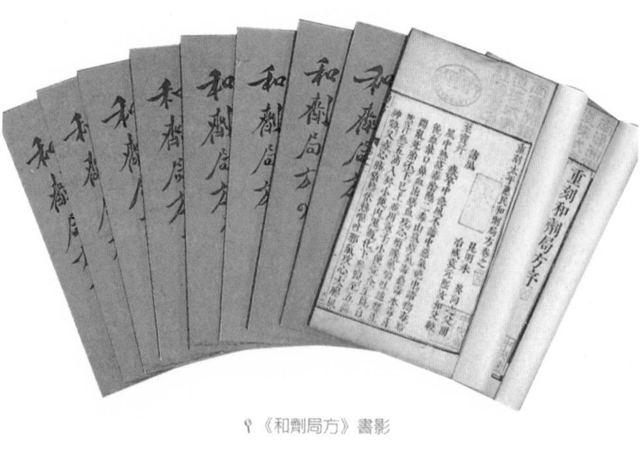

《和劑局方》書影

翰林醫官王懷隱像

宋政府除組織新編上述兩部大型方書外，還對國家藥局配方——《太醫局方》進行了多次修訂增補。一一○七至一一一○年間詔命裴宇元、陳師文等人將原書的三卷增至五卷，收方二九七首，定名爲《和劑局方》。一一五一年，許洪又加以校訂，改名爲《太平惠民和劑局方》頒布各地，成爲世界上最早的國家藥局局方之一。該書幾經修訂後共十卷，分諸風、傷寒、痰飲、諸虛等一四門，共七八八方。每方均詳細說明主治病症、藥物成分及炮炙方法等，多爲成藥丸、膏、散、丹等劑型的常用藥，療效顯著，如「逍遙散」（疏肝解鬱）、「藿香正氣散」（理氣和中）、「至寶丹」（涼血開竅）等，至今仍爲臨床使用。該書問世後影響極大，出現了「官府守之以爲法，醫門傳之以爲業，病者恃之以立命，世人習之以成俗」的社會局面。

宋政府官修方書，收羅廣博，卷帙浩繁，全面總結了歷代醫方成就，推動了當時醫學的發展，也爲後世留下了寶貴的醫學財富。

宋官員管理制度

宋朝中央政權對文武百官的任用和管理制定了一套嚴密精細的制度，包括磨勘和敘遷、薦舉和恩蔭、監察、致仕等較爲開放的運作程式。

宋初廢除了論資排輩的升遷制度，宋太宗時，設審官院和考課院分掌京朝官和幕職州縣官的考核，按官吏的成績、過失決定轉遷與否，稱磨勘。宋神宗官制改革，設吏部四選分掌文、武官的考核、差遣。宋眞宗趙恒還規定文臣（京朝官）任滿三年、武臣四年（後改爲五年）磨勘升遷本官階一次，幕職州縣官在改爲京朝官時也實行磨勘。此後，爲減少冗員，不斷嚴格磨勘條件，如延長磨勘年限、規定升遷的止法、限制每年磨勘升官的人數、增加舉主等。

在宋代，薦舉和恩蔭成爲官僚機構選拔人才的特殊方法。薦舉的標準主要是德行、才能。既有中央臨時指定舉主及薦舉對象的「特治薦舉」，又有依常規逐步進行的「常程薦舉」。特治薦舉多是中央急於用人之際，舉主多爲高官，保薦時選擇面寬而資格限制不嚴，被舉者得到任用或越級升遷的機會較多。常程薦舉的物件多是小官，限定了舉主的身分、資歷及可舉人數等。但是薦舉中攀援、請托之弊屢見不鮮，薦舉成爲部分官僚進行政治交易和培植私黨的工具。另外在遇朝廷舉行郊祀或明堂大典、皇帝生日以及本人致仕、奏進遺表等情況下，中、上級官吏還可蔭補其親屬、門客以官銜或差遣。宰相可蔭補緦麻以上親十人，執政官可蔭補八人，節度使可蔭補六人。薦舉和恩蔭

《雪夜訪趙普》

制度促成了各種人才不斷湧現，對宋代社會的進步及經濟文化的繁榮發達或多或少地起了推動作用。

宋代的監察機構隨著封建專制主義的發展而加強，中央沿襲唐制，御史台仍設三院。地方始設通判，與知州平列，稱監州，有權隨時向皇帝奏報，成爲皇帝在地方的耳目。此外，路一級的轉運使、提點刑獄公事等也負有監察州縣的責任。爲保證監察御史具有較多的從政經驗，宋代明確規定，未經兩任縣令者不得任御史之職，按規定，御史有「聞風彈人」之權，每月必須向上奏報一次，上任後百日必須彈人，否則就要罷黜爲外官或受罰俸處分，名爲「辱台錢」。從此開御史台濫用職權之例。御史可以直接彈劾宰相，亦有勸諫之責。御史台還有權分派御史參與重大刑事案件的審理。

北宋使臣石像

古代官吏退休稱「致仕」。宋以前尚未形成整齊規範的官吏致仕制度。到宋代中期，逐步建立一套較完整的官員退休制度，宋朝規定文官年七十、武官年八十應主動申請退休。北宋前期，高官退休，必須解除所帶「貼職」，宋神宗時允許官員帶職退休，退休官員都在原職向上升遷一級，如果官員在任勞苦功高，退休時可按品級恩蔭子孫、親屬；退休後領取部分俸祿。這種優厚的待遇鼓勵老年官員退休，保持了官僚階層的相對精幹。

總之，宋朝的官吏管理制度吸納了社會各階層精英，也吸引了大批無德無能的庸才，目的是維繫國家機器的平穩運轉，但是宋朝政權機構重疊，冗員過多，其行政效率並不理想。

宋設置市舶司

咸平二年（西元九九九年）九月，眞宗詔示在杭州（今浙江杭州）、明州（今浙江寧波）設置市舶

泉州古海港一角

司，讓外來商客經營得到方便。

宋代國家相對穩定，封建經濟獲得一定的發展，各種商品交換也活躍起來，對外貿易也隨之發達，泛海而來經營的外商日益增多。爲了加強對外貿易的管理，咸平二年（西元九九九年）九月，北宋政府在杭州和明州兩個沿海港口設立市舶司。市舶司，又稱市舶使司、提舉市舶司，其官員有市舶使、市舶判官等，初期由知州或各路轉運使兼職，最後因事務漸多而成爲專職，掌管的主要事務有：收購海外舶來的貨物，以資專賣或上繳；接待各國貢使，招攬外商，並對外商經營進行管理和監督；管理本國商船及海外貿易徵稅等等。

杭州港和明州港是宋朝對朝鮮、日本等國貿易的主要港口，後隨著海外貿易的不斷發展，北宋政府不斷在沿海口岸設置新的市舶司，到北宋末年已經增至六個，包括廣州、泉州、密州和秀州，負責接待外商。到南宋，靠北的港口常受到金威脅，遂撤銷，只設置廣、泉、秀三個市舶司，另外在青龍鎮、溫州、江陰軍另設立市舶務。

宋代市舶司的設置，爲外商活動提供了方便，也促進了本國經濟的發展。而港口則大多選擇在近海受潮汐影響而又能通航的河口港，爲近代中國沿海通商口岸的形成奠定了基礎。

文化小事典

宋角抵、手搏流行

角抵亦稱「相撲」、「爭交」和「角力」，從五代流行至宋代，並日益興盛。

北宋時期，宋真宗曾因角抵活動發展迅猛且時有人受傷，而下令禁絕。但角力仍因其能「宣勇氣，量巧智也。然以決勝負，騁驕捷，使觀之者怯懦，成壯夫」而流行於城鎮和農村。當時的京城瓦肆等技藝中，已具有「小兒相撲」和成人「角抵」的內容，有人還因為「善角抵」名噪京城，可以說角抵活動在當時已以其獨特的風格形式為大眾欣賞的對象。到南宋時，市鎮角抵活動中出現了「角抵社」和「相撲社」，角抵活動的規模進一步擴大和發展。這些角抵組織中的成員都是職業性的「角抵手」。往往他們的名字就代替了他們的技術風格，如周急快、董急快、魯長腳等。甚至婦女也有人加入「角抵手」的行列，如賽關索、囂三娘等。

相撲活動的形式基本上可分成兩大類：一類是正式爭勝負的比賽，具有「打擂臺」的意味。這類活動有些由政府出面組織，有些是民間自發組織。比賽的勝者可以贏得重獎、官職等利益。第二類是在瓦舍等遊藝場所日常進行的表演性質的相撲，它沒有很強的競爭性，主要以表演來娛樂群眾。相撲的服裝也沿襲漢唐以來舊制，雙方上身赤裸，下身光腿赤足僅腰胯束短褲，頭上梳髻不戴冠，有時也足穿靴或鞋。

「手搏」是使拳的一種形式，也就是拳家們放對。當時的手搏已是「肘」、「拳」、「腳」兼用，並有翻轉的各種變化。從《史弘肇龍虎君臣會》中描寫的：「二人拳手廝打，四下人觀看。一肘二拳三翻四合，打到分際，眾人齊喊一聲，一個漢子在血濼裡臥地。」從手搏場面中可以看出當時手搏在民間流行的盛況以及其技藝進一步向兼用多變的方向發展。

宋以前很少有關角力的專著。中國現存最早的一部角力專著是宋初調露子撰寫的《角力記》。書中展現了源遠流長的角力活動及其價值等，並對相撲、角杈、角力等進行考證。《角力記》的問世是中國角力發展史上的一件大事，它對研究以及推動角力運動的發展具有深遠的意義。

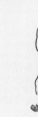

宋代相撲圖壁畫摹本

宋人使用火焰噴射器

早在西漢末年，中國人就發現並使用了石油。南北朝以後，就開始把石油應用於戰爭中的火攻；後梁貞明五年（西元九一九年），首次出現了用鐵筒噴發火油的「噴火器」；這一切都為宋人的火焰噴射器奠定了技術和實踐的基礎。

北宋初年，隨著火藥用於軍事之後，軍隊裝備了一種結構更完善的火焰噴射器，當時人們稱之為「猛火油櫃」，因為它是用猛火油作燃料的。

這種猛火油櫃，根據《武經總要》的記載，形狀是一個長方體的熟銅櫃，下端有四個腳，上方則伸出四個銅管，管上橫置一唧筒，唧筒通過銅管和油櫃相通，唧筒前部裝有「火

宋代黑火藥的主要成分：硫、硝、炭。

煉丹引爆圖
火藥的發明與煉丹有密切的關係。在煉丹過程中常會發生爆炸，由此啓迪，發明了火藥。

樓」，裡面盛有引火藥。

猛火油櫃每次可注油三斤左右，發射時，先用燒紅的烙錐點燃「火樓」中的引火藥，然後用力推拉唧筒，向油櫃中壓縮空氣，使猛火油自「火樓」中噴出，點燃成熊熊烈焰。猛火油櫃可用以燒傷敵人，焚毀戰具，水戰時則可燒浮橋、戰艦。

當時除猛火油櫃以外，還有一種形狀小巧的噴火器，是用銅葫蘆代替笨重的油櫃，便於攜帶和移動，這種小型火焰噴射器主要用於守城戰和水戰。

遼捺缽制度

遼朝建立前，隨四季的變化，逐水草而遷徙，是契丹人在遊牧和漁獵生活中養成的習俗。遼朝建立後，皇帝依然四時遊獵，並在遊獵之地設置行營，於是，捺缽制度逐漸形成。

捺缽在契丹語中爲「行營」之意。皇帝常駐某地爲斡魯朵，皇帝外駐行營爲捺缽。由於捺缽是按春、夏、秋、冬四時進行，因此，捺缽又稱「四時捺缽」。四時捺缽在遼中期已固定下來。

春捺缽地點在鴨子河濼，大致在長春州（今吉林扶餘他虎城）東北的魚兒濼和混同江（今第二松花江）一帶。這裡河網密布，魚類眾多，而且還是天鵝、野鴨、大雁棲居之所，便

永慶陵壁畫中的「捺缽」情景

於縱鷹打獵，鑿冰捕魚。皇帝在正月上旬從京城出發，約六十天到達這裡。這時，天鵝還未來，於是先搭設冰帳，鑿冰鉤魚。等到鵝雁飛來時，便開始縱鷹捕捉，晨出暮歸，從事打獵。鴨子河濼東西二十里，南北三十里。四面多是黃沙，有成片成片的柳樹、榆樹、杏樹等。在皇帝畋獵時，皇帝本人居一高處觀看，侍從都穿墨綠色衣服，每人各執鎚追一個，鷹食器皿一個，刺鵝錐一把，在濼周圍排列。一旦發現鵝、雁來時，舉旗報信，探騎馳報，遠泊則敲鼓驚鵝。鵝被驚起之後，侍從趕緊揮舞旗幟，鷹坊官迅速向皇帝呈進訓練好的海東青鷹，請皇帝親放。鷹會騰空飛起，在空中擒捕天鵝，天鵝墜地後，近侍從用錐刺鵝，取出鵝腦餵鷹。皇帝就用春捺缽中得到的第一隻天鵝祭祀祖先。群臣也敬獻酒果，樂隊演奏，君臣舉酒相賀，頭上插鵝毛以爲樂。整個春捺缽，打獵網鉤，春盡乃還。

夏捺缽的地點在慶州附近的永安山和歸氏州的炭山。永安山和炭山兩地，夏季草場茂盛，降水充足，氣候涼爽，而且野生動物甚多，是夏季獵狩的好地方，也是理想的避暑勝地。

秋捺缽在永州（今西拉木倫河與

老哈河匯合處西南）西北五十里的伏虎林。每年七月中旬，皇帝都要來到這山水秀絕、麋鹿成群的地方，逐虎射鹿，盡獵野味。

壁畫中的契丹人

冬捺缽的地點在永州東三十里的廣平澱。廣平澱原名白馬澱，東西二十餘里，南北十餘里，地勢平坦，四野多沙，榆柳成蔭，而且這裡冬天一向少雨多晴，溫暖如春。是冬季活動最適宜的地方。

遼帝的四時捺缽，並不是單純的遊獵小憩，其目的一方面是爲了保持契丹人慣騎善射的尚武精神，另一方面也趁機集中群臣商討國家大事。因此，每次捺缽，朝中大小臣僚都要跟隨。

遼代捺缽的禁衛制度對金、元、清三朝都有很大影響，元代怯薛制度就是源出於遼代捺缽。

宋取士三千餘人、創科舉史紀錄

據統計，兩宋三百多年間，共取士約十一萬人。按平均每年取士人數相比較，皆數倍於唐、元、明、清各朝。宋初時，科舉取士人數，每榜一般三十、五十人。太平興國二年（西元九七七年），擴大取士人數，該榜取士五百人。此後日漸增多，景德二年（西元一〇〇五年）三月，一榜取士達三〇四九人，創造了科舉史上取士的最高紀錄。

宋代及第舉人的待遇非常優厚，不但有皇帝臨軒唱名、聞喜宴集等榮耀；而且未出官先釋褐，及第即賜綠袍、靴、笏，登科者一般（前四甲）都不必守選，不必像唐代那樣再經過

宋人科舉考試圖

宋代文侍俑

吏部考試，當年即可授與一定的官職，寵幸異常，前代未有。

《廣韻》編成

宋朝實行科舉制度，以詩賦取士，因此，作爲科舉考試用韻標準的官修韻書應運而生。宋眞宗大中祥符元年（西元一〇〇八年），陳彭年、邱雍等人奉詔修成《大宋重修廣韻》一書。因爲這部書是增廣《切韻》而成的，所以稱《廣韻》。

在此之前，所有的韻書都出於私人著述。《廣韻》則是皇帝命令大臣們集體編寫的，是法定的國家韻書。因此，《廣韻》作爲中國第一部官修韻書，在音韻史學上具有重要地位。

《廣韻》的編寫質量也比一切私人韻書高，它是《切韻》系韻書的集大成之作。《切韻》一書問世後，屢經增補修訂，而成《唐韻》。直到《廣韻》，才對這些著作作了全面總結。《廣韻》將《切韻》的一九三部擴大到二〇六部，韻目次序排列更整齊，增收了大量單字，注釋也更豐富。全書共收錄了二六一九四個字，注釋文字達一九一六九二個字，它保存了豐富的聲韻學材料，文字訓詁亦多可取，體制猶如一部按韻排列的同音字典。宋代知識分子把它當作通用的字典，後人更常把《廣韻》、《說文解字》和《爾雅》三書並稱，作爲中國古代字書中三大系統的代表。自《廣韻》一書刊布以後，以前的韻書就不再流行了。

《廣韻》是中國完整保存至今的最早的韻書，它繼承了《切韻》、《唐韻》的音系和材料，而這兩部書又已亡佚，因而《廣韻》也就成爲研究漢語古音的重要材料：不僅是研究中古音的重要依據，也是上探古音、下推現代語音的橋梁和紐帶。陳澧作《切韻考》依據的是《廣韻》，瑞典漢學家高本漢研究中國隋唐時代《切韻》所代表的中古音，依據的也是《廣韻》，由此可看出《廣韻》一書的重要。

伊斯蘭教興盛於海港城市

兩宋時期，伊斯蘭教的傳布幾乎與中國同阿拉伯人的貿易發展同步進行。當時中國的海上對外交通和貿易日益發展，阿拉伯商人紛紛來華，有些人長住不歸，並成了巨富。在廣州、泉州等沿海城市娶妻生子，逐漸華化。他們衣裝與當地人不同，飲食習慣則已基本中國化，只是不吃豬肉。他們帶來了伊斯蘭教信仰，在所居地建清眞寺，向眞主禮拜。如廣州的懷聖寺、揚州太平橋之寺、海南「番神廟」等都是當時的伊斯蘭教寺院，當時稱爲「禮堂」、「祀堂」、「禮拜堂」等。

泉州是宋代四大商港之一，穆斯林商人較多，清眞寺也很集中。聖友寺建於宋大中祥符二年（西元一〇〇九年），建築式樣是中世紀伊斯蘭教傳統形式。清淨寺建於南宋，是中國現存最早的伊斯蘭教建築之一。「清淨」二字後來演變爲「清眞」，即伊斯蘭教稱頌眞主「清淨無染，眞乃獨一」之意。

富有而友好的阿拉伯穆斯林，有的出錢資助城市建設，被宋朝朝廷任命爲朝官或節舶使。他們的商業活動促進了中外文化、經濟交流，中國四大發明被他們帶到歐洲，阿拉伯的天

文、曆法、航海、地理、醫藥成果也隨他們大量傳入中國，豐富了中國的文化內容。他們所在地形成「蕃學」，教阿拉伯子弟讀書，活躍了教育氣氛。海外貿易與關稅也增加了國庫收入，如南宋高宗時市舶收入每年高達兩百萬貫。另外，宋代阿拉伯人駐華，與華人通婚，促進了回回族的形成，對中國經濟、文化各方面都起到不可低估的作用。

始建於北宋大中祥符二年（西元一〇〇九年）的泉州清淨寺，是仿照大馬士革的禮拜寺建造的，是中國現存最古老的清真寺之一。

宋農業產量增加

宋代，農作物品種增多，不少地方都根據氣候、土地、水利等不同條件和不同需要培育和引種了許多作物品種。還廣泛種植生長期短的早熟品種，以實行一年兩熟和輪作換茬。通過因地制宜地選擇種植不同品種的作物，提高了農作物的產量。

宋朝由於農作物一年兩熟，兩年三熟等情況的普遍存在，複種指數明顯提高，單位面積產量也得到提高。北宋時期，兩浙、福建沿海及廣南等地種值雙季稻，其他地區也多實行間種套種，有些地區還實行兩年三作制。南宋時，稻麥倒茬已得到比較普遍的推廣。淮河以北地區的糧食畝產量一般爲穀二至三石、米一至一點五石；淮河以南地區則一般爲

宋代農耕圖《耕穫圖》
繪有耕田、耙地、灌水、收割、打場、舂米、入倉及堆草等場面。

穀四至六石、米二至三石。在中國歷史記載上最高的畝產量是兩浙路、江南東路地區的圩田（圍田）的豐收年景畝產量可收穫穀七石。據計算，宋代一般土地平均糧食畝產量約爲中國戰國時期畝產量的三倍，約爲唐代畝產量的一點五倍。

宋代農作物產量的增加，與當時肥源的擴大和糞肥的適當應用，以及農業勞動生產率的顯著提高，都有很大關係。

蜀錦宋錦交相輝映

宋代紡織業比較發達，紡織品名目繁多，色彩豔麗，其中較引人注目的絲織品是錦。

宋代最有名的錦有兩種，一是四川生產的蜀錦，二是蘇州、湖州、杭州等江浙一帶生產的所謂「宋錦」。蜀錦、宋錦各呈異彩，交相輝映，成爲當時人們極其喜愛的精品。

蜀錦歷史較爲悠久，漢代時蜀錦是經錦的，唐以後，因長時期互相交融，其固有特色已經很少。至宋時，蜀錦的地位重又突出。據《蜀錦譜》載，宋代蜀錦也曾仿造過湖州的染織法，而織造「眞紅湖州大百花孔雀錦」；「四色湖州百花孔雀錦」、「二色湖州大百花孔雀錦」；南宋蜀錦已達四十多種，其圖案有寫實的山水、花鳥、人物、禽畜；有寫意的瑞草雲鶴，還有傳統的獅子戲球、天馬行空、百花孔雀等圖案。蜀錦由於織造華美，絢麗多彩，而與定州緙絲、蘇州蘇繡一起成爲宋代紡織品的三大名產。

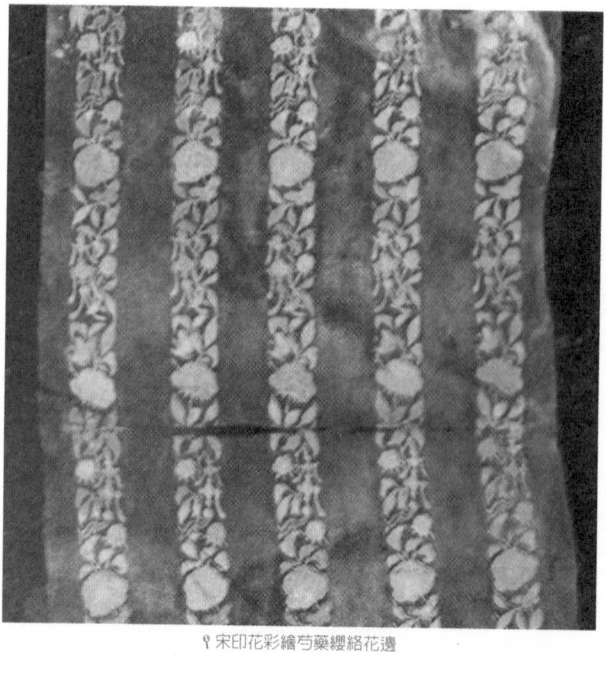

宋印花彩繪芍藥纓絡花邊

宋錦是宋代時才開始盛行的，它採用了一種精密細緻的「三枚斜紋地」，經線分面經和底經兩重，面經用本色生絲，底經用有色熟絲，緯用多種色彩的練絲。以底經作地紋組織，面經作緯線浮長的「結接經」。這種結構繼承了唐以來的緯綿織造技術，用彩緯加固結經，形成緯三重起花。宋錦的織造完全體現了中國本民族的風格，而不像唐錦那樣帶有異國情調。它以幾何紋爲骨架，組織規則嚴整，在幾何骨架中又穿插些寫生花鳥、龍鳳、三友、暗八仙等祥瑞圖案，雖不像唐錦那麼活潑，卻更顯嚴謹規範。它的色彩也不像唐錦那麼華麗，而是多用中性偏冷的顏色，既鮮明又調和，形成沉靜典雅的色調；紋樣也不如唐錦大，而是纖小繁複，主要有八達景、龜背紋、鎖子紋、萬字紋、流水紋、古錢紋等。總之，宋錦簡潔疏朗、秀麗典雅，具有很濃重的民族風格，對明清的織錦影響很大。

文化小事典

超新星爆發紀錄

宋真宗景德三年（西元一〇〇六年），在豺狼座爆發的超新星，是歷史上極為壯觀的一次爆發，這顆星最亮時達到$-9^m.5$星，大約是滿月亮度的十分之一。

宋代對這次超新星爆發作了極為珍貴的紀錄。其中以真宗景德三年三月乙巳（西元一〇〇六年四月三日）和五月壬寅（五月三十日）兩次紀錄最為詳細。當時對該星的紀錄是「狀如半月，有芒角，煌煌然可以鑒物」，並記載該星在當年十一月仍然可以看見。

宋代還記錄了一〇五四年的超新星爆發。此次爆發，世界上只有中國和日本有紀錄，而中國的紀錄最為詳細。當時紀錄有：「宋仁宗至和元年五月己丑（西元一〇五四年七月四日），客星出天關東南，可數寸，歲餘稍沒。」其亮度曾達到-5^m共存在了二十一個月。這次記載使我們得到一個極為珍貴的科學資料。現在在這顆超新星爆發的地方，可以看到一個美麗蟹狀星雲，裡面呈藍色光輝的彌漫星雲，外面交織著一些紅色的纖維。二十世紀四〇年代末，發現它還是一個強電源。六〇年代發現其中央區域還輻射強X射線。六〇年代末，發現它還輻射紅外線和γ射線，同時中央有一顆脈衝星，也就是中子星。這個事實告訴我們，有一類超新星爆發後，會遺留下中子星。金牛座蟹狀星雲正是一〇五四年爆發的那顆超新星的遺跡。正因為如此，宋代有關超新星紀錄留下了十分豐富的天象資料，是寶貴的科學文化遺產，至今受到世界天文學家的注意。

諸神逐漸定形

流傳於民間的道教神祇，有自然神、英雄神、文化神、守護神、行業神和功能神等等。道教諸神有些起源很早，在唐宋時代經改造和新產生，神的體系逐漸定形。

雷公是中國古代神話傳說中的司雷之神，又稱雷師。《太平廣記》謂雷公有兄弟五人，是謂五雷。即天雷、地雷、水雷、神雷、社雷。雷公的畫像好像力士，左手引連鼓，右手推椎，若擊之狀。

門神是中國古代神話傳說中司門之神。《禮記·喪大記注》有「禮門神」之說。漢時的門神指神荼、鬱壘。後世所繪門神，神荼爲白臉，喜相；鬱壘爲紅臉，怒相。

唐代門神改爲秦叔寶、尉遲敬德。宋之後，門神愈益多樣，有將軍、朝官、爵鹿、蝠喜、寶馬、瓶鞍等。

灶君是中國古代神話傳說中主管飲食之神，亦稱灶王。灶神的來由，眾說紛紜。一說顓頊氏有子名黎，爲祝融火正，祀爲灶神。一說炎帝作火，死而爲灶。灶神的姓名傳說不一。祭灶的時間，歷代不同。先秦爲孟夏祀灶；漢代爲臘日（冬至後第三個戊日）祭灶；晉時於臘月二十四日祭灶。梁時十二月八日爲臘日，以豚酒祭灶。唐宋以後，俗定臘月二十三或二十四祭灶。灶神的職司也有變化。晉代有傳說，月晦的夜晚，灶神上天去告發人間的罪狀，稱罪大者奪紀，紀三百日，小者奪算，算三日。

舊時人家，多供奉灶神於灶台。上天之日，多供以飴糖，希望能粘封其口，不讓灶神上天告發。除夕之夜，迎其下降，供奉迎送，以祈「上天奉善事，下地降吉祥」。

財神是中國舊時民間供奉的招財進寶之神。俗祀財神爲趙公明，或稱趙公元帥、趙玄壇。民間也有分文武財神的。武財神即趙公明，神像爲頭戴鐵冠，一手舉鐵鞭，一手持翹寶，黑面濃鬚，身跨黑虎，全副戎裝。俗以三月十五日爲神誕而祀之。文財神傳爲春秋戰國時的范蠡。范助勾踐滅吳後，改名易姓，理財致富，號陶朱公，商賈多崇奉之。還有奉關帝爲財神的，多爲合夥經商者信奉。也有奉五路神爲財神的。舊時民間奉祀財神，或於正月初去財神廟敬祀，或在家迎接財神帖子，或在店堂迎接人扮的財神登門。

土地神是中國古代神話傳說中的村社守護神，古稱社神。《詩經》、《禮記》、《孝經緯》中都有祭祀社神的記載，據《夷堅志》載，有普淨寺僧，得沈約所贈墓地爲寺，供奉沈約爲土地神。六朝以後，有的地方將當地名人死後祀爲土地神，祭奉不絕。舊時各地多設小龕，內塑白髮黑衣老翁，伴以老媼，稱之爲土地公公、土地婆婆，年節奉祀，以祈保四方清靜，五穀豐登。

城隍是中國古代神話傳說中的城市守護神。古代建國，範土爲城，依城鑿池曰隍。城隍之名，即本於此。祭祀城隍，由來已久。六朝時，郢城有祠，俗號城隍神。《梁武陵王紀》

記有烹牛祭城隍神事。宋後奉祀越演越烈。各處城隍神，多是死去名人，如蘇州祀春申君、鎮江奉紀信。

藥王是中國古代或傳說中的名醫，後演化爲神。主要有：一是神農；二是扁鵲。河南鄭州城北有藥王莊，傳爲扁鵲故里，立有藥王廟，專祠扁鵲爲藥王神。常於農曆四月二十八日祀之。道教尊扁鵲爲靈應藥王眞君；三是孫思邈，俗尊其隱居故里五臺山爲藥王山，並立廟塑像以奉祀。

瘟神是中國古代神話傳說中主司瘟疫之神，又稱疫神、瘟鬼、疫鬼。隋開皇十一年（五九一年），出現了五瘟神，即春瘟張元伯、夏瘟劉元達、秋瘟趙公明、冬瘟鍾仕貴、總管中瘟史文業。當年瘟疫盛行，隋帝立祠並封五瘟爲將軍。隋唐時，皆於五月初五祭之。歷代都有逐瘟神、送瘟神的事。舊時江南，有紙船明燭送瘟神的習俗。

蠶神是中國古代神話中的司蠶神，又稱蠶女或馬頭娘。戰國荀子《蠶賦》作句：「身女好而頭馬

財神

財神爺

首」，蠶馬始相連屬。晉後，蠶馬仙化說廣爲流傳。唐宋後，蠶神又成爲乘雲駕馬的九宮仙嬪。後世宮觀塑蠶神爲女像，披馬皮，稱馬頭娘，俗稱馬明王，用以祈蠶事。

文昌，又稱文曲星或文星，原爲古代對斗魁六星的總稱，後被道教奉爲掌人間士人祿籍之神。傳說它生於周初，經七十三化，晉末降生，名張亞子，玉皇大帝命其掌文昌府和人間祿位等。舊時士人多崇祀之，以爲可保功名。

關帝，道教奉爲降神助威的武聖人，又稱關公、關聖帝君。原爲三國蜀漢劉備的武將，姓關名羽，字雲長，蒲州解良（山西臨猗）人。傳說死後，頭葬在河南洛陽，身葬在湖北當陽玉泉山，世人感激他的德義，歲明奉祀。宋代始流傳其應龍虎山張天師之召，現形御前，降魔伏怪的顯靈故事。宋徽宗於崇寧元年（西元一一○二年）追封忠惠公，宣和五年（西元一一二三年）封義勇武安王。

媽祖，原爲中國東南沿海民間傳說中的女神，道教奉爲航海保護神。古稱天妃、天后或天上聖母，沿海俗稱媽祖。傳說她能通變化，驅邪救

文財神范蠡

武財神關羽

世，乘席渡海，雲遊島嶼，人呼龍女。又傳她常朱衣翻飛海上，父老即其地而祠之。又說天妃是妙行玉女降世，三月二十三日爲誕日。神通廣大，救死扶危。人們買賣求財、種作經營、行兵布陣，只要心誠意篤，往往遂心如願。因而備受敬奉。其廟遍於中國東南沿海和臺灣，尤以臺灣爲多。神像爲珠冠雲履，玉佩寶圭，緋衣青綬，龍車鳳輦，佩劍持印，前呼後擁，有千里眼、順風耳從事。舊時航海，船上多供奉其神像。

茶成爲生活必需品

宋代，政府對茶樹種植大體採取支持、鼓勵的態度，士大夫中間存在著鬥茶的風氣，茶不但產量高，而且品種多、工藝精，當時，茶已經成爲人民的生活必需品。

茶的種植與採摘在宋代有明顯發展。宋代茶的產區大體遍布淮河以南的廣大地域。福建茶在宋代受到推崇，官方曾在建安（今福建建甌）北苑設官茶園。建安一帶官私茶園密集，有茶焙一三三六處。兩浙等路在茶產量上更勝一籌，兩浙路共十二州，州州產茶。其中，湖州的紫筍、常州的陽羨以及紹興的日鑄茶，都是茶中極負盛名者。淮南路也是北宋時茶的重要產區，其榷買（徵購）數曾達八百萬斤以上，約居全宋的三分之一。湖北路在北宋時期產茶也較多，仁宗後期實行通商茶法，向茶農徵收茶租，全宋共徵收約四十萬貫，鄂州

錢選《盧仝烹茶圖》

宋代鬥茶圖
人們通過烹茶、飲茶、品茶和鬥茶來比試自己茶道的高低。

（今湖北武漢）一州的徵收額便達三萬餘貫。南宋時期，臨安府、兩浙路嚴州（今浙江建德）的歲課茶各超過二百萬斤，都是當時課茶額最多的州府之一。南宋時的寧國府（今安徽宣城）、江州（今江西九江）歲課茶各一百多萬斤，徽州（今安徽歙縣）、隆興府（今江西南昌）歲課茶各二百多萬斤，也都是當時產茶最多的州府。隆興府的雙井等茶更是享譽頗高的茶中精品。四川在北宋前期產茶數量較少，到南宋時期，成都府路和利州路的課茶數竟然超過了南宋其他各路課茶數的總和，四川雅州（今四川雅安）產的蒙頂茶也是當時的名茶之一。

茶葉是宋代主要禁榷商品之一。北宋初期，全宋官方每年共榷買茶二三〇六萬斤，到宋眞宗大中祥符八年（西元一〇一五年），年榷買茶增加到二九〇六萬斤，南宋孝宗統治時期，全宋年課茶已達到三八六六萬斤。

宋代茶由園戶種植，有的園戶擁有茶山，有的只有茶園幾畝。採茶與製茶一般都由農民來完成，而名貴茶葉的製作則向專業化方向發展。

張君房算潮汐

張君房在祥符年間（西元一〇〇八—一〇一六年），經常到海邊觀察潮汐起落。他發現唐代竇叔蒙制定的《濤時圖》有很多不當之處，有必要加以改正。原竇叔蒙的圖表橫坐標是依次羅列：朔……上弦……望……下弦……晦等各種月相，張君房將之「分宮布度」，即以黃道十二宮爲準，把橫坐標改變爲以月亮在黃道上的視運動度數。竇氏圖上的縱坐標是用子、丑……等十二時辰表示，再分出初、正、末三小段時間，如初子、正子、末子等，張君房則改爲「著辰定刻」，即把每天分爲一百刻，從三十六個時刻點擴大爲一百個時刻點，這就把時辰劃分得更爲詳細。張君房推算出潮時每天推遲「三刻三十六分三祕忽」，即三點三六三刻。如果計算出一次潮時，下一次潮時就準確地知道了。

潮汐理論的進步，對沿海居民出航、捕魚、生產、生活以及抵禦自然災害都起到了積極作用。

宋瓦市勾欄流行

瓦市是宋代大城市裡娛樂場所的集中地，又叫瓦舍、瓦肆。勾欄是宋、元時戲曲及其他技藝在城市中的主要演出場所，也叫勾欄、構欄。瓦市勾欄的出現，在中國文藝發展史上具有重大意義，使戲劇及新興文藝有了固定的演出陣地。

北宋時的瓦市內設酒家榮肆，與青樓妓館連屬，百行麇集。南宋時，瓦市還能印行說話底本與歌曲小令。瓦市內搭有許多棚，棚內設有若干勾欄，數目不等。汴京（今開封）桑家瓦、中瓦、裡瓦設大小勾欄五十餘座，演出雜劇及講史、諸宮調、傀儡戲、影戲及雜技等各種技藝，可容納觀眾數千人，各種技藝幾乎都有自己的專用勾欄。勾欄內設有戲台和觀眾席。戲台高出地面，台前兩端及左右兩側設置欄杆。戲台的前面爲表演的地方，後面是休息、化妝場所，前後台之間用屏

宋《賣眼藥》圖，表現了劇目演出時的場景。

風之類的東西隔開。

兩宋京師瓦舍勾欄均受官方轄制。紹興間，因爲許多軍隊官兵都駐紮在城外面，於是就建立瓦舍，設妓館，作爲他們的娛戲地方，許多富家子弟和平民階層也到此尋歡作樂。

瓦舍勾欄使戲劇及其他技藝集於一地，互相交流與提高，促進了戲劇的形成與發展，適應城市商品經濟的發展及人民的需求，是戲劇成熟的重要標誌之一。

宋銅錢鼎盛

宋代是中國歷史上銅錢鑄造量最大的時期，銅錢於此時鼎盛起來。

宋代主幣銅錢的幣材是銅鉛錫，隨著銅錢的大量鑄造，相應地，銅鉛錫的開採和冶煉都遠遠地超過了前代。元、明兩代和清代大部分時間裡的銅鉛錫年產量，也都未能趕上宋代，銅鉛錫的大規模開採和冶煉，反過來又促進了銅錢的盛行。

宋代最重要的銅產地有韶州岑水場（今廣東翁源境內）、信州鉛山場（今江西鉛山境內）、潭州永興場（今湖南瀏陽境內）等。岑水場和鉛山場採礦、冶煉的工人最多時均達到十萬人以上，產銅最多的年分曾達數百萬斤。永興場規模稍微小於岑水、鉛山場，但是產銅最多年分也超過了二百萬斤。這三場同時又是膽銅生產法重要產地，年生產能力各曾達數十萬斤。

宋朝銅的大規模開採和冶煉，也

宋代未有統一的銅鑄幣制度，皇帝每改一次年號，都要鑄新幣，造成宋幣名類繁多。如「宋元通寶」、「大觀通寶」、「崇寧通寶」、「重和通寶」、「淳熙元寶」等。

使兩宋私造銅器現象嚴重。宋朝實行銅禁，即嚴禁私人鑄造銅器及販運銅器出境，凡是民間所需銅器，按規定一律向官方開辦的銅作務購買。但是，民間造銅器禁而不止，有些地方如北宋的太原府等均能製造精美銅器，並且還將不少銅製器遠銷海外各國。

宋代，除了主幣銅錢外，還有重要輔幣銀。銀礦在宋朝也得到大規模開採，銀產量隨之增加，銀作爲銅錢的補充，在人民生活中廣泛應用。

宋瓷州窯代表 民間陶瓷技藝

瓷州窯是宋代北方民間瓷窯之一，以釉下彩繪著稱。其產品純供鄰近地區民間使用，針對購買力不同的消費物品，瓷州窯產品主要分爲兩類：一類是質量較差、價格較低的粗瓷；一類是質量較高、加工較細或藝術性較強的瓷器。瓷州窯以後者馳名於當時，這類瓷暢銷北方廣大地區，並對南方地區一些瓷窯產生較大影響，形成了以瓷州窯爲首的磁州窯體系。

宋瓷以單色釉瓷（青瓷、白瓷、黑瓷）爲主流，釉下彩繪影響雖不及單色釉瓷大，但也在唐代的基礎上向前發展了一步，爲中國瓷器由單色瓷爲主向彩繪瓷發展打下了基礎。瓷州窯之所以能夠成爲宋代北方民間瓷窯的代表，首先在於它燒出了具有濃郁的民間生活氣息的釉下彩繪，這是瓷州窯的代表產品。瓷州窯的工匠們深諳藝術來源於生活的道理，有意識地把當時當地人的日常生活中喜聞樂見的事物，予以藝術的概括，用純熟而又簡煉的筆墨在瓷坯上加以表現。面對這類瓷器，人們不僅對裝飾題材倍感親切，而且還獲得了藝術享受。其次，瓷州窯裝飾手法多種多樣，在北方民間瓷窯中可謂首屈一指，其以釉

宋代瓷枕

下彩繪爲代表的裝飾風格新穎獨特，極大地豐富了宋代瓷器的裝飾藝術，把中國陶瓷工藝引入了新的境地。

瓷州窯釉下彩裝飾手法極爲豐富，以白地釉下黑花最具代表性，還有白地赭花、黃地黑花、綠地黑花、剔花、劃花、點彩、珍珠地等十多種，圖案多爲花草、鳥獸及反映當時生活風俗的人物小品，如馬戲圖、戲熊圖、釣魚圖、嬰戲圖、蹴球圖、蓮塘趕鴨圖，還有詩句書法等，構圖豐滿，線條流暢，氣勢磅礴，意趣橫生，充分體現了民間藝術樸實健康、生機勃勃的情趣，同時也觸發了宋代文人寫意畫的靈感，是中國陶瓷史上的一朵奇葩。

瓷州窯梅瓶

除燒釉下彩外，瓷州窯還創燒出了中國最早的釉上彩，即紅綠彩，在白瓷釉上用紅、綠等色彩彩繪，再經低溫燒製即成紅綠彩。釉上彩多畫花鳥蟲魚，寥寥數筆，色彩濃豔，也頗具民間藝術生動活潑、自由奔放的風味。宋代紅綠彩開中國瓷器釉上彩繪之先河，爲明清釉上五彩發展做好了準備。

瓷州窯瓷器流傳下來的比較多，也極爲珍貴。如河北省出土的釣魚枕，畫面著墨不多，但生活情趣盎然，非常惹人喜愛。畫面突出一男孩執竿垂釣，兩魚正爭食魚餌，男孩兒聚精會神，雙目凝視，準備揚竿提線；水面只畫三條水波，顯示出河水的平靜；河邊地上點綴幾叢野草，筆墨不多，卻形神畢肖，由此可見畫師高超的繪畫水平。這件瓷枕以嫻熟的藝術技巧，運用先進的彩釉技術來表現具有濃厚生活情趣，正是瓷州窯瓷器典型風格的代表作。

瓷州窯瓷器民間色彩濃郁，雖然一直不爲士大夫階層賞識，宋代文獻對它甚至隻字不提，一直到明代初期才有記載，但其在中國陶瓷史上的地位和影響都是存在的。

遼陶瓷發達

遼代的陶瓷業比較發達。其製造陶瓷技術直接繼承了唐宋北方陶瓷傳統，即唐三彩、宋三彩、宋定窯系和瓷州窯系的傳統，並結合契丹民族遊

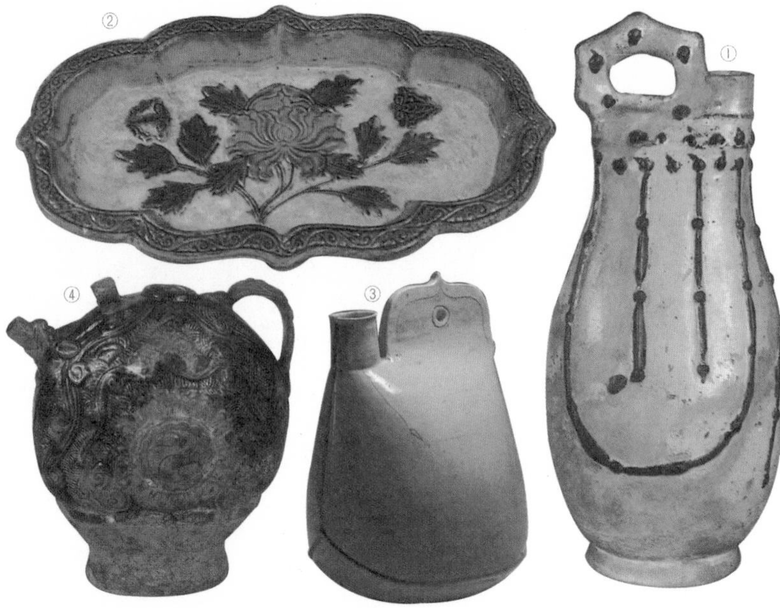

①遼代瓷器白瓷雞冠壺
②遼代瓷器三彩印花牧丹反碟紋長盤
③遼代瓷器白地綠彩雞冠壺
④遼代瓷器三彩印花水注

牧特點創造出具有獨特風格的遼瓷。

遼代的製瓷業遍及南京、上京、東京、中京等城鎮。但主要有三處：林東上京窯、赤峰缸瓦窯和北京龍泉務窯。

遼瓷種類很多。最常見的是白瓷，遼攻北宋，俘獲大批定州陶工，而北宋定窯生產的白瓷最爲有名。遼仿照定窯生產的「仿定」，色白而滋潤，其白度和透光度可與定窯白瓷相媲美。除白瓷外，遼代青瓷釉色美麗光亮，綠釉瓷以深綠色爲多，古樸大方。遼三彩的燒製技術也很高，瓷質精細，釉色斑爛。遼三彩鴛鴦壺，是遼三彩中的珍品。

遼瓷的外形和紋飾，具濃厚的民族特色。如雞冠壺、雞腿壺、長頸瓶、扁背壺、鳳首瓶、海棠式長盤、方碟等製品，都是遼瓷中所特有。如雞冠壺，壺身上扁下圓、單孔、平底，便於馬上提攜。鳳頭瓶原爲西亞器形，唐時傳入中國，遼又受其影響，並向高瘦細長變化，顯得挺拔俏麗。遼三彩，受唐、宋三彩影響，一般爲黃、綠、白三色；不如唐三彩華麗，也不如宋三彩典雅，但它外表多仿當時染織紋式樣，色彩熱烈，很有特色。遼三彩多做印花盤碟，形態有方形、圓形、花形等。遼寧新民出土的三彩印花海棠式長盤，黃花、綠葉、白地，極有特色。

北宋出現交子

宋代以前各代幾乎都使用金屬貨

幣，北宋時隨著商品經濟的進一步發展和各地區聯繫的加強，交易額越來越大，需要大量輕便的貨幣作爲支付和流通的手段。四川專用鐵錢，但鐵錢體重値小，不便攜帶，於是有些商人就收取鐵錢，出現一種類似存款收據的證券，正面背面都有出票人的印記，有密碼花押，票面金額在使用時塡寫，這就是中國最早的紙幣交子，可以兌換，也可以流通。中國由此成爲紙幣流通最早的國家。交子原由商人分散發行，太宗初年成都十六家富商聯合建立交子鋪發行交子。商辦交子用一色的紙張印製，銅版印刷，票面印有屋木人物圖案，有鋪戶的印記和密押作爲防僞手段。各地設立分鋪，便於交子在附近地區使用和兌換，兌換時每次收工墨費二十文。後來由於富商不善經營，不能兌現，失信於民，引起政府干涉並收歸官辦。西元一〇二三年，北宋政府在益州設立交子務，在次年二月開始發行官方交子，將交子控制在政府手裡，從而使紙幣制度更加完善。交子有一定的發行限額，每界爲一二五六三四〇貫；有一定的流通期限，每三

北宋交子

北宋小工商業者的磚雕，將擔子的重壓與挑夫用力的情形表現得十分逼真

年（實滿二年）爲一界，界滿後持舊交子換新交子；有一定的發行準備金即本錢，每界應備本錢三十六萬貫，規定可以隨時兌現，屬於信用貨幣性質。交子票面金額開始時是臨時填寫，後改爲印固定金額；它的版面圖案精美，三色銅版套印，印刷技藝精緻，在世界印刷史和版畫史上都具有重要的地位。北宋政府把發行交子視爲彌補財政開支和掠奪財富的工具，曾將交子推行於陝西等地。一一〇五年，交子改稱爲錢引，除閩、浙、湖、廣外，在國內其他各路發行。

宋特殊貨幣區形成

宋朝市場上，流通大量的金屬貨幣，有銅錢、鐵錢和金、銀。這樣，在統一的宋王朝內部，劃分出不同的貨幣區，形成了一個又一個特殊貨幣區。

北宋前期，爲了掠奪川蜀地區的財富，宋王朝在四川地區禁用銅錢，專用鐵錢。鐵錢十枚才抵得上一枚銅錢。爲了解決鐵錢攜帶不便的困難，宋眞宗時，成都的十六家富商聯合發行交子，這是世界上最早的紙幣。宋仁宗時，交子的發行權收歸官府。於是，四川地區就成爲一個特殊的貨幣區。

北宋仁宗時，宋朝與西夏發生戰爭。大規模的戰爭之後，雙方達成和議。議和以後，雙方在交界地區進行貿易。爲了解決戰爭中部隊的供給問題以及便利貿易，宋朝在西北部邊境的陝西、河東西路發行鐵錢。此後，陝西和河東就成爲宋朝的又一個特殊貨幣區——銅錢鐵錢兼行地區。

南宋時期紙幣發行量很大。四川地區繼續使用鐵錢和鈔引（宋代的鈔引是便利錢幣匯兌的產物，也可用於錢制或物物匯兌）。後來南宋王朝又在四川發行會子。這樣四川仍然是一個特殊貨幣區。

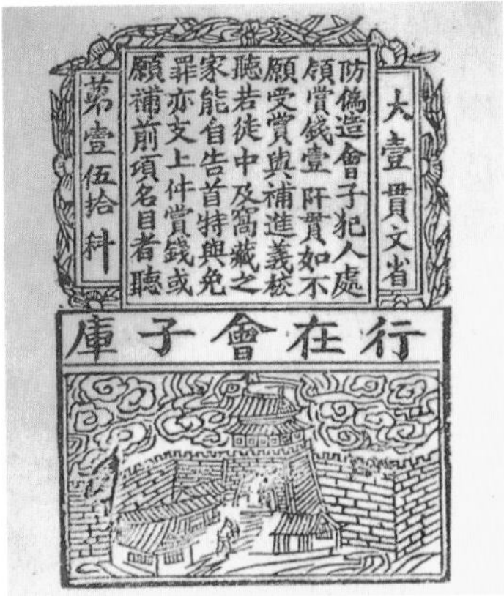

南宋會子

南宋時期，金軍幾次南下，追擊南宋統治者。經過大規模戰爭，宋金達成和議。爲了防止銅錢流入金朝境內，宋朝又在長江北岸與金國相鄰的湖州地區大量發行紙幣。

宋代在統一的國家內劃分不同的

貨幣區，分別推行不同的貨幣制度，在中國古代史上是很有特色的。

王惟一造針灸銅人

天聖五年（西元一〇二七年），宋代著名針灸學家王惟一奉詔設計並主持鑄造成中國最早的針灸銅人。王惟一（約九八七—一〇六七年），又名王惟德，曾任太醫局翰林醫官、朝散大夫、殿中省尚藥奉御等職。所造針灸銅人又稱「天聖銅人」，王惟一還編撰了針灸著作《銅人腧穴針灸圖經》一書。

針灸圖經刻石

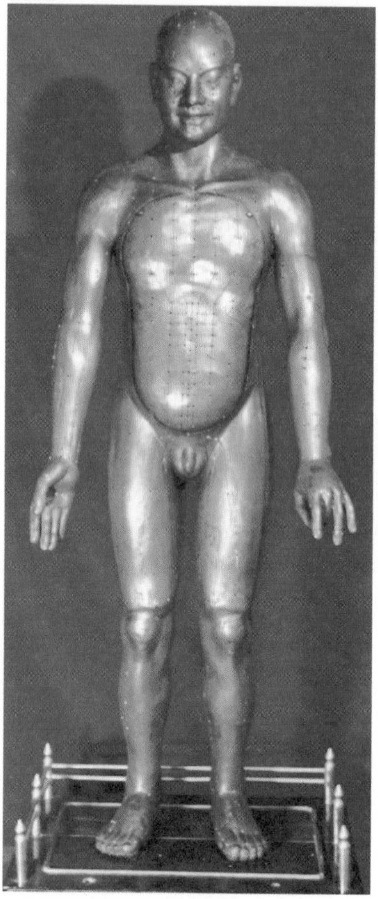
針灸銅人

「針灸銅人」是用精銅鑄造而成的針灸模型，工藝精巧，體型與正常成年男子相同，外殼由前後兩件構成，內置臟腑，表面刻有人體手三陽、足三陽、手三陰、足三陰和任脈、督脈等十四條經脈和六五七個腧穴。穴孔與身體內部相通。可供教學和考試用。考核時，用蠟塗在銅人外表，體腔內注入水或水銀。當被考核者取穴進針時，如選擇部位準確，刺中穴位，水銀或水便流出來。這種精密直觀的教學模型是實物形象教學法的重大發明，對針灸學的發展有著深遠的影響。

針灸銅人共有兩具，鑄好後一具在汴梁（今河南開封）翰林醫官院，另一具則存放於大相國寺仁濟殿。南宋時，其中一具銅人不明去向。至明代正統八年（西元一四四三年），鑒於另一具銅人的經絡、腧穴已模糊不清，難以辨認，明英宗朱祁遂命能工巧匠進行複製。此後，宋代針灸銅人這一珍貴的醫學文物便失於記載，下落不明。

文化小事典

蓮花漏

天聖八年（西元一〇三〇年），燕肅製造蓮花漏。

燕肅，字穆之。一生精於機械儀器製造，尤以所製計時器「蓮花漏」最為著名。

從宋代楊甲著《六經圖》中的「齊國風挈壺氏圖」中可看出，燕肅所製的蓮花漏主要漏壺、刻有子、丑、寅、卯等時刻的蓮花箭、渴烏（虹吸管）、上匱和下匱（平水壺）、竹注筒，和減水盎幾部分組成。其具體計時方法是：依造古代漏斗計時的方法，在漏水壺上方置刻有午時的蓮花箭。漏水壺下方有一小小的退水孔，水從退水孔中一滴滴流出，浮在漏水壺水面上的蓮花箭頭通過升降指示不同的時刻。為了確保計時準確，流入漏壺的水必須保持一種恆定的流量，因為流量大或小都會影響箭頭的升降速度。燕肅採取一種多級平水壺的方法，也就是在漏壺的偏上方放置幾個呈梯級排列的平水壺，平水壺之間由虹吸管相連，直通漏壺。這樣，水從更高的地方流入第一個平水壺，而各個平水壺的水面都是恆定的，這樣多餘的水通過虹吸管從第一個平水壺流入第二個平水壺，為了保證水量的均勻流動，在第二個平水壺下方裝有竹注筒，多餘的水通過竹注筒流入減水盎。這樣水量通過第一個平水壺、第二個平水壺再流入漏壺，其流量是相當恆定的。因此，漏壺所計算出的時間也相當精確。

燕肅所製造的蓮花漏，因其製造簡便，計時準確，在當時就曾風行各地。作為中國古代計時器，它充分體現中國古代高超的計時器製造技術。

蓮花漏繪圖

宋紡織業興盛

宋朝官營紡織業和民間絲紡業生產規模都比前代大大擴大，工業水平提高，發展到一個新的高度。宋滅後蜀之後，建立綾錦院，與之相配合，以後又設置裁造院（加工成衣）和染院。其中染院有工匠六一三人。每年耗用染料紅花、紫草各約五至十萬斤，規模空前。宋徽宗時，官方又於東京設文繡院，有刺繡工三百餘人。宋朝皇室又有後苑作坊，內有衆多分工很細的作坊，製造專供皇家服用的奢侈紡織品，除東京外，成都梓州（今四川三台）、西京（今洛陽）、眞定府（今河北正定）、青州（今山東益都）、江寧府（今南京）、潤州（今江蘇鎭江）、大名府（今河北大名）、杭州、湖州（今浙江吳興）等地都設置有官營紡織機構。

《耕織圖》中的花樓機

宋代民間紡織業也很興盛，其規模之大，可以從官方財政入出中的絹帛絲綿的數量得到說明：宋眞宗末年，財政歲入中絹帛約爲一一〇〇萬匹，絲綿二三〇〇萬兩，財政支出中每年用絹達四一〇〇萬匹。宋代南、北方絲紡並行不悖，爭奇鬥豔，民間絲紡業處在中國古代的巔峰階段。北方的大名府、眞定府、青州、濟州（今山東巨野），南方的江寧府、潤州，杭州等，都是著名絲綢產地。

宋人絲綸中的絲綸過程

宋朝絲織業的整個工藝水平超過了前代，各地都有一些工藝獨特的高質量產品。例如號稱天下第一的宋代「東絹」（產於京東）與「蜀錦」，定州的刻絲，單州成武縣（今屬山

宋《紡車圖》中的紡車

東）的薄縑，越州（今浙江紹興）羅的新品種萬壽藤、七寶火齊珠、雙鳳綬帶等。宋代的刻絲在中國古代紡織史上最負盛名，現有不少令人歎爲觀止的刻絲精品，如北宋紫天鹿、紫鸞鵲、紫陽荷花，以及南宋山茶牡丹、梅鵲等。宋代絲織業工藝水平的提高與大批專業絲織工匠的存在有密切聯繫。在絲織業最發達的地區除了以絲織爲業的機戶、櫃戶外，還出現了「機坊」、「染肆」等，它們雇用工徒，這反映了宋代絲織業已經開始從家庭副業向專業化手工業發展。

宋代麻紡也得到平穩發展，生產具有相當規模。棉紡從中國西域和廣西地區向北方擴展，棉紡工藝達到較高水準。

宋人薄葬

宋代以前，厚葬之風盛行。商周時期，奴隸主不惜將大批奴隸、牲畜和日常用品殉葬。秦漢以後，地主貴族則用陶、瓷製作成精美的俑、樓宇、雞狗馬豚、糧瓶以及木製的食碗、羽觴等物隨葬，此外還有許多珍寶、錢幣。近年從考古中發現，宋墓中的器物遠遠少於漢墓和唐墓。少數宋墓中儘管也出土過較多器物，但在規模和數量上遠遠比不上漢、唐墓。這說明在宋代薄葬已逐漸形成一種風氣。

宋代時，人們追求現實生活的享受，反對厚葬，主張薄葬。官府明文禁止厚葬，頒行喪葬令，規定棺槨內不得安放金銀珠寶，不准用石板作爲棺槨和建造墓室。還規定墓田的面積、墳的高度、石獸和明器的數量等，都有品級的限制。當時上至朝廷官員下至普通百姓大多支持薄葬，例如在仁宗時，翰林學士承旨宋祁撰《治戒》篇授其子，聲明他身後要三日斂，三月葬，不受流俗陰陽拘忌；棺用雜木製成，不將金銅雜物放入墓中；墓上種五棵柏樹，墳高三尺，不得用石翁仲和石獸（《景文集・戒》）。

與薄葬風氣相關的是用紙錢和紙質明器來代替銅、鐵錢和陶俑、木俑及陶製用具等殉葬品。據《東京夢華錄・清明節》記載，汴京和臨安府還開設有紙馬鋪，除專門雕印鍾馗、財馬等贈送顧客外，還用紙和蘆葦紮成樓臺亭閣和人物、鳥獸銷售，供顧客在喪葬和祭祀儀式上使用。另外，因爲火葬具有省錢省地的優點，在宋代也甚爲流行。各地僧寺還辦有火葬場，當時稱「化人亭」，專門爲世俗百姓服務。

宋代石棺

火葬可上溯至唐代，因爲佛教的影響而被迅速推廣。到宋太祖和宋高宗時，都曾下詔禁民火葬，但因爲貧下之家「送終之具，唯務從簡」，所以禁令也沒有認眞實行。到高宗時，只嚴禁富豪和官員死後火葬，其他人就隨便，從而使火葬更爲盛行。

在喪葬習俗上，佛、道二教給予了較深影響，火葬即是佛教影響的一例，另外，所謂七日、百日、周年、擇日、擇世安葬、做道場等說法，以及穿孝服、居喪飲食等方面的規定都受佛道二教影響。

《武經總要》成書

《武經總要》是中國現存的最早一部官修兵書，規模空前，它是宋仁宗時仿照以往官修正史的組織形式，專門設立書局，由翰林學士丁度和曾公亮總領一班通曉軍事的文人編寫的。這部書卷帙浩大，體例完備，內容豐富，非以前任何一部兵書所可比擬，可謂中國歷史上第一部軍事百科全書；它在許多方面具有創始性，言前人所未言，發前人所未發，對於研究中國軍事學術史和兵器史有著重要的參考價值。

《武經總要》全書共四十卷，分前後兩集，前集二十卷，其中制度十五卷，邊防五卷，論述了軍隊建設和用兵作戰的基本理論、制度和常識，內容有選將料兵、教育訓練、部隊編成、行軍宿營、古今陣法、通信偵察、軍事地形、步騎應用、城邑攻防、水戰火攻、武器裝備等，並配有大量插圖，以及軍事地理方面的內容，比如邊防各路州的方位四至、地理沿革、山川河流、道口關隘、軍事要點等。後集二十卷中，後五卷爲陰陽占候等內容，另有故事十五卷，依照兵法，分類介紹歷代戰例，比較用兵得失，總結經驗教訓。《武經總要》一書所開創的兵書編纂體例，對後世影響很大，如明代范景文所撰著的兵書稱爲《正續武經總要》，趙本學、俞大猷所撰兵書稱爲《續武經總要》，唐順之、茅元儀仿效《武經總要》分別著寫《武編》、《武備志》。

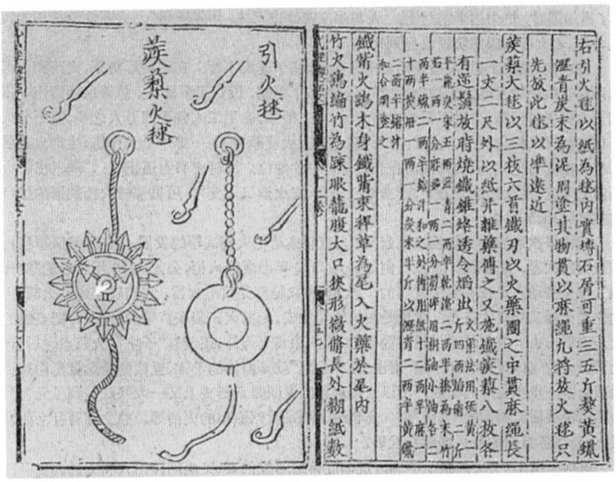

《武經總要》中關於火藥配方的記載

西夏自行鑄幣

西夏國最早鑄造的貨幣是西夏建國初期李元昊時鑄造的印漢文的「天授通寶」錢幣。此後西夏國有七位國王均各有鑄錢實例。並以仁宗天盛時期（西元一一四九—一一六九年）爲最多。仁宗天盛十年，正式設立通濟監，作爲管理鑄錢事宜的機構。

除開國國王李元昊鑄造「天授通寶」外，只獻宗、末主兩朝未鑄錢。貨幣從文種上分西夏文錢和漢文錢兩種；從錢的材料上看又分銅錢和鐵錢兩類。

西夏國鑄造的漢文錢有福聖寶錢、大安寶錢、貞觀寶錢、乾祐寶錢、天慶寶錢等，還有天授通寶、大德元寶、元德通寶、元德重寶、大安寶錢、天慶寶錢等十幾種漢文錢，這些都是目前爲止所發現的。

西夏雖然鑄造錢幣，但西夏境內作爲貨幣流通手段的主要是宋幣而不是西夏貨幣。西夏國鑄造的錢幣數量少，在西夏通用的貨幣總量中只佔百分之一左右，但卻非常精美，輪廓規整，錢幣上所印文字書法清晰秀麗，

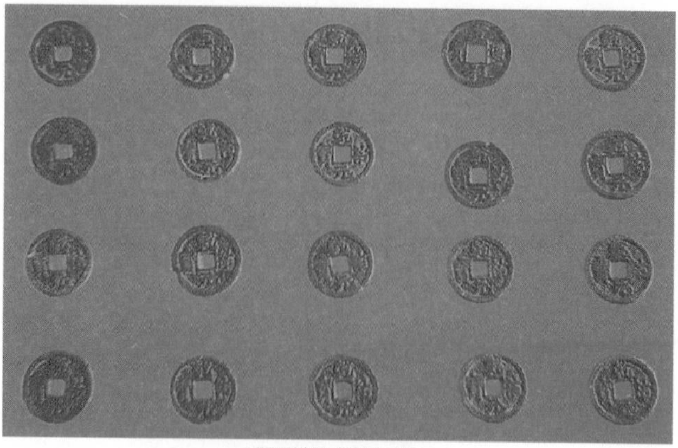

西夏鐵錢「乾祐元寶」

如天盛元寶、皇建元寶、光定元寶等。其中新發現的光定元寶篆、眞對品錢，尤爲珍品。

西夏自行鑄造的貨幣數量少，質量好，外表美觀，因而難以發揮貨幣流通手段的作用，很容易成爲人們的收藏品或點綴品，在某種程度上也像是表明一種朝代延續的標誌。

西夏自鑄貨幣，雖然只佔流通貨幣總量的百分之一左右，但西夏自鑄銅錢和鐵錢，從另一方面也表明了西夏當時貨幣經濟的發達。

西夏文字創立推行

西夏文字是西夏王朝開國皇帝李元昊，爲增強民族意識，命令大臣野利仁榮仿照漢文主持創制並推廣使用的詞符文字。總共創制六千餘字，編纂成書，分十二卷，稱作「國書」。

西夏文字的創制受漢文的影響很深。党項族本來並無文字，但內遷後就同漢族人民雜居在一起，並逐漸學會了使用漢文，西夏文字的形體結構基本上脫胎於漢字，從形體上看與漢文方塊字十分相像，但西夏文字亦獨具其鮮明的民族特色與創新。

西夏文字從文字結構上可分解成單純字和合體字兩大類。其中單純字是組成西夏文字的最基本單位。單純字又分爲表意和表音兩種，表音字多爲常用詞，有固定字義、多用以構成新字。表音單純字通常爲借詞、地、人名或佛經用語注音，亦用作構成新字的一種成分。合體字又可分爲合成字、互換字和對稱字三類。合成字是西夏文字構造的主要特徵，佔西夏文字總量的絕大部分。合成字是由兩個字、三個字或四個字中的一部分、大部分或全體互相組合成新的字。合成字又可分爲會意合成字、音兼意合成字、反切上下字合成字、間接音意合成字等。互換字即把一個字中的兩個部位交換位置組成新字，有部位全換

西夏陵區出土的西夏文石碑

的，也有上換部分的，兩部分互移的。對稱字即用相同的兩部分構成新字。

由此可見，西夏文字創制既體現了漢字的深刻影響（如構詞方式、結構、筆劃、字形、書寫規則等），又具有自己鮮明的民族特色和創意。表現在文字筆劃上比漢字更爲繁複；文

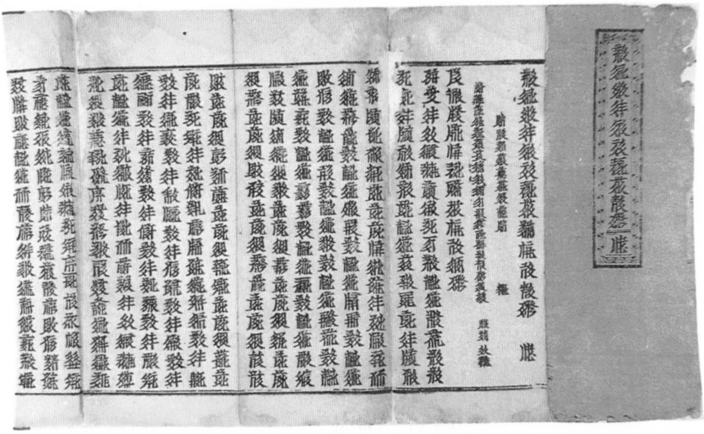

西夏文《大方廣佛華嚴經》

字構成上會意合成字較漢字中的會意字多，象形、指事字極少；類似拼音構字法的反切上下字合成法是西夏文字構成的一大特點；互換合成字別具一格等。

西夏文字創立後，政府大力推行。一〇三六年李元昊下令頒行，尊西夏文爲「國字」，並於一〇三九年建「蕃學」教授西夏文，培養官員。又設「蕃字院」國家機構，管理公文來往中的西夏文本。在政府大力推動下，西夏文字逐漸應用於西夏人社會生活的方方面面。

西夏文字創立後，党項族西夏文字與漢字並用，西夏國滅亡後，其後裔仍有人使用，元代和明代中葉均有西夏文，以後湮沒。成爲一種死文字。

西夏文字是党項族的寶貴財富，西夏文字的創立推行，對西夏政治、經濟、文化的發展起了很大的作用，它增強了西夏人的民族意識，對西夏向漢族先進文化學習提供了條件。西

夏文字至今爲研究西夏的歷史與文化，發揮了重要的作用。

宋書院盛行

書院本是唐代官方藏書、校書場所的名稱。在貞觀時也出現了中國首個私人書院，即張九宗書院，兼有個人讀書治學和授徒講學的職能，但並不普遍。

從五代後期起，學者多選擇名山勝地，構築書院，作爲研究學術和聚徒講授的場所，後世私立大學之風，由此開創。

宋初，書院大興，白鹿洞、岳麓、睢陽、嵩陽書院是著名的四大書院，加上石鼓、茅山、華林、雷塘書院，合稱八大書院。這些書院代表了「宋初書院」的最高水準，並在宋初教育領域佔有重要地位。

白鹿洞書院位於江西省廬山五老峰下。北宋太平興國二年（西元九七七年），知江州周述奏請朝廷賜國子監印本九經，藏於白鹿洞，故名「白鹿國庠」，學徒眾多。任教白鹿洞書院的學者多爲世之名儒，如宋初的明起、陳舜俞，其造就的弟子也多出大才。

岳麓書院位於湖南長沙岳麓山抱黃洞下，北宋開寶九年（西元九七六年），知潭州朱洞建講堂書齋共五十餘間，初具規模。以後不斷擴大，獲

河南嵩山的嵩陽書院遺址

江西廬山白鹿洞書院

朝廷賜經賜額，其「山長」周式在大中祥符九年（西元一〇一六年）被任爲國子監主簿，兼書院教授，故爾書院兼有半官半私的性質。

應天府（睢陽）書院位於河南商丘。北宋大中祥符二年（西元一〇〇九年），當地人曹誠出資在宋初名儒戚同文故居擴建而成書院。此後朝廷委官賜田，逐步納入官學範圍，並一度稱名南都府學。

嵩陽書院位於河南登封縣太室山麓。後周始建，北宋至道二年（西元九九六年），朝廷賜「太室書院」額和監本九經。景祐二年（西元一〇三五年）重修，更名爲嵩陽書院。

宋代書院多實行教學與行政合一的體制。書院的「洞主」、「山長」都是書院的行政領導，又兼書院的主講教授。如范仲淹曾爲睢陽書院的山長；朱熹先後主持過白鹿洞、岳麓書院的教務；陸九淵創辦和主教象山書院等等。

書院的經費大多採用學田供養制，即朝廷或地方政府賜給書院一部分田地，書院將學田租給附近的農民，發收租廩充爲養費。南宋時期，書院經費多爲自我籌措，同時富商巨賈的捐助也是經費來源之一。

書院定期奉祀先賢先聖，也供祀本學派宗師。供奉孔子以利於培養學生的德行、政績和學業。供奉本派宗師，有助於彰昭師門，便於一宗一派風格特色的養成。

書院實行自由討論學術的教學方式，強調自學，注重師生共同研習學問。教學內容主要是科舉之學，四書五經是學生的必修課目，同時書院也注重學生道德倫理方面的培養和理學「理、性」方面學問的研究。

書院自宋初興起後，曾盛極一時，到北宋末，隨著朝廷歷次大規模興學，書院一度淪入沉寂達百年之久。進入南宋，書院再度興盛。

宋代書院，作爲相對獨立於官學之外的民間學術研究和教育機構，彌補了封建官學的不足，填補了許多學術文化研究領域的空白，豐富了教學經驗及辦學形式，爲中國教育教學的發展起到積極的推動作用。

宋置武學

宋仁宗時，宋軍事上的積弱局面已經形成。爲了改變軍事人才缺乏的局面，慶曆三年（西元一〇四三年）五月，宋廷設置武學。但是，這一中國教育史上的創舉因遭到一些人的反對，不久即行廢罷。宋神宗即位之後，把建立軍校培訓體制，加速培養和選拔軍事人才當作強兵的重要措施付諸實踐，決心扭轉積弱局面。

熙寧五年（西元一〇七二年）五月，宋神宗下令設置武學，這是中國歷史上最早出現的正規的軍官學校，對武學的管理、學生來源、課程設置、教學方式等問題作了明確的規定。當時的武學由兵部主管，由樞密院選調有軍事才能的優秀文武官員任教授，學生來源於未授職的使臣、蔭補的官將子弟及有一定軍事知識的平民，經測試合格者，取得入學資格。武學的課程有軍事理論、軍事歷史和軍事學術等，採取理論與實踐相結合的教學方式，培養學員的實際帶兵和指揮作戰能力。學制三年，畢業考試合格者，授予官職。至於不合格者，留校繼續學習，來年再試。武學還要求學員樹立忠君思想。同年閏七月，宋神宗再次下詔，進一步明確了武學分上舍、內舍、外舍三級培訓體制。初入學者爲外舍生，每年春秋各試一

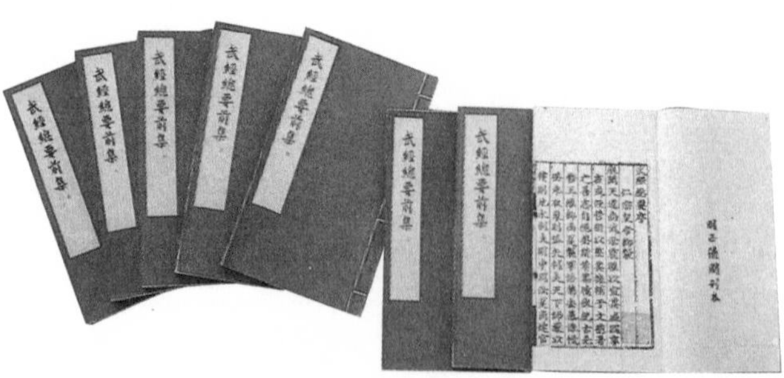

宋代官方編修的《武經總要》

次，步、騎射能達到標準，十道兵法釋義題能正確回答五道，並寫出一篇軍事論文者，晉升爲內舍生，內舍生成績達到優等者，再晉升爲上舍生，上舍生才能出眾者，經樞密院嚴格審查，情況屬實後，可以提前畢業，授予官職。

宋神宗時武學所開創的軍事教育體制，到南宋時進一步健全，並普及到地方，明、清兩代都繼承了這一體制。

宋金石學創立

宋代，中國古代史學家創立了金石學。這是一門對金石銘文作比較系統的搜集、整理、研究並用於歷史考證的專門學科。金石學的創立，開擴了人們對歷史文獻認識研究的視野，豐富了歷史文獻學的內容，在史書撰述和史事考訂上都有重要意義。

司馬光撰寫《資治通鑑考異》時採用碑文對史事進行考辨。鄭樵《通志》有《金石略》專篇，錄下一些古文字、錢譜、款識和歷代刻石。這對金石學創立的理論、分類和著錄等幾方面都具有開創性價值。而宋代創立金石學的標誌，則是歐陽修的《集古錄》和趙明誠的《金石錄》兩部專書。

文化小事典

契丹醫術

早期契丹人信仰巫術，治病並無醫藥，巫術常常是人們防治疾病的重要手段。

遼朝建立前，契丹人在與中原的戰爭中，掠奪了大量的漢文書籍和科技人才，其中就有不少醫學資料和醫生。遼統治者不僅注重漢文書籍的收集，而且注意組織翻譯工作。遼興宗時，耶律庶成把漢文《方脈書》譯成契丹文，大大促進了契丹醫學的發展。

望診和聞診是契丹族的傳統醫學。《方脈書》傳播後，契丹醫生看病，多用針灸療法。遼太祖長子耶律倍及族弟迭里特均精於針灸。有一次遼太祖患「心痛病」，召迭里特診視，迭里特用針刺法使遼太祖痛止病除。遼景宗耶律賢也擅長針灸，他不僅自己鑽研針灸技術，而且重視針灸醫生的培養。著名契丹醫生直魯古自幼受家庭醫學薰陶，長大後又一直從漢人受醫學，其針灸技術精湛，後著《針灸脈訣書》行世。

契丹族醫生看病，由於北方遊牧民族的習慣及天氣的寒冷，常以酒當藥，驅寒治病。《遼史．耶律斜涅赤傳》載，耶律斜涅赤「嘗有疾，賜樽酒，飲而癒」。

契丹醫生已知道使用物理降溫方法治療發熱病症。如遼太宗耶律德光從汴京北歸，患了「苦熱」病，隨行人員就把他的胸腹、四肢及口中放置冰塊，這對緩解病情大有裨益。

《宣懿皇后哀冊文》
文字為篆體，屬契丹小字。

歐陽修像

歐陽修的《集古錄》十卷，是中國古代流傳至今的最早的金石學專書。歐陽修在金石研究中也發現了一些正史與碑碣稱述不合的地方，不僅指出了有關史傳的謬誤，同時也反映出作者的歷史見解。通過對唐代譜牒的研究，他指出了唐代社會中門閥制度的性質及其對社會生活的深遠影響，是歷史上較早得出這一重要結論的人。

歐陽修在金石學思想上顯示出樸素的辯證見解，這是難能可貴的。他嘲笑那種想托於金石而不朽於世的可笑做法，認爲古代聖賢之所以不朽，並不是因爲將名聲言詞刻於金石，他們的高尚精神情操是「堅於金石」的。這種觀點不僅反映他對金石銘文作爲歷史文獻的辯證認識，也反映了他對歷史傑出人物的評價原則，以及他們受到後人追念愛戴的原因。《集古錄》在金石學理論和歷史理論方面包含了一些值得重視的見解。

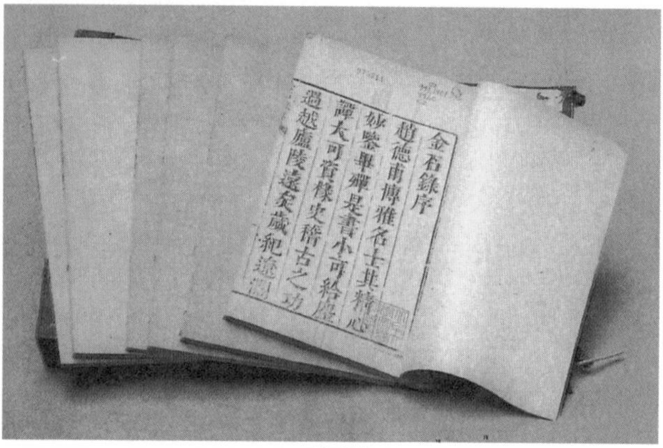

《鉐錄》

趙明誠的《金石錄》既受《集古錄》影響，又發展了《集古錄》。

從《集古錄》、《金石錄》到鄭樵的《通志·金石略》，金石學已成爲歷史文獻學的一個重要方面。它在理論上提出的問題，已不僅僅是考證、補充史書，還涉及到歷史撰述中的采撰，這爲後世史學發展開擴了眼界。

《歐希範五臟圖》作成

中國的解剖學起源很早，《內經》、《難經》中已有不少關於人體解剖的記載。

宋代人體解剖學有了進一步的發展，不但解剖得更爲詳細，而且將解剖結果繪製成圖，編著了兩部解剖圖譜——《歐希範五臟圖》和《存眞環中圖》。

最具典型的是《歐希範五臟圖》，它是以歐希範等五十六人的屍體為標本繪製成的解剖圖。歐希範，本是廣西宜州的一位書生，通曉文章，桀黠多智，慶曆間聚眾造反，俗話說「秀才造反，三年不成」。朝廷派杜杞討伐，杜以招降為名，將歐希範等首領一行數十人誘捕殺頭。宜州吏吳簡將這五十六具屍體就近進行解剖，並令畫工繪製成圖，稱這為《歐希範五臟圖》。

吳簡在《歐希範五臟圖》裡，詳細地對解剖情況作了記述：「兩天之內共解剖歐希範等五十六具屍體，每人喉中有三竅，一食、一水、一氣，互不相通。肺之下，有心、肝、膽、脾；胃之下有小腸，小腸之下有大腸，小腸瑩潔無物，大腸則為滓穢，大腸之下有膀胱。兩腎一在肝之右微下，一在脾之左微上。其中黃漫者，脂也。」從以上記述知，除喉中三竅各不相通的認識不正確外，其他都與實際相吻合，其所謂「黃漫者脂也」；顯然是對大網膜的記述，可見觀察之詳細。吳簡還說：「心有大小、方長、斜直等種種不同，唯希範心紅而石垂」、「蒙幹多病嗽，則肺膽俱黑，歐詮小時得眼病，肝有百點」，這說明解剖時對不同屍體進行了仔細地比較，而且把解剖結果與死者生前的健康狀況相聯繫起來。可以說，這是中國病理解剖學的萌芽。

畢昇發明泥活字

慶曆年間（西元一〇四一－一〇四八年），畢昇發明活字印刷術，實現人類印刷史上一次偉大變革。

畢昇的生卒時間、籍貫及經歷不可考。據《夢溪筆談》卷十八記載：畢昇用膠泥刻字，字的厚度薄如鐵錢，每字一印，用火焙燒使之堅硬而成活字。排版時，先在鐵板上放置松脂、臘和紙灰，鐵框排滿活字後，再在火上加熱至藥熔掉，用一塊平板按

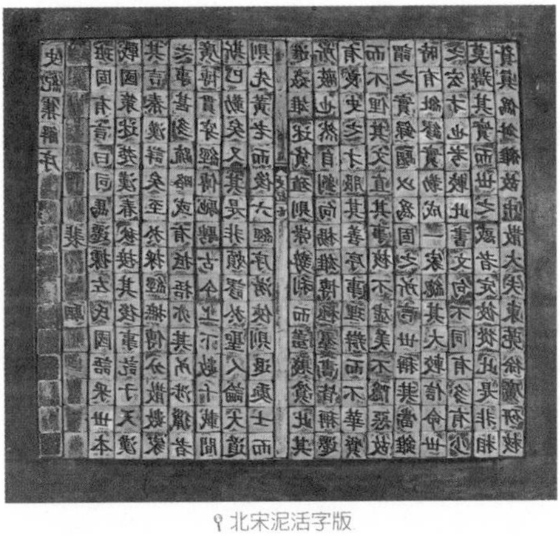

北宋泥活字版

文化小事典

中國象棋定型

北宋是中國象棋史上的大革新時代，這個象棋革新的最後結果是象棋逐漸定型為今日中國的象棋，無論是在理論上、技藝上都有較高成就，標誌著中國象棋進入了一個新的發展階段。

北宋時流行的象棋有幾種形式：

一、尹洙（西元一〇〇一－一〇四七年）著有《象戲格》一卷，可惜久已失傳了。晁公武在記述該書時說：「凡五圖，今世所行者不多焉」。依此推測，尹洙在一〇四七年以前所述的有五種圖譜的象棋，是與南宋流行的定型象棋不同的另一種象棋。

二、據程顥《明道先生文集》卷一《象戲》的敘述，這種象棋有將、偏、禪、車、馬、卒等子；有河界，卒過河可斜行一尖角；很可能有九宮，將在九宮內不但可以八方行一格，而且開局前放在九宮中央。

三、《七國象戲》，是司馬光（西元一〇一九－一〇八六年）採用當時流行的兩人對局的象棋而編出的棋子以戰國區別：秦白、楚赤、齊青、燕墨、韓丹、魏綠、趙紫，周居中間不動。棋子有將（以各國名代）、偏、禪、行人、炮、弓、弩、刀、劍、騎。七人對局。每人各佔一國；六人對局，秦和一國「連橫」；五人對局，楚又和一國「合縱」；至到三人對局（《欣賞編》辛集《古局象棋圖》）。

四、據《濟北晁先生雞肋集》卷三五《廣象戲圖序》記載北宋當時通行一種象棋，「蓋局縱橫路十一，棋三十四為兩軍耳」。

五、有「將、士、象、馬、車、炮、卒」三十二個子並沒有河界的棋盤，縱十路、橫九路。

以上幾種象棋，只有第五種民間象棋形制比較簡潔，而對局的複雜性甚強。故能長期流傳。這種象棋在宋徽宗時，形制已經同於今日。宋徽宗的《宮詞》裡有這樣一首：「白檀象戲小盤平，牙子金書字更明，夜靜倚窗輝絳蠟，玉容相對暖移聲。」（《十家宮詞》）象戲即指象棋，棋盤是用白檀木製造，棋子是象牙做的，以金粉塗寫成字。據《續藏經》甲編第一輯第五十九套《支那撰述．大小乘釋律部》所說可知，南宋初年民間流行的象棋，棋盤中間有河界，雙方各一六子。《三朝北盟會編》卷九八引曹勳《北狩見聞錄》也說到了三十二子。由此可以推斷，這種三十二子的象棋的成立，當不遲於十一世紀中葉。

南宋時，象棋已成為當時群眾文娛活動不可缺少的內容。臨安市內的小商店、小攤販那裡都可以買到棋子棋盤。在一般的茶肆中也置有棋具，供人娛樂。以棋供奉的宮廷棋待詔中，象棋手佔了很大一部分，其中還有女棋手。宋代還有專門的棋師，姚寬《西溪叢語》卷上記載一道人善棋，是民間著名棋手。就連當時的船員和乘客都普遍愛好象棋。

棋局記載在南宋已有。如《事林廣記》中發現了兩局棋，其一，「白饒先順手取勝局」；其二，「白饒先白起列手取勝局」。前者以「炮八平五，炮八平五」起局，後者以「炮八平五，炮二平五」起局。因宋代記譜方法是以黑棋為準，自左至右二方都用一至九的中文數碼表示，故前局是順手炮局，後者是列手炮局。

《事林廣記》還記載了三十個殘局的名稱，分十艙局面、人名局面和獸名局面三種，「二龍出海勢」一局有圖，是中國現存的最古的一個殘局圖。

中國象棋在宋代定型後，愛好者不斷研習、創新，逐漸豐富了著法的變化，使象棋進入了新的發展時期。

壓字的表面，使整版字平如砥，即可印刷。「若止印三二本，未爲簡易，若印數十百千本，則極爲神速」。爲了提高效率，通常準備兩塊鐵板，一塊用來印刷，一塊則可排字。第一塊印完後，第二塊已準備就緒，這樣可以交替使用，瞬息可成。每個字有幾個字模，特別像「之」、「也」等字字模多達二十個，以防同板內重複使用。如果有奇字，旋刻之，用草火烘烤，一會兒就能用。

活字印刷的優點主要是減少反復雕刻字模的過程。雕版印刷時，每種書都要自刻一套印版，用過即作廢，而泥活字印刷便可印刷許多書籍而不會磨損字模，從而大大提高印刷效益。後代的木活字、銅活字、鉛活字均由泥活字發展而來。畢昇發明泥活字，比德國丁·谷騰堡發明鉛活字早四百多年。活字印刷術的發明，是一次印刷史上的技術革命，在人類文明史上起過里程碑式的重大作用。

西夏巫術盛行

西夏崇尚「詛祝」，也就是巫術，這在《宋史·夏國傳》、《遼史·西夏外記》中有許多記載。

巫術在西夏國的民間、政府機構很盛行，甚至皇帝本人也信巫術。

西夏有專職的巫師，或稱「廝」。其地位相當重要，僅居太后、諸王、國師、大臣、統軍等國家重臣之後。巫師一般被認爲有超自然的力量。他們的職責在於預知吉凶福禍驅災求助，解決疑難。如有一種

校刻西夏文佛經

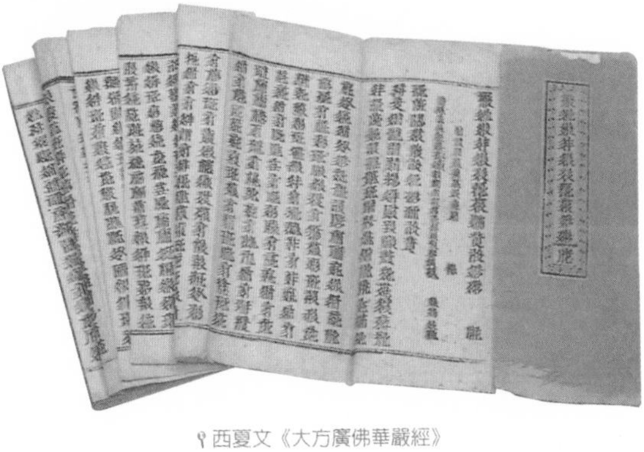

西夏文《大方廣佛華嚴經》

「驅鬼」儀式是巫師把「鬼」送入預設的坑塹中，同時在坑邊上辱罵，以達到消災祛禍的目的。又如西夏人在戰爭中有「殺鬼招魂」的習俗。

巫師解決疑難，問吉凶的主要方法是占卜。占卜術在西夏社會具有重要的作用，從日常生活到軍國大事都可採用占卜的方法預問吉凶與判斷行止。

寧夏銀川拜寺口雙塔

據史書記載，西夏出兵作戰時就要占卜，這類占卜共有四種：「炙勃焦」，用艾草熏灼羊脾骨，察看羊脾骨上被灼燒的紋路來判斷吉凶禍福；「擗算」，在地上劈竹子，計算竹片數目以定吉凶；「咒羊」，夜間牽羊一隻，焚香禱祝，同時在曠野燒穀火，次日一早殺羊，羊腸胃通暢則預示吉利，羊心臟出血出兵必敗；「矢擊弦」，用箭杆敲擊弓弦，用聽弦之發聲音來判斷出兵作戰的勝負以及敵入進攻的日期。

占卜術在西夏民間亦被廣泛採用。一一八三年西夏人骨勒仁慧編成《五星秘集》，是有關星和行星的卜辭，其中亦有關於用天空雲彩的顏色來判斷吉凶的，如冬季白雲黃雲兆豐收、紅雲兆戰爭、黑雲兆水災等。除此，還有用以占卜吉辰，占卜吉日、凶日的卜辭。西夏人對占卜的結果深信不疑，不惜代價按卜辭所云去做。

此外，漢族占卜術對其亦有影響，西夏學者斡道沖譯《周易卜筮斷》等漢文典籍，流行於西夏，故西夏巫術相當盛行。

佛宮寺釋迦塔建成

佛宮寺原名寶宮寺，在山西省應

縣城內，約於明代改爲現名。釋迦塔於遼清寧二年（西元一〇五六年）建成，是中國現存唯一的樓閣式木塔，也是現存世界上最高的木結構建築。塔在寺內前部中心，前爲山門，後面磚臺上原有佛殿，是中心塔式佛寺布局。民間稱爲應縣木塔。

釋迦塔是一座平面正八邊形、每邊顯三間、立面五層六簷的木結構樓閣式塔。底層和附加的一周外廊（副階），直徑共三十米，塔身底層直徑二三點三六米；其上各層依次收小約一米，第五層直徑一九點二二米。塔下用磚石砌築基座兩層，共高四點四米。自基座至第五層屋脊，全部用木結構框架建成，共高五一點一四米。第五層攢尖頂屋面上磚砌剎座高一點八六米；座上立鑄鐵塔剎高九點九一米，因而全塔自地面至剎尖總高六七點三一米，約爲附階直徑的二倍許，不過於瘦高，顯得雄偉莊重。

釋迦塔的結構採用中國古代特有的「殿堂結構金箱鬥底槽」形式，第一層外簷用七鋪作外觀挑出雙抄雙下

佛宮寺釋迦塔結構圖

佛宮寺釋迦塔

昂。共用柱額結構層、鋪作結構層各九個，反復相見，水平疊壘，最上是屋頂結構層。每一個結構層，都採用大小同本層平面相同、高三至一點五米的整體框架，預製構件，逐層安裝。這種結構堅固穩定，是有效的防震構造。釋迦塔建成後五百餘年中，已經歷一次大風暴和七次大地震，仍完整無損，便是有力證明。

釋迦塔同山西五台佛光寺大殿、河北薊縣獨樂寺觀音閣，是現存中國古代建築中的三顆明珠。釋迦塔在建築結構、技術、藝術方面的成就，使得它成爲研究中國古代建築史的重要物件。此外，釋迦塔底層南面正門的邊框和塔內第三層木製佛壇，均爲遼代小木作的稀有實例。木結構能達到如此規模、如此高齡（到一九九六年已有九百四十年），實爲世界建築史上一大奇跡。

人物小事典

包拯

包拯（西元九九九－一○六二年），字命仁，宋廬州合肥（今屬安徽）人。包拯為人剛直不阿，為官清正廉潔，使一些為所欲為的皇親國戚、達官貴人不得不有所收斂。宋嘉祐（西元一○五六－一○六三年）初年，包拯被任命為權知開封府（權知為宋太祖罷節度使後立的官名，即暫代某官職而非正官），下令大開開封府衙正門，使原告可以直到衙門裡去訴說冤屈，使吏人不能從中插手，貪贓枉法，行賄受賄。當時京師有「關節不到，有閻羅包老」之語。當時，京師遭特大洪水災害，有人告狀說是由於宦官、貴人等在惠民河上修築樓臺、房屋，使惠民河被堵塞，造成洪水淹沒京城的局面。包拯下令拆毀這些達官貴人的所有建築物。宋仁宗得知包拯所作所為後，迅速提拔他為開封知府，負責治理京城。

宋嘉祐四年（西元一○五九年）三月，包拯擔任三司使（北宋最高財政長官，有「計相」之稱）的決定傳達後，翰林大學士歐陽修立即上書彈劾包拯。上書指出：官僚士大夫理應重義輕利、珍惜名節、輕視官位高低。而包拯卻大肆攻擊三司使張方平，迫張下臺；宋祁剛接任，包拯又抨擊宋祁的過失。宋祁被罷免後，包拯順利地擔任三司使職務，這使人懷疑包拯是個奸詐小人。而且包拯才疏學淺，雖有剛直不阿的美名，但於事無補，恐怕難當三司使之任。再加上包拯不孝父母，品德欠佳。任用包拯為三司使，祖宗任用諫官的目的就會毀於一旦。歐陽修希望朝廷重視這一問題。

宋以鹽鐵、度支、戶部三部合為三司，統籌國家財政，位置十分重要。故歐陽修這樣鄭重其事。但宋仁宗並未採納歐陽修的意見，包拯仍然走馬上任。

包拯像

河南開封包公祠

宋紙錢流行

據記載，唐玄宗以前，民間已經開始用紙錢來祭祀鬼神。唐玄宗時，開始正式用紙錢禳祓祭祀，宋代已經普遍在喪祭活動中使用紙錢。民間在每年寒食節掃墓時，不設香火，而是把紙錢掛在墓旁的樹枝上。北宋初年，福州的百姓都拿紙錢去東嶽行宮祭神「乞福」，紙錢漫天好似「飛雪」（梁克家：《淳熙三山志・祠廟》）。司馬光和俞文豹都記載當時民間遇到喪事，親友們都贈送紙錢、紙絹等。這些都說明紙錢已經在宋代的喪事和祭祀中廣泛使用。

由於紙錢的需求量逐漸增大，紙錢生產逐漸成爲一項專門的行業。宋仁宗時，李宸妃的弟弟李用和（西元九八八—一〇五〇年）早年和姐姐失散，流落在東京，窮困潦倒，以鑿紙錢爲業。南宋高宗時，廖剛就曾憂慮地指出，世俗中鑿紙爲緡錢，竟然成爲一項職業，致「使南畝之民轉而爲紙工者十且四五」。可見當時紙錢流行之廣。

紙錢的流行是與宋代薄葬的風氣密切相關的。當時還流行用紙質的明器來代替陶製的明器和實用器物。趙彥衛就說過，古代明器，今天用紙做成，稱「冥器」，紙錢稱「冥財」（《雲麓漫鈔》卷五）。宋代用陶瓷俑像代替活人和牲畜殉葬，這是人類的巨大進步；普遍使用紙錢和紙質器來代替實錢和陶瓷明器，同樣是社會的又一次進步。

蘇軾書畫詩詞

北宋蘇軾的書畫在學習繼承前人的基礎上，努力追求創新，在文學、書法、繪畫及理論幾個領域內，都達到了極高的境界。

蘇軾（西元一〇三六—一一〇一年），字子瞻，號東坡居士，眉山（今屬四川）人。他是詩人、詞人、散文家、書畫家。嘉祐二年（西元一〇五七年）中進士後入仕，宋神宗時曾任祠部員外郎，知密州、湖州、徐州。因反對王安石新法，貶謫黃州。宋哲宗時任翰林學士、禮部尚書，知

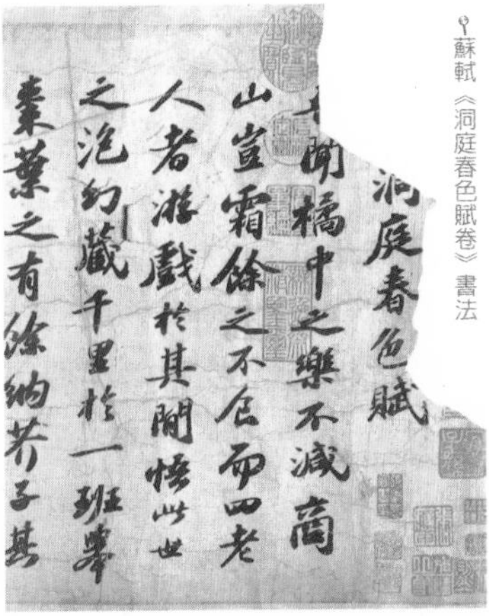

蘇軾《洞庭春色賦卷》書法

杭州，又貶謫惠州、儋州，諡文忠。

蘇軾是繼歐陽修後北宋文壇的傑出領導者，在書畫上也有獨到貢獻。

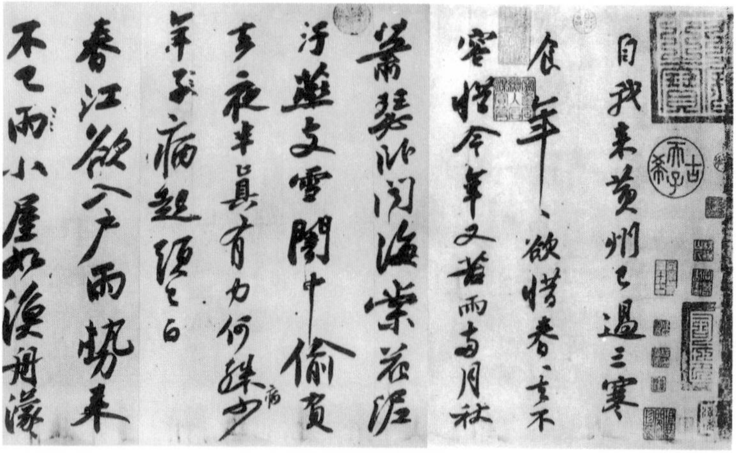

蘇軾《黃州寒食詩》書法

在繪畫理論上，他有許多創見，如提出「士人畫」與「畫工畫」的區別，推崇王維的畫「得之於象外」，因而

蘇軾《枯木怪石圖》

主張繪畫摹寫人物與詩人大致相同，指斥單純追求形象逼真。在這種思想指導下，他的繪畫創作也不同於一般。他喜好畫枯木、怪石、墨竹等，時出新意，形神俱妙。他的《枯木怪石圖》一卷，畫蟠曲枯樹一株，頑石一塊，石後露出二、三小竹和細草，深具意趣，可謂「詩中有畫、畫中有詩」。他畫竹，常常一杆從地直至頂。圖中枯木虬屈無端倪，怪石皴硬，自謂「枯腸得酒盤角出，肝肺槎木牙生竹石」。枯木題材繪畫也正是他心靈的寫照。該圖運思青拔、風格卓絕，是畫中珍品。

在書法上，他少時學王羲之蘭亭筆法，後又學柳公權，筆意工拙，字特瘦勁；中年始學顏真卿、楊凝式，筆圓而韻勝；晚歲作書挾大海風濤之氣，如古槎怪石，如怒龍噴浪，奇鬼博人。他學書達到物我兩忘、得心應手的境地，形成獨特的風格，尤以行書和楷書名著於世。他所遺留下來的墨蹟有《治平帖》、《黃州寒食詩》、《赤壁賦》、《祭黃幾道文》、《新歲展慶帖》、《洞庭春色賦》等。

《治平帖》成書於早年，行書，字體端莊，富有姿媚，可見其少年時學王羲之的痕跡，但用筆肥壯，綿中裹鐵，其酣放已具後來風貌。

貶謫黃州已值蘇軾壯年，思如泉湧，詩文書法創作極富，最著名的墨蹟代表是《黃州寒食詩》，爲行書詩稿。詩的內容，充滿著消沉、悲苦、淒涼、絕望的情緒。其書隨意命筆，隨著詩情的起伏而變化，參差錯落，時大時小，忽長忽短，感情隨著筆尖自然流出，達到了藝術形式和內容的完美統一，令人感歎不已。該帖筆墨豐肥圓潤，渾厚爽朗、跌宕多變，代表了其行書的最高成就。

楷書《赤壁賦》筆致圓潤豐腴，樸拙厚實，鈍滯之處，有人疑爲鉤摹。《祭黃幾道文》意味溫厚，肥瘦變化較之《赤壁賦》於嚴謹中更富有活力。晚年《新歲展慶帖》等筆墨老辣，不拘形跡，姿態橫生，達到了平淡中見天真的更高境地；行書《洞庭春色賦》等不惟古雅，且姿態百出，結構緊密，無一敗筆，人譽之爲「眉山最上乘」之作。

蘇軾居北宋四大家之首，其書格調逸俊，以氣韻見勝，黃庭堅譽其爲「本朝第一」，對後世書畫發展有極大影響。

西夏倡佛

佛教傳入西夏後，歷代皇帝採取許多措施以提倡、扶持佛教，使佛教在西夏興盛繁榮。

西夏倡佛主要表現在以下幾個方面：

第一，國家提倡與尊寵佛教，對有學識與威望的高僧授以各種封號，如帝師、國師、法師、禪師等，提高僧人在西夏國的地位。帝師、國師在佛教界地位極高，在朝廷官階上也處上品位，與中書、樞密位相等。西夏國封的國師很多，如李元昊時主持譯經的國師白法信；惠宗李秉常時主持譯經的安全國師白智光等。「國師」以下爲法師，地位亦較高，參與譯經等重要佛事活動。禪師也是西夏高僧的稱號，如西夏賀蘭山佛祖院的平尚重照禪師等是對譯定、刊印、傳播佛教經典與教義作出了重大貢獻的著名高僧。

第二，建立完善的佛教管理機構和管理制度。進入崇宗、仁宗朝，西

西夏壁畫《水月觀音》，描繪了水月觀音神祕誘人的境界，是現存水月觀音中的珍品。

夏佛教事業進入大發展時期。西夏在中央政府中設立專門管理佛教事務的機構——功德司。各功德司設數量不等若干名功德司正、副、判、承旨等作爲正副長官及其官員。功德司地位較重要，在國家機構中屬於第二等級，僅次於掌管全國行政與軍事首腦的中書、樞密，與殿前司、御史等國家機構同級。

除在中央政府設立專門機構管理佛教事務外，西夏還建立一套完善的管理制度以加強寺廟的管理，並對管理寺廟的僧人設有相當的職稱。如提舉、僧正、僧副、僧監等。由於西夏僧人的民族成分不同，因此還設立不同民族的僧職。如番漢四眾提舉、「漢眾僧正」等。

第三，組織人力譯佛經爲西夏文。最早由李元昊令國師白法信主其事，以後很多皇帝大力推助。西夏時期境內流傳佛經，主要有西夏文、藏文、漢文三種，西夏從宋朝贖取漢文大藏經，同時刻印漢文佛經，藏文經通過藏傳佛教傳入。西夏文經主要譯自漢文和藏文佛經。西夏文佛經包括經、律、論三藏。經藏中的寶積部、華嚴部等佛經在現存的西夏文經中仍能找到。《佛說生經》、《佛本行集經》等律藏也有西夏譯本。西夏時刊印的漢文佛經，現已發現的就約有八、九十種。充分說明當時政府倡佛的決心和行動。

第四，政府主持大興土木，修造佛教寺廟。在都城興慶附近，有戒壇寺、高臺寺、承天寺、大度民寺；河西走廊地區的護國寺、聖容寺、崇聖寺；甘州的臥佛寺、崇慶寺等。同時對前代寺廟加以修葺或重建。這樣西夏「浮圖梵刹、遍滿天下」，反映出西夏佛教的興盛繁榮。

第五，設立專門培養番、漢佛學

人才的場所。如番漢三學院的設立，就是佛學者學習佛學中的戒、定、慧的全部內容，以發展佛學事業。番漢三學院的設立起到了培養番、漢佛學人才，振興佛學事業的作用。

西夏政府通過以上種種措拖，大力提倡佛教，使佛教在西夏興盛起來。數百年過去後，留給後世的寶貴財富有當時修建的一些寺廟，有最重要的西夏文佛經流傳後世。這些佛經的傳世，最能說明西夏倡佛、佛教興盛的情況。

弓箭社出現

宋朝政府一貫奉行守內虛外的政策，因而導致邊患不絕，戰爭頻繁。爲防禦少數民族的入侵，廣大農民不得不團結爲社，教習武術，禦敵奮

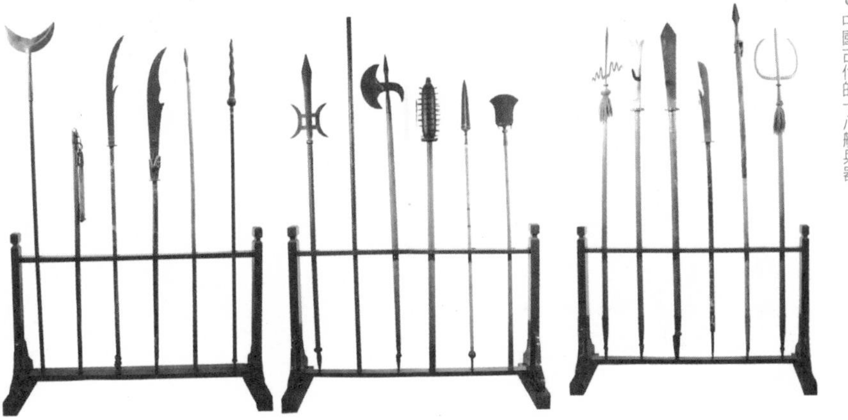

中國古代的十八般兵器

戰。弓箭社作爲保家禦敵的民間組織出現在歷史的舞臺上。熙寧三年（西元一〇七〇年）十二月，知定州（今河北定州）滕甫言：「河北州縣近山谷處，民間各有弓箭社及獵射人，習慣便利，與夷人無異。」元祐八年（西元一〇九三年）十一月，知定州蘇軾稱：「今河朔西路被邊州軍，自澶淵講和以來，百姓相自爲團結爲弓箭社。不論家業高下，戶出一人。又自相推擇家資武藝眾所服者，爲社頭、社副、錄事，謂之頭目。帶弓而鋤，佩劍而樵，出入山阪，飲食長技與北虜同……」當時僅定、保兩州，安肅、廣信、順安渾和邊面七縣一寨內，組織弓箭社的就有五八八村，六五一夥，共三一四一一人。可見當時弓箭社確實是一種保家禦敵的民間結社組織。

弓箭社無論訓練還是臨陣，都以

北宋武士像

軍事武術為主。社中每人都置有一張弓、三十支箭和一口刀。各社都選擇一段空閒平地作為演習弓箭的場所，每逢三、六、九日集中習射。當時習射法有兩種：一是近射法：用三尺長的小棍放在離射手四十步內的地方，要求矢矢中棍，箭無虛發。另一種是攢射法：放置三個稻草人靶，顏色都不相同，由一個人統一用紅旗指示射靶。由此可見弓箭社的閱習武術極少運用花刀、花槍、花棍、滾釵等，而是重視實戰所需的軍事武術。

弓箭社在外虜入侵、國家動盪不安時期出現，有力地抵抗了外虜的侵略，表現了宋代民間百姓保家衛國的民族精神。

人物小事典

李公麟

李公麟（西元一〇四九－一一〇六年），字伯時，舒城（今屬安徽）人。宋熙寧三年（西元一〇七〇年）進士及第，一生官運不甚得意，然而在繪畫藝術上成就甚高，與王安石、蘇軾等人均有書畫之交。他襟懷超脫，文章不失建安風格，書法不乏晉人韻味，能詩善畫，尤善於鑒辨故器物，是一位修養高深而又多才多藝的藝術家。

李公麟繪畫，與其他文人畫家僅能畫山水、花卉有所不同，道釋、人物、鞍馬、宮室、山水、花鳥等無所不能，繪畫題材頗為廣闊。他初學顧愷之、吳道子；進而又師法晉隋唐宋諸家，博採眾長而不蹈襲前人，逐漸形成自己的風格。李公麟創作一般用水墨畫在紙上，閒雅文秀，白描上極具功力，常以單純洗練、樸素自然的線條來表現物象的形貌神態。傳世真跡有兩件，即《臨韋偃牧放圖》和《五馬圖》。

《五馬圖》是紙本水墨畫，用線描表現宋哲宗時天駟監中的五匹名馬，依次是鳳頭驄、錦膊驄、好頭赤、照夜白、滿川花，各有牽馬的馬官。五匹馬或立或行，腹、背、臀、胸都用單線白描，僅口鼻、目、蹄略用墨染。其中前四馬自鬃後至足肘都是一筆畫成，行筆勁細而略有輕重變化。馬尾用淡墨虯曲的細線，絲絲不亂。中國古畫中不乏畫馬名作，若就用筆簡潔文秀而不失駿馬神韻而言，當以《五馬圖》為最。

李公麟的白描手法，成為可與重彩和水墨淋漓的畫法相抗衡的傳統繪畫樣式之一，為豐富中國畫的表現技法作出了重大貢獻。南宋賈師古、元代趙孟頫、明代丁雲鵬等名家畫人畫馬，無不祖述李公麟。

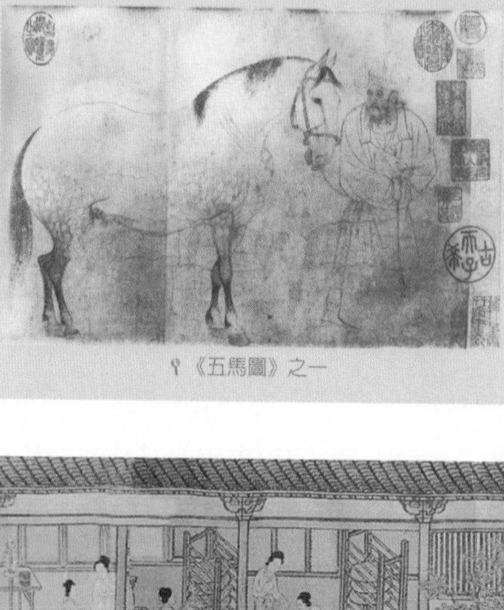

《五馬圖》之一

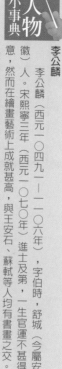

宋煤炭廣泛使用

煤炭，宋代稱石炭。當時，煤炭已廣泛應用於治煉和人民的日常生活之中，成爲礦冶業中一個新的、基礎性的種類。

宋代西北、河北、山東（太行山以東）、陝西等地都出產煤炭。宋人朱弁在《曲洧舊聞》中說，煤炭「今西北處處有之」。朱翌《猗覺寮雜記》中講「本朝河北、山東、陝西」有煤炭出產。在這些地區內，以河東（大體相當於今山西）最爲著名。宋仁宗時，官方在河東鑄行大鐵錢，因本小利大，河東地區幾乎家家燒煤炭鑄錢，結果造成私鑄鐵錢氾濫成災。這件事也說明了河東大量出產煤炭，且已經應用於治煉。徐州盛產鐵，元豐元年（西元一〇七八年）蘇軾任知徐州時，當地又發現了煤炭礦，詩人寫道：「爲君鑄作百煉刀，要斬長鯨爲萬段。」（《東坡集・石炭》）宋代，煤炭開採已經由地面開採發展到掘井開採了，這是根據河南鶴壁市宋代煤礦遺址等處考古發掘及宋代文獻記載得出來的結論。

宋代開採和利用煤炭的規模，在當時世界上也是處於領先地位的。

秦觀著《蠶學》

《蠶書》是宋代養蠶製絲技術專著。它主要總結宋代以前兗州地區的養蠶和繅絲的經驗，尤其是繅絲工藝技術和繅車的結構型制。

全書分爲種變、時食、制居、化治、錢眼、鎖星、添梯、繅車、祈神和戎治等十個部分。《蠶書》全文共八〇二字，是中國古代很有價值的養蠶製絲專著之一。遺憾的是，這部書是以農家的方言爲主，晦澀難懂，又沒有插圖可供參考。

《蠶書》的作者秦觀，字少游，江蘇高郵人，他還是宋代著名的詞人。

宋設立熟藥所

北宋末年，爲了增加財政收入，打擊投機商人，政府在京城及全國較大城市設市易務，由政府撥款作本，統購統銷，平衡物價，加強

宋人蠶織圖（局部）

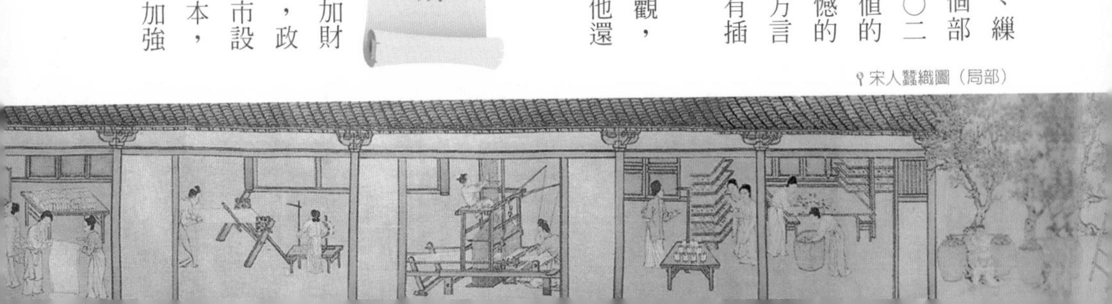

市場管理。醫藥是一項與民眾戚戚相關的大行業，因此，它和鹽、鐵、茶、酒等商品一樣被列入國家重點專賣商品。

熙寧九年（西元一〇七六年），宋神宗下令將市易務的賣藥所與原有的熟藥庫、合藥所合併，在太醫局成立「熟藥所」，用以製造並出售成藥，這是中國乃至世界上最早出現的國家醫藥管理局。

↑宋代藥用工具陶碾槽

←宋內府儲存藥物的藥罐

熟藥所成立後，在內部制定了一系列規章制度，藥物的製造和出售，有專人監督。北宋政府在太府寺設一官員，專門監察熟藥所的工作。

生藥的購買由戶部負責，以確保收購生藥的質量。由於熟藥所製造成藥的配方都是經太醫局試用有效的方劑，再加上官方壟斷，因此熟藥所的經濟效益日益提高，其規模也日益擴大。當時，熟藥所每年可得利潤四十萬緡，成爲國家財政收入的一項重要來源。宋徽宗崇寧二年（西元一一〇三年），賣藥和製藥分離，賣藥機構稱爲「賣藥所」，製藥機構稱「修合藥所」，當時京城已有賣藥所五處，修合藥所二處。同時，北宋政府還採納吏部尚書何執中的意見，在全國各地都建立熟藥所，作爲中央與地方醫藥中轉機構。

熟藥所除日常賣藥、向地方批發和交換藥品外，在疾病流行時，還向民間免費提供藥品。北宋政府每年冬夏都以皇帝名義給大臣和邊關守將頒賜預防疾病的臘藥和暑藥，這些藥品都由熟藥所提供。紹興六年（西元一一三六年），在太醫局設東、南、西、北四熟藥所，保證晝夜輪流值班售藥，如遇夜間有急症患者購藥不得或不當，值班者當「從杖一百科罪」。

加強醫藥管理，增加政府財稅收入，是宋政府設立熟藥所，專利出售丸散膏丹成藥的主要目的，而客觀上對統一成藥規格、防止出售僞劣藥品也發揮了重要作用，出售的許多成藥確有較好的療效，這對提高普通民眾的疾病防治水平具有重要意義。

《養老奉親書》注重老年醫學

曾於北宋元豐年間（西元一〇一八—一〇八五年），任泰川通化（今屬江蘇）縣令的陳直，曾廣泛搜集老人「食治之方，醫藥之法，攝養之道」，編成老年養生學專著《養老奉親書》（又稱《奉親養老書》、《壽親養老書》）。

宋刻絲群仙拱壽圖，表達祝願長壽的心意。

書一卷，分十五篇，專門論述老人養生及防病治病的理論和方法，並描述了老年人的生理、心理和病理特點。陳直對食療法很重視，認爲老人「以食治疾勝於用藥」，故廣泛收集食治方，治療老人常見的眼目耳病、五勞七傷、虛損羸瘦等多種病症，因此在所收四季通用和應時藥方、食療方、備急方二三一首中，食療方就佔一八二首。他還主張老人用藥，只可用順氣、進食、補虛、中和或偏溫平之藥醫治，取其「扶持」作用，而不宜用汗、吐、下之劑。他強調老人精神調攝和心情舒暢在保健方面的重要性，提醒老人在行住坐臥、宴處起居等方面謹慎小心。

《養老奉親書》所述的各種老年養生方法，大多簡便易行，切合實用，爲老年養生、防病、治病提供了便利，至今仍有影響，但其中也摻雜有一些封建禮教的內容，須認眞剔除。

司馬光編著《資治通鑑》

元豐七年（西元一〇八四年），

司馬光編纂完成《資治通鑒》，歷時十九年。

司馬光（西元一〇一九－一〇八六年），北宋大臣、史學家。字君實，陝州夏縣（今屬山西）人，世稱涑水先生。寶元進士，仁宗末任天章閣待制兼侍講、知諫院，立志編撰《通志》，以作爲封建統治的借鑒。治平三年（西元一〇六六年）四月，司馬光編成編年史《通志》八卷，上進於朝廷，受到英宗的賞識，並下置書局於崇文院，繼續編寫。治平四年（西元一〇六七年）十月，司馬光向神宗進讀《通志》，倍受讚賞，賜名《資治通鑒》，並親自寫序。熙寧三年（西元一〇七〇年），司馬光反對王安石行新政，神宗不從，任其爲樞密副使，堅辭不就。出任永興軍（今陝西西安），次年退居洛陽續撰《通鑒》。哲宗時主國政，任尚書左僕射、兼門下侍部，廢除新法。死後追封溫國公。

《資治通鑒》是一部編年體通史，全書共二九四卷，另有《目錄》三十卷、《考異》三十卷。記事上起周威烈王二十三年（前四〇三年），下迄後周世宗顯德六年（西元九五九年），前後共一三六二年。所采史料除十七史以外，徵引雜史諸書達三二〇餘種，經著者剪裁熔鑄成一家之言。

《資治通鑒》的編寫方法較具特色，首先標明事目，按時間順序排列所收史料，力求完備、作爲叢目；其次根據叢目中史事異同詳略，考訂整理，擇其記述詳盡者重新編寫，以成長編。以上工作均由協修人員負責；最後由司馬光刪繁潤色，以成定稿。

《資治通鑒》的內容，以政治、軍事和民族關係爲主，兼及經濟、文化和歷史人物評價。目的是要通過對國家盛衰、民族興亡、統治階級的政策的描述，來警醒世人。「鑒前世之興衰，考當今之得失，足以懋稽古之盛德，躋無前之至治。」在文字表達方面，《資治通鑒》最擅長於描寫戰爭場面，其中又將重點放在戰前決策方面，而對於戰役本身方面，卻用墨不多，如在描寫「赤壁之戰」時，用了將近六分之五的篇幅來寫戰前魯肅如何建議孫權聯劉抗曹、諸葛亮如何說服孫權聯劉抗曹、孫權集團內部主戰派與主和派如何爭論。特別是描寫

司馬光像

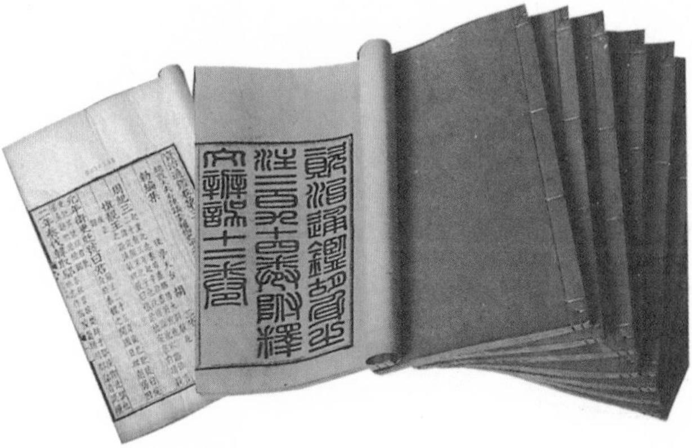

《資治通鑑》

諸葛亮、周瑜如何細密分析各方軍事形勢，而在眞正描寫戰役是如何進行時，只用了六分之一的篇幅，這是《資治通鑑》的一大文學特色。

《資治通鑑》通過詳實的歷史記載，向當時的統治者說明了歷史經驗對於政治統治的重要性，在這一點上，《資治通鑑》所提供的歷史教訓，是以往任何一部史書都不能相比的。另外，從歷史觀點上，《資治通鑑》認爲國家的興衰也在很大程度上取決統治者們的修養。提倡君主應克遵於禮、講究仁義，在用人方面要量才而用、賞罰分明，還要能聽取臣民的諫言，這一點對於後來歷代的統治階級都有一定的約束作用，直到今天也不失其意義。

由於《資治通鑑》各方面的成就，中國歷史上出現了一個研究《通鑑》的高潮，甚至形成了專門的「通鑑學」，代表著作有朱熹的《資治通鑑綱目》、袁樞的《通鑑紀事本末》、李燾的《續資治通鑑長編》等。

宋頒行《武經七書》

中國傳統兵學到宋代最後趨向定型，其標誌是《武經七書》的頒行。

《武經七書》的頒行，和宋代建武學、設武舉緊密相聯。在武學設立之前，宋就沿用唐武舉選拔軍官的舊制，武舉考試的重要內容之一是古代兵法。武學設立之後，編輯選定一套標準的軍事理論教科書更成爲迫切的需要。中國古代兵書浩如煙海，良莠不一，爲了便於學員學習，也爲了給武舉考試劃定範圍，元豐四年（西元一〇八一年），神宗下令國子監，選出一批精粹作爲教材。朱服、向去非等人經過三年多努力，最後確定和整理了《孫子兵法》、《吳子兵法》、《司馬法》、《六韜》、《尉繚

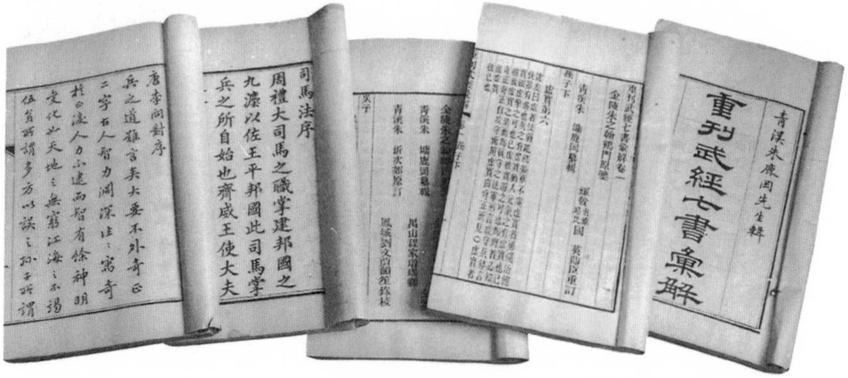

宋《武經七書》

子》、《黃石公三略》、《李衛公問對》七部兵書，宋神宗命名為《武經七書》，刻版頒行，作為教材。

《武經七書》在中國軍事學術史上佔有重要地位，它是中國古代戰爭實踐經驗的概括和總結，是古代軍事理論的精華和優秀代表。它的頒行，奠定了中國傳統兵學的基礎，標誌著中國傳統兵學的定型。它一直作為一個整體被廣為流傳，產生了重大影響，南宋、明、清都將《武經七書》作為武學取士的重要內容。

宋農學興盛

宋代，由於農業生產的發展和宋朝政府對推廣農業科技知識的重視，農學空前發達起來，在中國農學發展史上具有重要的地位。

宋代農書的數量遠遠超過了前代，農學有不少新的發展；首先，論述農桑經營和耕作技術的綜合性農書大大增加，並且出現了像鄧御夫所著一二〇卷的《農曆》那樣的巨作。其次，譜錄類農書和專科研究的農書，在宋代增加最多。最後，在農學中出現了「勸農文」和「耕織圖」的新形式。

譜錄類農書和專科研究的農書，約佔宋代全部農書的七、八成。這類農書中，有不少所研究的問題帶有開創性，具有很高的學術價值。北宋蔡襄的《荔枝譜》和南宋韓彥直的《橘錄》（又稱《永嘉橘錄》），總結記載了中國古代果農關於荔枝和柑桔的栽培經驗，是中國以至世界現存最早的果樹專著。各種譜錄中，花木專著最多，總計達三十二種之多，其中現存較著名的有歐陽修的《洛陽牡丹

記》、陸游的《天彭牡丹譜》、劉蒙的《菊譜》、王觀的《楊州芍藥譜》等十多種。另外，北宋哲宗期間，曾安止所著《樂譜》是中國最早的水稻品種專著。陳玉仁「欲盡菌性而究其用」所著的《菌譜》，是中國也是世界上最早的菌類專著。陳翥的《桐譜》也是世界上最早論述泡桐的科技專著。

「勸農文」和「耕織圖」用通俗的文字和圖像介紹農業技術，推廣農業。「勸農文」篇幅短小，文句簡煉，其內容主要是宣傳農業生產技術。由宮廷發展到民間的「耕織圖」，在宋代曾被廣泛採用，用來宣傳和推廣耕織技術，其中較著名的有南宋樓王壽以及劉松年的《耕織圖》。

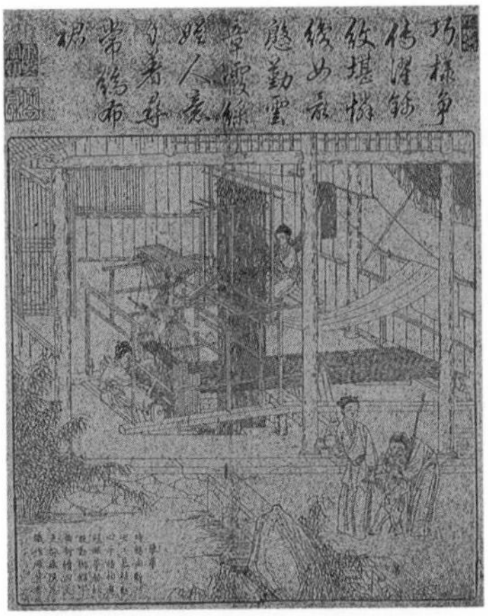
《耕織圖》中的花樓機圖

宋《耕織圖》早佚，後代有摹本。圖為元人繪製的《耕織圖》。

沈括著《夢溪筆談》

元豐五年（西元一〇八二年），西夏攻永樂（今陝西省米脂縣西）、綏德（今陝西省綏德縣）二城，沈括奉命力保綏德，因永樂失守，連累坐貶。元祐三年（西元一〇八八年）退居潤州（今江蘇省鎮江市），築夢溪園，在園中開始撰寫《夢溪筆談》。

沈括像

沈括（西元一〇三一—一〇九五年），字存中，錢塘（今浙江省杭州

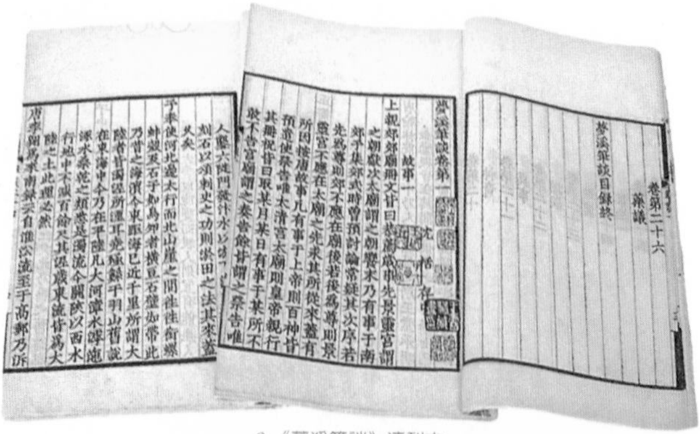

《夢溪筆談》清刊本

市）人。中國北宋科學家。熙寧年間曾積極參與王安石變法運動。熙寧九年（西元一〇七六年）任翰林學士，權三司使。

《夢溪筆談》是一部百科全書式的光輝著作，無論在中國還是在世界上都享有很高的聲譽。該書共二十六卷。又《補筆談》三卷、《續筆談》一卷。以筆記爲體裁，分故事、辨證、樂律、象數、人事、官政、機智、藝文、書畫、技藝、器用、神奇、異事、謬誤、譏謔、雜誌、藥議十七目，凡六〇九條。其內容涉及物理、天文、數學、化學、生物、地質、地理、氣象、醫學、工程技術、文學、史事、音樂、美術等。其中涉及的自然科學部分總結了中國古代，尤其是北宋時期自然科學的成就，詳細地記載了勞動人民在科學技術方面的貢獻。沈括在書中首次指出了地磁場存在磁偏角；最早記載了一種簡便的人工磁化法，即「以磁石磨針鋒」造指南針；詳細論述了指南針的四種裝置方法；首創了分層堰法測量地形；最早提出「石油」這個科學的命名，沿用至今；提出了完全按節氣來定一年的日曆安排的方案等。

浙江紹興市的沈園，現為紀念沈括之場所。

人物小事典

蘇頌

蘇頌（西元一〇二〇—一一〇一年），中國宋代著名的天文學家，字子容，福建泉州南安人。他主持製作水運儀象台並撰寫設計說明書《新儀象法要》，書中收錄其繪製的中國歷史上最重要的星圖之一——全天星圖，他還改造了天象儀的鼻祖——假天儀，反映中國古代天文學高峰時期的傑出成就。

蘇頌從小就熟讀四書五經，二十二歲中進士入仕途，終身從政，擔任過館閣校勘、集賢校理、刑部尚書、吏部尚書及宰相。元佑元年（西元一〇八六年）他奉命校驗新舊渾儀，在吏部守當官韓公廉的幫助下，於元佑七年（西元一〇九二年）集合一批工人製造出一座把渾儀、渾象和報時裝置三組器件合在一起的高台建築，整個儀器用水力推動運轉，經變速和傳動裝置使三部分儀器聯動，渾儀和渾象可自動跟蹤天體，又能自動報時，後稱水運儀象台。儀器共分三層，約高十二公尺、寬七公尺，上狹下寬，底層是全台的動力機構和報時鐘，中層密室內旋轉著渾象，上層是屋頂可啓閉的放置銅渾儀的觀察室。這是當時世界上最高水準的天文儀器，對世界天文學的發展起過舉足輕重的推動作用。它是世界上最早出現的融測時、守時和報時為一體的綜合性授時天文台，是保留有最早詳細資料的天文鐘，可能是歐洲中世紀天文鐘的祖先，而水運儀象台上層的銅渾儀是典型的赤道裝置，代替望遠鏡的是一根望銅，這一發明比英國威廉·拉塞爾和德國夫朗和費在望遠鏡上使用轉儀鐘早了八個世紀。它也是世界上首次採用活動天窗觀測室的儀器，現代天文台觀測室的天窗都活動啓閉，既方便觀測又便於保護儀器，水運儀象台上層放銅渾儀的小屋，其屋頂就可開合。它是世界文明史上無與倫比的一顆明珠。

蘇頌為能更直觀理解星宿的出沒，又提出設計一種「人在天裡」觀天演示儀器，即假天儀，它是用竹木製成，形如球狀竹籠，外面糊紙，按天上星的位置在紙上開孔，人在黑暗的球體裡透過小孔的自然光，好象夜幕下仰望天空。人懸坐球內扳動樞軸，轉動球體，就可以設身處地地觀察到星宿的出沒運行。

蘇頌像

水運儀象台複製品

而近代的天象儀是通過小孔發光射到半球形天幕上來演示星空的，因而假天儀是近代天文館中使用天象儀進行星空演示的先驅。

宋採用膽銅法製銅

宋哲宗年間（西元一〇八六—一一〇〇年），江西饒州等地已用膽銅法產銅。其間，著名的四大銅場：信州鉛山場、饒州興利場（場在今江西）、韶州岑水場（在今廣東）、潭州永興場（在今湖南）除生產「石銅」（用礦石冶煉的金屬銅）外，都生產膽銅。至徽宗時（西元一一〇一—一一二五年），膽銅礦床達十一處，規模都相當大。紹興三十二年（西元一一六二年），饒州鉛山、興利、韶州岑水、潭州永興四大銅場，年收膽銅量分別爲三十八萬斤、五萬餘斤、八十萬斤、六十四萬斤。

遠在西漢，這種技術就已發現，是由煉丹家首先創造出來的，他們追

金代銅虎符

金代鐵佛

求「點鐵成金」的技術，未得眞金，卻發明了比眞金還更有價值的膽銅法，成爲世界濕法冶金的鼻祖。其原理是：鐵比銅的活動性強，將鐵器浸入硫酸銅溶液後，發生了置換反應，使銅分化出來附著在鐵器上。此法也稱「水煉法」、「水冶法」或「濕法」，硫酸銅古名「石膽」或「膽礬」，也稱「膽銅法」。

膽銅法在歐洲要晚五百多年才出現，十五世紀五十年代，歐洲人對這種技術非常驚奇，無疑它是對世界文明的一大貢獻。

《營造法式》成書

北宋時，出現了兩部建築專著，一部是民間匠師喻皓撰寫的《木經》，另一部是由將作少監李誡於北宋紹聖四年（西元一〇九七年）奉敕編修的《營造法式》。前者已佚，後者保存至今。

《營造法式》是一本建築設計規範和手冊，於北宋元符二年（西元一一〇〇年）編成，崇寧二年（西元一一〇三年）刊行頒發，成爲中國古藉中最完善的一部建築技術專書。中國建築的發展至唐宋，無論在外形、風格及木結構方面，與後期的建築有明顯的差別。而北宋正處於這個轉變的開始，《營造法式》恰巧完成於這個關鍵時期，它保留著宋以前唐代建築的遺跡，也出現了後期建築的萌芽，具有承上啓下的性質，是研究八世紀以後中國建築發展史的重要典藉。

《營造法式》全書可分爲五個主要部分，共三十四卷，除此之外，在全書之前還有「看詳」和「目錄」各一卷。在「看詳」中，說明了在建築設計和施工中的若干規定，一些幾何形的計算方法，以及在施工中取正定平和當時的一些施工定額的計算方法等。

北宋時山西太原晉祠聖母殿

《營造法式》中關於結構設計、大木作制度，開章有明確規定；按此制度可設計出建築比例恰當、結構合理的木結構房屋來。這種模數制的使用，既簡化了建築設計手續，又便於估算工料和進行各部分構件，預製加工，使房屋施工可齊頭並進，提高速度。這種方法一直延續到清朝，設計模數制的應用於預製裝備化施工，成爲中國建築的主要特徵之一。

在雕刻、彩畫等方面及構件的藝術加工上注意與建築構造密切相合，採用幾何的方法求得梁、柱、斗木共、椽頭等輪廓曲線，無論在裝飾部位、採用材料，或加工方法上都能按照建築裝飾與結構統一的原則，成爲中國建築的另一個特徵。

《營造法式》基本上是歷來工匠師承相傳的經驗總結，是宋代建造宮殿、寺廟、衙署、府第等木結構設計、建造方法的總結，因此，在一定程度上反映了當時中國北方，特別是中原地區的建築技術與藝術水平。

羅盤西傳

關於中國的航海羅盤，朱彧在《萍洲可談》中首次明確提到，元符（西元一〇九八—一一〇〇年）年間，出入於廣州的中國海外貿易船使用指南針導航、可以在陰晦的日子裡導航。著名的科技史家李約瑟由此推測，大約在十世紀中國人已掌握磁鍼導航技術。中國用於航海的指南針，最初是用水浮法、北宋科學家沈括在《夢溪筆談》中對此有記載。

中國的這種先進的導航技術，迅速被阿拉伯、波斯的同行學習、傳播。西歐民族出於在地中海和東方商業上競爭的需要，也很快地接受了航海羅盤技術，並對此有所改進。例如英國亞歷山大・內卡姆在一一九五年

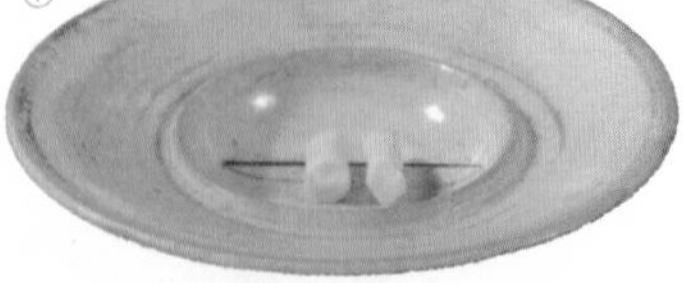

①

③

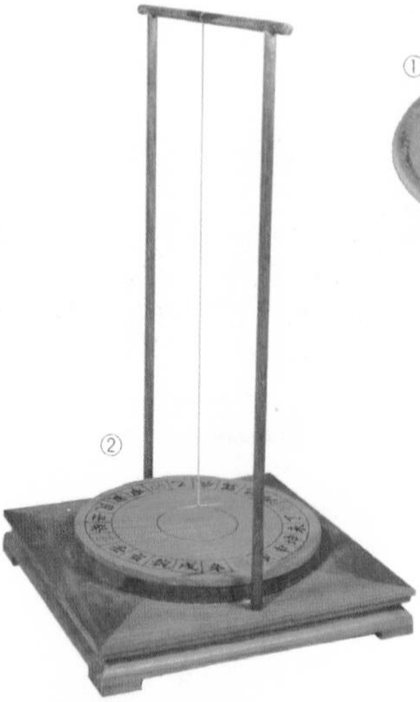

②

①北宋時的水浮法指南針
它是將一支磁化的鋼針穿兩段燈心草，浮於水面，針尖指示南方。由於它不怕輕微晃動，在航海中得到廣泛使用。
②北宋中期的縷懸法指南針
它是用蠶絲邊結磁鍼，垂懸在木架上，木架下有用天干地支表示二十四個方位的方位盤。
③羅盤

完成的《論物質的本性》一書，第一次在歐洲論述了浮針導航技術，他提到的航海指南針，也是用於陰天或黑夜，以辨別方向的儀器，另一則有關航海羅盤的資料，是在阿拉伯語和波斯語中發現的。這兩種語言中表示羅經方位（通常使用四八分向法）的Khann，就是閩南話中羅針所示方向的「針」字。十二、十三世紀，中國的帆船是南海和印度洋間海上貿易最活躍的參加者，阿拉伯人使用的羅盤，無疑是從中國傳去的。

使用磁鍼導航，航海者可以根據針的變化軌跡，繪製實用的航海地圖，大大提高了遠洋航行中的安全係數和船隻的續航能力。所以說，航海羅盤一出現，便具有了重大的經濟價值，它能使船隻不分晝夜陰晴，遵循一定的線路，如期到達目的地。從此以後，羅盤就成了航海者的命根子。一四九五年，瓦斯加．達．伽馬率領一支由四艘船組成的葡萄牙艦隊，奉命前往「黃金之國」印度，正是依靠羅盤的幫助，他終於實現了遠航印度的壯舉。

中國發明的航海羅盤指引著歐洲的船隻去環航全球，從而迎來了地理大發現的時代。

宋說話興盛

宋朝經濟的恢復和發展帶來了城市和鄉鎮的繁榮，城市中官、商及市民的集聚，禁軍的駐紮，促使城市裡建立瓦肆勾欄為娛樂場所，這些娛樂場所中最流行的技藝便是說話，說話技藝興盛繁榮於兩宋時代。

做爲最盛行的說唱藝術之一的說話，以說爲特點，與講故事相似。根據內容、體裁的不同以把說話分成四種：講史、小說、說經、說鐵騎和說公案。講史也叫演史或講史書，講說前代興廢受革之事，其特點是「大抵史上大事，既無發揮，一涉細故，便多增飾，狀似駢麗，證以詩歌，又雜渾詞，以博笑噱」（《中國小說史略》）。講史藝人要精通經史，想像豐富，技藝精湛。小說的題材爲煙粉、鬼怪、傳奇故事。現存宋代小說話本三十餘種，這些話本篇幅短小，摘取一朝一代故事敷衍成篇，首有「入話」，末有「尾聲」，均用詩詞，中間正文在鋪陳故事中也夾用詩詞，有時還夾有唱，小說藝人必須貫通歷史，有很高的文學造詣，做到談古論今，如行雲流水。說經即講話佛經故事，南宋說經話本有《大唐三藏取經詩話》，兩宋寺院的和尚、尼姑也講述參憚悟道故事，如長嘯和尚、達理和尚、陸妙慧、陸妙靜等。說公案和說鐵騎講述擾亂社會的歹徒的罪行和人生變故及發跡過程，戰場將士的軼聞趣事。

在北宋時期發展成熟的說話藝術，對當時的雜劇、南戲及民間歌舞技藝演變產生了深遠的影響，以後中國戲曲的形成和白話小說的發展都源出於此。宋代說話故事爲宋代的戲文和北雜劇提供了生動豐富而人民又喜聞樂見的素材，戲曲中以記述來描繪戰爭場面，人物和景色都留有說話的痕跡。

宋歲朝圖

描繪宋人正月初一的拜年活動。主人迎來送往；兒童放鞭炮煙花；大門貼著門神，構成濃郁的節日氣氛。

宋人稱謂多

隨著社會生活的發展，宋代官員

和百姓的稱謂發生了許多變化，出現了很多新的稱謂，有的舊稱謂也有了新的內涵。

在皇室的稱謂上，官員和百姓都尊稱皇帝爲「官家」，宮中稱皇帝爲「官裡」或「大家」。官員又稱皇帝爲「上」。宮中稱皇后爲「聖人」，稱嬪妃爲「娘子」，稱皇帝的女兒爲「公主」，皇帝的姐妹爲「長公主」，稱駙馬爲「國婿」、「粉侯」，宗室之女封爲郡主者，稱其夫爲「郡馬」等等。

在官員的稱謂上，皇帝叫臣爲「卿」，官員們對上級或同級稱「下官」，百姓通稱現任官員爲「官人」。

在富室的稱謂上，宋代稱宰相之子爲「東閣」，權貴的子弟稱「衙內」。達官顯貴宦家子弟稱「舍人」，富人被稱爲「員外」。

在巫醫、娼妓、工匠、軍人的稱謂上，巫醫的稱謂很多，有「大夫」、「郎中」、「醫生」等，他們自稱爲「助教」。

各行業工匠通稱爲「司務」，木匠被稱爲「手民」或「手貨」。東京百姓鄙稱軍人爲「赤老」，因爲他們都穿紅色的軍裝。妓女通稱爲「錄事」或「酒糾」，姿色出眾、地位最高者稱「上廳行首」或「行首」。窮書生或士人應舉專攻學究科，人們稱之爲「某某學究」。

在僕人的稱謂上，傭工在江西和江東地區被稱爲「客作兒」。官員稱家僕爲「院子」，稱家僕的主管爲「內知」，未婚的女婢被稱爲「妮」、「小妮子」、「小環」。吳楚地區主人稱年輕的女使爲「丫頭」。

在親屬間的稱謂上，父親被尊稱爲「爹」或「爹爹」，母親被尊稱爲「媽」或「媽媽」；也有些地區稱父親爲「爺」、「大老」、「老子」、「老兒」等。長輩對兒女的稱呼，福建人稱兒子爲「檢」，一般民戶稱人家的在寶女（處女）爲「小娘子」。子孫稱祖父爲「翁」、「爺爺」、「祖公」、「太公」；稱祖母爲「婆」、「娘娘」、「祖婆」、「太母」等。女婿稱岳父爲「丈人」、「冰叟」、「泰山」，稱岳母爲「丈母」，「泰水」；岳父母稱女婿爲「嬌客」、「東床」、「郎」。丈夫稱妻子爲「老婆」、「渾家」、「老伴」；婦女常稱丈夫爲「郎」，兄弟姊妹之間的稱謂和現在差不多，通稱「哥哥」、「姐姐」，兄之妻也稱爲「嫂嫂」。

宋代婦女一般沒有正名，常在姓氏前加上一個「阿」字，便算她的正式名字。婦女常自稱「妾」、「奴」、「奴家」等。

總的說來，宋人的稱謂是相當複

雜的。據說宋徽宗時，蘇軾之子蘇過到東京，他發現「今世一切變古，唐以來舊語盡廢」。這說明了當時社會生活的變化發展，也體現出人們社會關係中的地位變化。

宋徽宗創瘦金體

趙佶不僅是畫家，在書法上也有較高的造詣。清王文治《論書絕句》論述：「不徒素練畫秋鷹，筆態沖融似永興，善鑒工書俱第一，宣和天子太多能。」趙佶書法學薛曜、褚遂良，創造出獨書一幟的「瘦金體」，瘦挺爽利，側鋒如蘭竹，與他所畫工筆重彩相映成趣。

所謂瘦金書，是美其書爲金，取富貴義，亦以挺勁自詡，與李煜詡其書爲「金錯刀」同一義。他傳世的書法作品，楷書有《楷書千字文墨蹟》、《皇帝辟雍詔》、《穠芳依翠萼詩帖》、《大觀聖作碑》；行書有《賜李邦彥詔》、《蔡行敕墨蹟》、《崇眞宮徽宗墨蹟》；草書有《草書紈扇墨蹟》、《草書千字文》。他的行、楷、草筆勢挺勁飄逸，富有鮮明個性。

《穠芳依翠萼詩帖》，大字楷書，爲宋徽宗瘦金書的傑作。筆法犀利，鐵畫銀鉤，飄逸勁特，正如帖後清陳邦彥跋文所述：「宣和書畫超軼千古，此卷以畫法作書，脫出筆墨畦徑，行間如幽蘭絲竹，泠泠作風雨聲，眞神品也。」

《草書千字文》是他四十歲時所書。字寫在三丈多的泥金雲龍箋上。書承張旭、懷素，筆勢流暢尖利，方圓轉折強烈，所不同於楷書的是，此卷中也運用了一些粗筆，以增強其氣

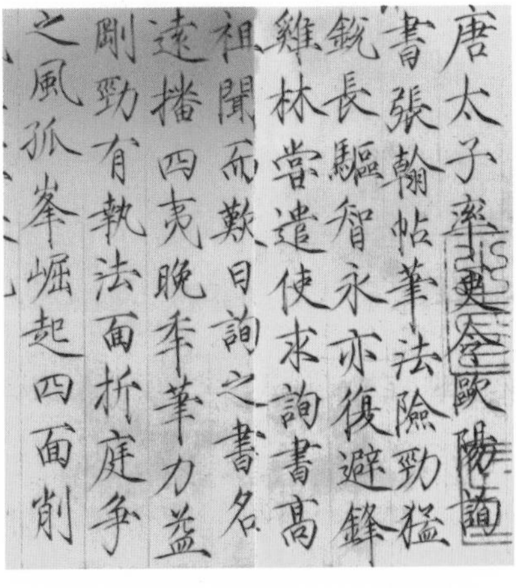

趙佶《贊歐陽詢季鷹帖》

勢的對比，當然其細筆遊絲仍是其絕技，所謂「細如絲發亦圓」，良筆佳紙也爲書法更增加了幾分神采。趙佶草書不多見，此洋洋千言的狂草，可見其功力之深，在宋人草書中也是落落不群。

宋徽宗的書法不免柔媚輕滑，這也許是時代和他本人的藝術修養所致，但他首創的瘦金體獨特的藝術個性，爲後人競相仿效。

宋版畫普及

版畫是繪畫和印刷術的結晶，它於唐、五代時期興盛，至宋而更趨發達。宋代版畫有佛教版畫、科技版畫、人物版畫和山水版畫等種類，題材廣泛，傳播覆蓋面大，其藝術特色在總體上繼承和發揚了五代各地的刻印傳統，以刀代筆，追仿繪畫筆法，但由於題材內容不同，插圖風格各顯其異，宗教版畫以莊重華貴爲主，農、醫等科技類版畫注重結構嚴謹和具體的實用性，而文藝類書籍插頁中的版畫則手法活潑，力求表現自然的生活氣息。

宋代版畫大量運用於傳播宗教經卷，最著名的是開寶年間印製的五千卷《大藏經》，其他佛教經典如《開寶藏》、《崇寧藏》、《圓覺藏》、《磧砂藏》等，也都是規模龐大的刻印，其中卷首圖，章法完善，體韻遒舉，稱得上一代珍本。北宋之時，畫家高文進曾繪《彌勒菩薩像》，由「越州僧知禮雕」，由於繪刻兩者都是高手，作品蜚聲中外。在這些版畫中，還有一種山水圖，爲宋大觀二年（西元一一〇八年）刊印，現存四幅於美國哈佛大學福格美術館。畫中雖

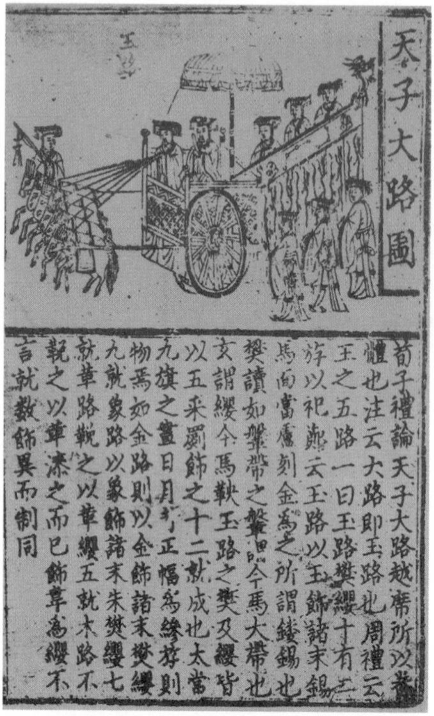

天子大路圖

荀子禮論天子大路越席所以養體也注云大路即玉路也周禮云王之五路一曰玉路樊纓十有二斿以祀鄭云王路以玉飾諸末錫馬面當盧刻金為之所謂鏤錫也樊讀如鞶帶之鞶謂今馬大帶也玄謂纓今馬鞅玉路之樊及纓皆以五采罽飾之十二就成也太常九旗之畫日月者正幅為縿斿則屬焉如金路則以金飾諸末樊纓九就象路以象飾諸末朱樊纓七就革路鞔之以革纓五就木路不鞔之以革漆之而已飾革為纓不言就數飾異而制同

宋代版畫《荀子掃插圖．天子大路圖》

宋代版畫《大隋求陀羅尼曼陀羅圖》

然刻有僧眾的活動場面，但作品以山水景物爲主體，可視爲中國最早的山水版畫。此畫以細密的水紋襯出留白的丘壑，在保留繪畫線描的基礎上，充分發揮刻刀的力度，頗具裝飾效果。

宋代科技版畫也獲得了重要發展，大量的醫藥、天文、地理與金石皆隨書刊印成版畫，既有說明性，又有藝術性。如當時的應用書籍《營造法式》、《宣和博古圖》以及醫學用書等，繪製都非常精細，一絲不苟，它們對版畫的發展，可以說起到了積極的作用。

版畫也是宋代傳播繪畫藝術的重要手段，南宋宋伯仁編繪的《梅花喜神譜》百圖，刻劃了梅花的各種自然生態，刀法、筆法相得益彰，勁健明快。

這個時期的經史書籍如《毛詩》、《周禮》、《尚書》、《論語》、《荀子》以及老子的《道德經》、莊子的《南華經》等等，都有木刻插圖相配。又如《古列女傳》，上圖下文，成爲福建安版畫的早期代表作，這些插圖多至一百二十三幅。宋代還有用版畫刻印年畫的記載：孟元老《東京夢華錄》記汴京「迎歲節，市井皆印賣門神」；吳自牧《夢梁錄》記載汴京歲終時，「紙馬鋪印鍾馗、財馬、四頭馬等」；沈括在《夢溪筆談》裡更詳細記載了宮中大量鐫版印製「鍾馗捉鬼圖」的情景。這說明繪畫的刻印，不僅在宮中，而且在民間，都已盛行。

宋風俗畫成就突出

宋代，城鄉生活成爲畫家樂於表現的題材並受到觀眾的歡迎，風俗畫得到空前發展。宋代風俗畫通過表現城鄉勞動群眾的社會生活，展現了具有鮮明民俗特色的時代風貌，反映了北宋經濟的發展狀況，是宋代人物畫的重要組成部分。

宋代風俗畫成就突出，盤車、嬰戲、織耕、貨郎和牧牛等成爲民間畫工和畫院畫家熱衷於描繪的民俗題材，他們將山水、人物、界畫等融爲一體，產生了一批優秀的繪畫作品，把民俗畫創作推向高潮。這一時期風俗畫高手輩出，至今尚有不少作品流傳。根據描繪的題材可將宋代風俗畫大致分爲七類：耕織圖、貨郎圖、盤車圖、牧牛圖、嬰戲圖、雜劇圖和蕃騎圖。

耕織圖是描繪農村勞動耕作和紡織的畫幅。這類畫大多反映了農民的淳樸形象，至今傳世的宋代耕織圖有《耕織畫軸》（中國歷史博物館藏）

李嵩《貨郎圖卷》

《闌口盤車圖》，反映宋代的水力磨面作坊等手工業作坊的形象。

蘇漢臣《秋庭戲嬰圖》

和《耕獲圖》（故宮博物院藏）。

貨郎圖描繪當時走街串巷吆喝叫賣的貨郎。李嵩的《貨郎圖卷》（故宮博物院藏）塑造了一位樸實和氣的農村貨郎，擔上商品充盈，村童們圍繞貨郎嬉笑、爭耍。此圖筆致工細，神情刻畫入微，是宋代風俗畫中的精品之一。

盤車圖揭示了宋代經濟活動的運輸過程。朱銳的《盤車圖》（上海博物館藏》）畫三牛挽一車正在山崖下的河中運行，另一車已從河中渡過，爬上山路，畫風工致，人物活動生動自然。

牧牛圖是宋代風俗畫中較流行的題材。這類作品既畫出牛的勤勞粗壯，也表現牧童的天眞可愛，兩者相映成趣，如閻次平的《牧牛圖卷》、李迪的《風雪歸牧》等都是傳世佳作。

嬰戲圖主要表現孩童們天眞可愛的形象和嬉耍的情節。蘇漢臣的《秋庭戲嬰圖》（台北故宮博物院藏）畫秋天的一戶富家庭院裡姐弟倆玩著小玩具，庭院裡的各種花卉各具其態，展示了北宋畫院縝密富麗的寫實畫風。

雜劇圖反映戲曲演出的狀況，今有兩幅宋人雜劇圖藏於故宮博物院。蕃騎圖展現了少數民族騎馬射獵的風情面貌，現有宋人《蕃騎獵歸圖》傳世。

宋代風俗畫大師除張擇端外，還有郭忠恕、高元亨、燕文貴、朱銳、蘇漢臣、李嵩、閻次平等風俗畫家，他們以高超的技法展現了宋代商業經濟、世俗文化及社會政治的方方面面，爲後世留下了大批藝術珍品，也爲研究宋代社會生活提供了寶貴的形象資料。

文化小事典

《清明上河圖》

北宋末年，畫院待詔張擇端作《清明上河圖》，再現了十二世紀中國城市生活的方方面面，反映了當時社會生活和物質文明的廣闊性與多樣性。

張擇端，字正道，東武（今山東諸城）人。年少時讀書。後遊學京城汴梁（今河南開封），開始學習繪畫。他工於界畫，特別擅長舟車、市橋、郭徑，自成一家。有《清明上河圖》、《西湖爭標圖》等作品名於世。

《清明上河圖》是著名風俗畫作品，絹本，長卷，淡設色，卷寬二四．八公分，長達五二八．七公分。「清明」指農曆清明節前後，一般認為該圖是描寫北宋京城汴梁及汴河兩岸清明時節的風光。

全畫結構共分三段：首段寫市郊風景，寂靜的原野，略顯寒意，漸而有村落田疇，嫩柳初放，有上墳回城的轎、馬和人群，點出了清明時節特定的時間和風俗。中段描寫汴河，汴河是當時中國的南北交通幹線孔道，同時也是北宋王朝的漕運樞紐，畫面上巨大的漕船，或往來於河上，或停泊於碼頭。橫跨汴河有一座規模宏敞的拱橋，其橋無柱，以巨木虛架而成，結構精巧，形制優美，宛如飛虹。橋的兩端連著街市，人們往來熙熙攘攘，車水馬龍，與橋下繁忙的水運相呼應，是全國的第一個熱鬧所在。後段描寫市區街景，以高大的城樓為中心，街道縱橫交錯，各種店鋪鱗次櫛比，有茶坊、酒肆、腳店、寺觀、公廨等。有沉檀楝香、羅錦匹帛、香火紙馬，有醫藥門診、大車修理、看相算命、修面整容，還有許多沿街叫賣的小商小販。街上行人摩肩接踵，絡繹不絕，男女老幼，士農工商，無所不備。

作品採用了傳統的手卷形式，從鳥瞰的角度，以不斷推移視點的辦法來攝取景物，段落節奏分明，結構嚴密緊湊。全卷共有人物五百餘，牲畜五十餘，船隻、車轎各二十餘，安排得有條不紊，繁而有秩。各種人物衣著不同，神態各異，勞逸苦樂，對比鮮明，按一定情節進行組合，富有一定的戲劇性矛盾衝突，使人讀來饒有興味。

至於筆墨技巧，無論人物、車船、樹木、房屋，線條都遒勁老辣，兼工帶寫，設色清談典雅，不同於一般的界畫。《清明上河圖》在藝術手法和處理上，具有高度的成就，在內容上，真實地反映了當時城市社會各生活面，具有重要的歷史文獻價值。

《清明上河圖》以全景式的構圖，嚴謹精細的筆法，展現了十二世紀中國都市各階層人物的生活狀況和社會風貌，是一幅寫實主義的偉大作品，把社會風俗畫推進到更高的階段。

張擇端《清明上河圖》（局部）

宋代報紙迅速發展

宋代，中國古代報紙得到迅速發展，不僅中央和地方兩級官報成爲各級官吏和士大夫的必讀之物，小報也應運而生，且發揮著越來越重要的作用。

中國最早的報紙是唐代的「進奏院狀報」，也稱邸報，由各藩鎮派駐京師的進奏官根據政府發布的「報狀」抄傳編發，是藩鎮傳報朝廷消息的一種地方性官報。宋初中央集權進一步強化，進奏院被改爲直屬中央政府的行政機構，朝政大事由其「謄報天下」，發布的「進奏院狀報」便上升爲中央一級的官報，發行到地方後，各州進奏吏再據其內容要點編發「邸抄」或「邸報」。這樣，便出現了中央和地方兩級報紙。南宋，中央官報稱「朝報」，且每日發行，新聞時效性較強。

宋代官報內容除了一般詔旨章奏，還報導許多關於宮廷生活、仕官升遷、鎮壓農民起義和少數民族的戰報等國家政事的動態，通過閱讀報紙得知朝廷大事，不僅成爲各級官吏和士大夫茶餘飯後的雅興，也是他們側身官場的一種政治需要。

宋代的官報審稿和發布制度較嚴格，官報樣本傳布各地前需經中央執掌軍權的最高機關樞密院審查；到南宋則改由最高國務機關之一的門下省編定。進奏院將嚴格篩選出

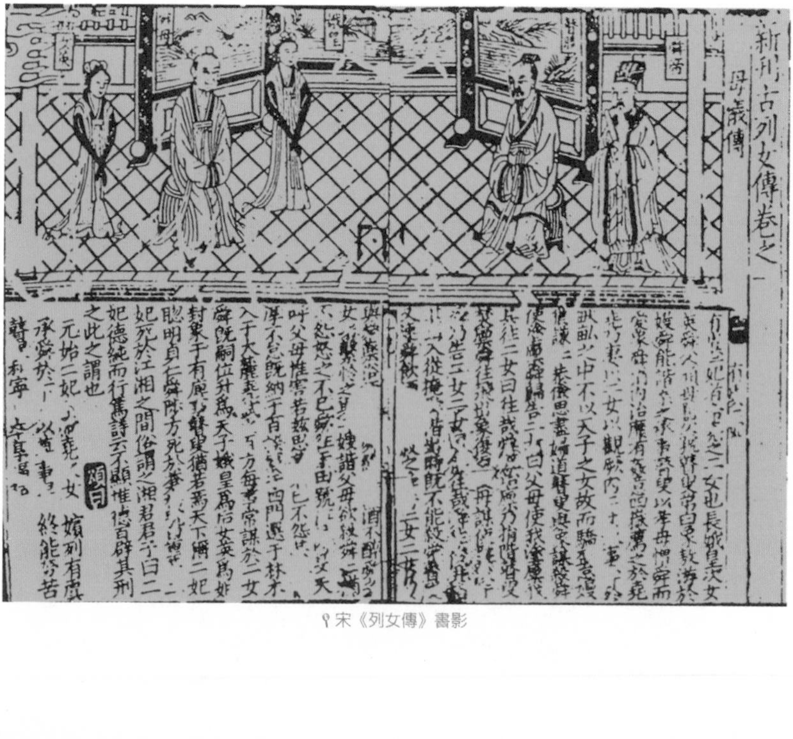

宋《列女傳》書影

來的官報「定本」向地方發布。後來又出現了脫離「定本」制度的「小報」，這是報紙在宋代的一個重要發展。小報出現於北宋末，盛行於南宋，是宋朝內外矛盾交錯的產物。長期以來主戰派和主和派之間、改革派和保守派之間矛盾尖銳，官場人物及其附庸都想及時得知朝廷動態和內幕新聞，進奏官吏和專事探聽消息者合夥祕密經營的「小報」便應運而生。他們利用職權，搶先用小紙書寫官報尚未發表和不准發表的消息，以及奏章中未曾實施的事，並飛報遠近，高價出售，「小報」之稱即由此而來。「小報」還曾被「隱而號之曰新聞」，具有時事報導含義的「新聞」一詞就從南宋起和報紙聯繫在一起。小報的新聞性很強，但內容有眞有假，因其消息有的來自政府機構的洩漏，有的來自市井談論，甚至有的純屬憑空編造。徽宗時，就發生過小報刊登僞詔的事件。當時，徽宗任用蔡京主持國政，蔡京對外妥協投降，對內搜括勒索，正直官吏和百姓都很痛恨。大觀四年（西元一一一〇年），小報上突然登出徽宗斥罵蔡京的詔書，且淋漓盡致，大快人心。雖然這是小報經營者的編造，但人民的呼聲和願望卻得到曲折的表達。

「小報」這種半官方半民間的報紙具有強大的生命力，它動搖了官報的壟斷，衝擊了「定本制度」，被統治者認爲製造了混亂、鼓惑了人心而屢遭嚴厲查禁，但不僅沒有在宋代絕跡，而且在明、清二代得到了發展。

宋置安濟坊

宋徽宗崇寧元年（西元一一〇二年）八月，置安濟坊，養民之貧病者，並令諸州縣皆置。次月，又在京師置居養院，以安置鰥、寡、孤、獨，用戶絕者和財產作爲經費。並詔令十六戶外遇寒僵仆者、無衣丐者，允許就近送入居養院，給以錢米救濟。對孤貧兒童，可令入小學讀書。道路遺棄小兒，雇人乳養。

宋徽宗朝代的這些慈善措施，是對前朝政策的繼續。仁宗時，曾在京師設東、西福田院，收養老病孤寡乞丐；英宗時，增設爲東、西、南、北四福田院，收養人數也由二十四人增至三百人；神宗時，規定慈善機構可使用戶絕者的房屋或官屋，以戶絕者的財產爲經費，不足者政府貸款。

對無主的死者和貧不能葬者，宋政府也協助辦其後事。仁宗時，在京師近郊佛寺買地，安葬無主死者；神宗時，對開封府界貧不能葬者，劃出官荒田三至五頃，聽人安葬；徽宗時重設漏澤園，作為因貧無以為葬或客死暴露者的墳場。

後來，居養院、安濟坊、漏澤園日益靡費無度，入不供出，於是，在宣和二年（西元一一二〇年），徽宗下詔裁減其規模，並規定：凡符合條件入居養院者，每人每日給米或粟米一升，錢十文；十一月至正月間，每人加柴炭錢五文，小兒減半。又規定安濟坊依此法發放錢糧，醫藥則照舊制。漏澤園只負責埋葬，而不再供給齋醮等事。

婦女裹頭裹足開始流行

婦女裹頭的習俗自唐代開始。當時婦女流行頭戴皂羅，五尺見方，也叫做「襆頭」，到宋代就稱為「蓋頭」。據說當時婦女走上大街，常用方幅紫羅，以障蔽半身（《清波別志》）。司馬光在《家範・治家》中提倡如果婦女有事走出家裡的中門，就一定要「蒙蔽其面」。宋代時，婦女出門戴蓋頭日漸增多，當時東京的妓女出門都將蓋頭背繫在冠子上。元夕節觀燈，婦女戴著「羃首巾」上街，甚至到曲巷酒店中飲酒，仍然要「以巾蒙首」。到了南宋時，農村少婦外出，也要帶上皂蓋頭。毛王羽有詩說：「田家少婦最風流，白角冠兒皂蓋頭。笑問旁人披得稱，已遮月色又遮羞。」（《吾竹小稿・吳門田家十詠》）新娘在舉行婚禮時戴上蓋頭也是源自宋代。據《夢粱錄・嫁娶》記載，臨安府富室的男女，在結婚前三天，由男家送給新娘一些「催妝」禮物，其中包括銷金蓋頭。舉行婚禮時，由男家夫婦雙全的女親，用秤桿

宋塑侍女

宋壁畫反映宋代織女的艱辛生活

或機杼挑下新娘的蓋頭，新娘「方露花容」。

裹足的風俗源自南唐後主李煜（西元九三七—九七八年）。他曾下令宮女妃嬪用帛纏足，使之纖小，向上彎曲成新月形狀。此後逐漸流行到京城以外的城市。蘇軾曾寫過一首詞描寫教坊樂籍的舞女仿效「宮樣」纏足：「塗香莫惜蓮承步，長愁羅襪凌波去；只見舞回風，都無行處蹤。偷穿宮樣穩，並立雙趺困，纖妙說應難，須從掌上看。」（《菩薩蠻・詠足》）把纏足女子的體態寫得很美。北宋後期時，徐積（西元一〇二八—一一〇三年）賦詩表彰蔡氏寡婦艱苦持家：「何暇裹兩足，但知勤四肢。」可見其時裹足現象已很多。南宋時，婦女裹足現象逐步增多。安葬在江西德安縣的一周姓婦女，生前裹足，死後雙腳猶裹有腳帶，各長二百公分，寬十公分，用淺黃色素羅製成。這是宋代婦女裹足的物證。

車若水目睹婦女從小纏足，遭受無謂的痛苦，最早撰文提出反對。他說：女子不到四五歲，就將雙足「纏得小束」，「無罪無辜而使之受無限苦」，「不知何用？」（《腳氣集》卷一）這種觀點在當時女子纏足蔚然成風之時顯得難能可貴。

人物小事典

李清照

李清照（西元一〇八四—一一五五年），號易安居士，齊州（今山東濟南）章丘人。李清照自幼就受到良好的文化教養，詩文的修養很深。宋徽宗建中靖國元年（西元一一〇一年），十八歲的李清照與吏部侍郎趙挺之幼子、正在太學讀書的趙明誠結為夫妻。趙明誠酷愛金石文字，有著「盡天下古文奇字之志」。婚後兩人一起切磋文史，共同校勘古籍，幸福美滿。大觀元年（西元一一〇七年），趙明誠失官後便和李清照回到青州（今山東益都）趙氏的故里，致力收集古碑和文物。宣和三年（西元一一二一年），趙明誠重新出仕，著手編寫《金石錄》。靖康元年，金人圍攻汴京。次年，趙明誠攜書十五車南下。當時北方大亂，趙家青州故第十餘間屋的書冊物件全部被焚。李清照只攜小部分文物隨人群逃難，開始了她在南方顛沛流離的苦難生活。

李清照工於詩文，更長於詞。她不但在詞作上風格獨具、光彩奪目，而且是詞壇最早的詞評家。她熟悉音律，掌握了高度的藝術技巧，高視闊步，目無餘子。在早年寫的《詞論》中，她批評了從柳永、蘇軾到秦觀、黃庭堅等許多作家，提出了「詞別是一家」的觀點。她認為詞分五音、五聲、六律，又分清濁輕重，要求協音律，有情致，成為宋代的重要詞論。她的詩文多以歷史、世事和談論文藝為主，題材較廣。

李清照的創作因其在北宋和南宋時期生活的巨變而表現出前後期截然不同的特色。前期的詞作大都描寫她的閨中生活和內心情感以及自然風光。如《如夢令》中的「常記溪亭日暮」一句，寫夏日野遊小景，藕花深處的歸舟、灘頭驚飛的鷗鷺，寫景如畫，生趣盎然；《怨王孫》中「水光山色與人親，說不盡無窮好」，輕快的節拍中傳達出作者開朗愉快的心情。此外，她的《鳳凰台上憶吹簫》、《一剪梅》、《醉花陰》等詞，通過描繪孤獨的生活，含蓄地表達了閨中的寂寞愁情及對丈夫的深厚感情和相思之情，宛轉曲折，清俊疏朗。作為女性作家，李清照在詞作裡展示自己的內心情感，大膽地流露對美好愛情生活的嚮往和對大自然的熱愛，有違於當時封建禮教對婦女設定的教條，是其前期詞作思想價值之所在，也是「花間派」代言體的閨怨詞所無法相比的。

李清照像

宋遼金夏

金明池開放

宋太平興國七年（西元九八二年），宋太宗對金明池情有獨鍾，常在此觀看水戰演習；政和年間（西元一一一一—一一一八年），宋徽宗於池內建殿宇，爲皇帝春遊和觀看水戲之所，使這一始建於五代後周顯德四年（西元九五七年）的別苑不再用於演習水軍，每年三月初一至四月初八開放，允許百姓進入遊覽。沿岸「垂楊蘸水，煙草鋪堤」，東岸臨時搭蓋彩棚，百姓在此看水戲。西岸環境幽靜，遊人多臨岸垂釣。宋畫《金明池奪標圖》是當時在此賽船奪標的生動寫照。

位於宋代東京順天門外的金明池又名西池、教池，是一座以水景爲主

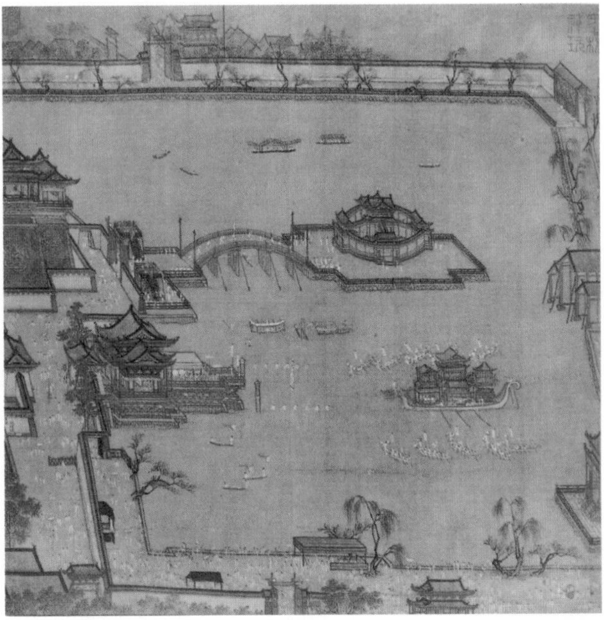
金明池圖

的風景園。金明池周長九里三十步，池形方整，四周有圍牆，設門多座，西北角爲進水口，池北後門外，即汴河西水門。正南門爲欞星門，南與瓊林苑的寶津樓相對，門內彩樓對峙。在其門內自南岸至池中心，有一巨型拱橋——仙橋，長數百步，橋面寬闊。橋有三拱「朱漆欄木盾，下排雁柱」，中央隆起，如飛虹狀，稱爲「駱駝虹」。橋的盡頭，建有一組殿堂，稱爲五殿，是皇帝遊樂期間的起居處。北岸遙對五殿，建有一「奧屋」，又名龍奧，是停放大龍舟處。仙橋以北近東岸處，有面北的臨水殿，是賜宴群臣的地方。金明池成爲北宋著名別苑，得到北宋詩人梅堯臣、王安石和司馬光等人的詠贊。

金明池風光明媚，建築瑰麗，它既有嚴肅的皇帝苑囿氣氛，又有市俗遊樂的性質。直到明代還是「開封八景」之一。

宋帝不營壽陵

宋於九六〇年統一中原後，政治和軍事上與遼、西夏、金先後對峙，國內經濟與唐代相比大爲衰退。這一時期的陵墓建築受國家經濟實力的限制，規模變小而裝修精緻，形成了宋陵特有的風格。

宋有定制，規定帝後生前不營壽陵。駕崩之後才派官員選擇陵址吉日，在七個月內築陵入葬。北宋共九帝，除末葉的徽宗、欽宗外，其餘七帝的陵墓集中於河南省鞏縣南效伊洛河與石子河之間的平原上，形成一個龐大的陵墓建築群，稱爲「七帝八陵」，分別爲：太祖趙匡胤永昌陵、太宗趙光義永熙陵、眞宗趙恒永定陵、仁宗趙禎永照陵、英宗趙曙永厚陵、神宗趙頊永裕陵、哲宗趙煦永泰陵、外加太祖之父趙宏殷的永安陵。「七帝八陵」座北面南而置，面對嵩山，背臨黃河，還有後陵和陪葬墓等形成一區。後陵附葬在帝陵的後部偏西處，形式與帝陵形式相似，規模爲帝陵之半。諸陵的地域都頗廣闊，地表的建制雷同。每一陵墓的總體布局均採取對稱形式，在自南至北的中軸線上依次配置樓閣式的鵲台、乳台、南神門、獻殿，直達下設地宮的靈台。靈台週邊有神牆，牆四面各開神門，四隅設有角樓。陵前雕塑分列神道兩側，自南而北，有望柱、象、祥瑞禽獸、鞍馬、虎、羊、各國使臣、文武百官、獅子等，形象逼真，雕造精湛，構成宋陵雕飾的獨特面貌。

宋陵之像飾品種繁多，取意新穎，祥瑞禽獸及象等均爲先代所無，表明宋陵雕飾藝術繼唐陵之後，續有發展。

宋陵神道雕塑以祥瑞禽獸爲先。瑞禽是幻想的飛禽，馬首鳥身，長尾作孔雀開屏狀。英宗趙曙永厚陵的瑞禽浮雕馬首鳥身，雙翼開展，長尾飛揚，曲項回首，神態逼真，構思巧妙，雕刻手法細膩，整體造型富於裝飾意味。瑞獸又稱角端（或獬豸，麒麟），它是神獸，頭如麒麟，鼻唇上卷，頷下長鬚，頭生獨角，軀體健碩如獅，膊生雙翼。太宗趙光義永熙陵的角端形象，融合進獅子的雄強、麒麟的神異、天馬的昂奮，造型獨特，形體簡潔生動。祥瑞禽獸列於陵前，意在誇示統治者的德政。宋陵的象是御前馴象，形體高大，幾如眞象，通體裝扮得花團錦簇。此外，獅、羊、虎等陵前雕塑姿態各異，施刻手法成熟，其中永熙陵的石羊被譽爲宋陵石雕中的精品。宋陵的人物雕塑包括外國使臣、文武侍臣，各取典型姿態，形貌服飾皆有特色，表現手法深刻入微。

宋代明器藝術較前朝有所提高。宋陵墓內明器除金銀器皿外，還有木、石、陶瓷俑像等隨葬其中，以石

宋陵石雕

宋陵神路

爲偶人是宋代埋葬制度中的特點。石俑種類有文吏、武士、男侍、女僕、馬夫等。宋代木俑製作技術高度成熟，仍沿襲前代雕刻傳統，刻出高大的形貌然後施繪。陶瓷俑像是宋代墓葬的一大特色，文武俑、男女侍俑和十二生肖俑普遍流行。宋陵墓室雕飾精湛，墓室磚石雕刻藝術達到很高水準。

總觀北宋八陵，可以看出這一時期的陵墓建築規模較唐代小，但地下墓室建造工整、裝修精緻，陵前像飾種類繁多，雕飾藝術較唐代發達，宋陵的許多藝術作品眞實地反映出當時的社會生活狀況和審美趣味，成爲研究宋代歷史及文化藝術的寶貴文物。

宋封大理國王

政和六年（西元一一一六年），大理派遣使臣李紫琮、副使李伯祥至宋朝貢。宋徽宗詔令廣州觀察使黃璘、廣東轉運副使徐惕陪同赴京。大理使臣由廣州北上，到鼎州（今湖南常德），參觀了當地學校，瞻拜了孔子像，會見了學校學生。

雲南大理三塔

七年二月，到達京城開封，獻上馬三百八十匹，以及麝香、牛黃、細氈、碧軒山等貢物。

宋徽宗在紫宸殿接見大理使臣，封大理國主段和譽爲金紫光祿大夫、檢校司空、雲南節度使、上柱國、大理國王。

宋江起義

宣和元年（西元一一一九年），宋江在河北起義。

傳說宋江初起義時只有三十六人，專門打擊懲罰貪官污吏。宣和元年十二月，宋王朝曾下詔對宋江起義軍招安，但起義軍並不投降，繼續戰鬥。後來東南爆發了方臘起義，宋王朝暫時無暇對付宋江起義軍，起義軍發展到數百人，他們轉戰於京東各地，出沒於青（今山東益都）、濟（今山東濟南）、濮（今山東鄄城北）、鄆（今山東東平）一帶。各地官府聞之喪膽，對宋王朝的封建統治構成了較大威脅。

南宋張勝溫《大理國梵像圖》（部分）

金建立國家宗教禮制

以女眞族爲主體的金，同許多北方民族一樣，長期信仰以巫師活動爲中心的薩滿教；但其舊俗和中原也有相通之處，即同樣盛行自然崇拜、靈魂崇拜、祖先崇拜和天神崇拜，並經常對天地日月山川風雨和祖神進行祭祀，只是制度和活動方式有所差別而已。因此，金朝女眞貴族對唐宋國家祭祀典禮的接納，循理成章並且進行得非常順利。

金在北宋時迅速崛起，它大量吸收唐宋文化，發展程度超過了當時的遼和西夏。自一一二五年滅遼以後，金進入了中國黃河流域，其漢化步伐從此發展得更深更快，它接納了現成的唐宋禮樂典章器具，模仿唐宋禮制，建立起國家宗教祭祀制度，將傳統的薩滿巫教從宗教活動的中心削弱成爲民間宗教，從而形成一種混合型的宗教體制。

過去，女眞族一直崇奉薩滿教，不論祭神求福，還是豐收祭祖，都通過薩滿（亦即巫師）的跳神活動來完成。懂得跳舞娛神的薩滿，成爲主導宗教活動的中心人物。女眞貴族在建立起封建王權以後，自覺要求皇室應

金代《溪山無盡圖》，描繪了北方山水系統。

神，在此一應俱備。金朝自熙宗時開始尊孔崇儒，因而也參酌唐禮擬定釋奠儀數，並且追建皇室宗廟，定期祭祀。

與此同時，女眞族原有民族宗教習俗仍然有若干得到一定延續，除薩滿教外，如拜天、祭山、祭江等皆有特色。長白山是女眞發源地，祭長白山成爲一項特殊禮儀。這類祭祀活動中也有較濃的民族特色。

趙佶發展宋畫院

北宋末年，徽宗趙佶重視繪畫藝術。在他統治期間，豐富皇室收藏，擴充翰林圖畫院，完善畫院體制，提高畫院地位，改善畫家待遇，形成一時之盛，出現了兩宋畫院中最爲繁榮昌盛的局面。

爲了培養宮廷繪畫人才，徽宗於崇寧三年（西元一一〇四年）設立畫學，隸屬國子監，成爲國家培養畫家的最高學府。畫學共分六科，即佛道、人物、山水、鳥獸、花竹、屋木六個專業畫科。

宋徽宗不但自己作畫，還親自指導畫院的學生學習。他對於畫院的花鳥畫，特別強調描繪物件的眞實性，比如他要求畫月季花，要表現出四時朝暮花蕊枝葉的不同；畫孔雀升墩，要看清楚先舉左腿還是先舉右腿。所以，宣和畫院的花鳥畫受到這一要求的影響，多崇尚細膩生動的畫風。至於他自己的作品，則多爲水墨花鳥畫，描繪工細入微，設色均淨，富麗典型，筆墨精妙，神形逼眞。趙佶的傳世作品很多，如《瑞鶴圖》、《芙蓉錦雞圖》、《柳鴉圖》等，這些作品風格多樣，藝術水準精湛絕妙。

在書畫保護方面，趙佶對宮內的

趙佶《柳鴉圖》

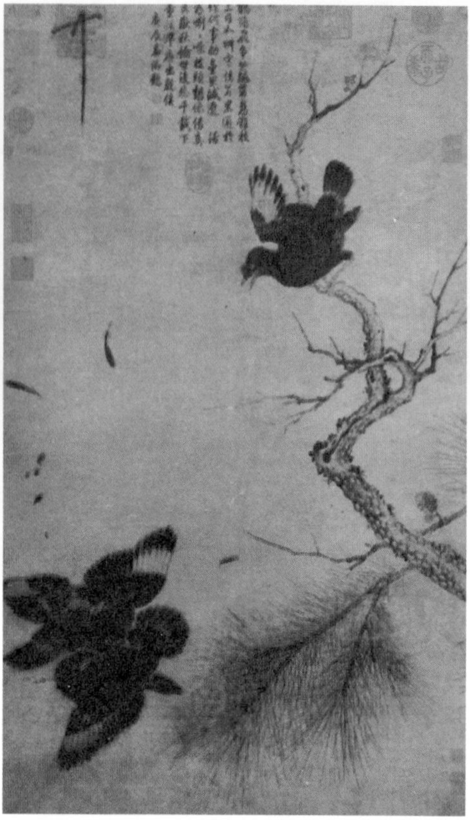

趙佶《鴝鴿圖軸》

舊藏進行重新裝裱，並親自爲書畫題寫標鑒；同時，對一些古代繪畫資料進行臨摹複製，如摹制《虢國夫人遊春圖》等。在書畫利用上，趙佶曾舉行一次盛大的內府收藏書畫展覽大會，邀王公大臣集體觀賞。他還用古書畫進行教學，培養畫家。他每隔十天，即將御府的圖軸兩匣，命太監押送到畫院中，讓畫院中的學生觀摩學習。

在整理著錄上，趙佶令人將宮內收藏書畫編纂成《宣和書譜》和《宣和畫譜》兩部書。《書譜》按帝王諸書和篆、隸、正、行、草五種書體，記錄了一九七名書家小傳及一二四〇餘件書法作品。《畫譜》分道釋、人物、宮室、龍魚、山水、鳥獸、花木、墨竹、蔬果十門，記錄了二三一名畫家小傳及六三九六幅作品。這是中國第一次較爲完全系統地記載宮廷書畫收藏的著錄書，在中國書畫史上佔有重要地位。

宗徽宗注重畫院，興辦畫學，推動了中國美術事業的蓬勃發展。

嵇琴出現

宋代樂器和器樂較前代有重要發

展。樂器品種除新出現有各種笛、簫、管外，在弦樂器中以擦弦樂器，如馬尾胡琴、嵇琴應用最爲重要，對後世的影響也最爲深遠。

嵇琴，又稱奚琴。唐代《教坊記》曲名中已有《嵇琴子》，說明當時可能已有嵇琴。北宋歐陽修的《試院聞奚琴作》的詩句中對其由來有明確的提示：「奚琴本出奚人樂，奚虜彈元雙淚落。」

嵇琴不但在宋代流傳，在宮廷中也常使用。《夢溪筆談》補卷中記載了這麼一個故事：神宗熙寧年間宮中宴會，教坊伶人徐衍演奏嵇琴，恰巧斷了一根弦，「衍更不易琴，只用一弦終其曲，自此始爲『弦嵇琴格』」。

這一方面表明徐衍技藝的高超；同時也說明當時嵇琴已是一種具有相當水平的獨奏樂器，故而能在宮廷演奏中佔有一席之地。

作爲最早的擦弦樂器，嵇琴無疑是後世弓弦胡琴類樂器的祖先，伴隨著宋代市民音樂的繁榮，嵇琴在宋代正孕育著強大的生命力，爲後世的說唱戲曲伴奏和器樂音樂開闢了廣闊的天地。

文化小事典

宋剪刀定型

中國古代的鐵製剪刀形態比較簡單，只是在一根鐵條的兩端鍛成刀狀，再將中段彎成「八」字形，利用鐵的彈性，使剪刀一張一合。這種剪刀中間沒有軸眼，也不用裝配支軸。直到北宋初，剪刀的形態基本沒有改變。

北宋以來，剪刀的形態有了較大的改觀。刀刃和把柄之間設有軸眼，裝上支軸，使用時利用槓桿作用既省力又能提高功效。這在剪刀的發展史上不啻於一場革命。在河南洛陽宋神宗時期的墓葬中，曾出現過這種較為先進的剪刀式樣，可以作為物證。張擇端的《清明上河圖》上所繪虹橋上擺有地攤，商販出售的商品中既有「八」字形剪刀，又有支軸型剪刀，但把柄較長。這種剪九刀式樣一直延用至今。

郭若虛續歷代名畫記

北宋時期，繪畫藝術高度發展，繪畫論著大量出現。其中包括繪畫評論、文人筆記、書畫著錄、畫史專著等等，郭若虛的《圖畫見聞志》就是其中的代表作。

郭若虛，太原人，生活在北宋後期，爲宋眞宗郭皇后三侄孫，曾以賀正旦副使之職出使遼。其祖父及父親均酷愛書畫，富收藏，後因故散失。郭若虛努力收集十餘卷名畫眞跡，同時又博覽群書，積累了豐富的繪畫史料。晚年因感唐人張彥遠《歷代名畫記》以後缺乏完備的繪畫史著作，乃「參諸傳記，參校得失」，著成《圖畫見聞志》。

《圖畫見聞志》記載了唐會昌元

趙佶《芙蓉錦雞圖》

年（西元八四一年）至北宋熙寧七年（西元一〇七四年）之間的繪畫發展史。全書六卷。卷一包括《敘諸家文字》、《敘百古規鑒》、《論三家三水》、《論古今優劣》等十六篇論述，集中反映了作者的繪畫思想與藝術見解。卷二至卷四主要是唐末至北宋中期二八四位畫家小傳，記述了畫家的生平、師承、特點、藝術思想及繪畫成就。卷五《故事拾遺》采自前人著作中有關唐至五代畫家的故事傳說。卷六《近事》是作者本人對當時畫壇耳聞的事件紀錄。

書中很多論述都具獨到之處。如在評論當時與前朝各自不同的藝術成就時指出：「若論佛道、人物、仕女、牛馬則近不及古，若論山水，林石、花竹、禽魚，則古不及近。」書中也總結了北齊至北宋諸位名家畫風，如比較曹仲達和吳道子的風格，區別李成、關仝、范寬的異同，分析徐熙和黃筌的差異等等。《圖畫見聞志》融進了作者精深的學問、獨特的美學思想和審美意識，是張彥遠《歷代名畫記》記傳體與史論相結合的畫史評論的繼承和發展。其中反映了唐末至北宋中期繪畫的發展面貌，在中國繪畫史學發展中佔有重要的歷史地位。

趙佶《雪江歸棹圖》

鈞窯彩釉技術突出

坐落於河南禹縣的鈞窯爲宋代五

大名窯之一。「鈞窯」之名源於祭祀禹王的鈞台，始燒於唐，北宋徽宗建中靖國至政和年間（西元一一〇一—一一一八年）最爲昌盛。鈞窯屬北方青瓷範疇，它首先在釉中引進了銅金屬，使釉色多彩多姿，從而形成了宋代眾多瓷窯中獨樹一幟的窯系。

鈞窯青瓷釉色的豐富，首先表現爲一種鈞紅釉。這種鈞紅釉，是由於青釉不純，內含有氧化銅，經高溫還原，產生窯變而形成的。它以氧化鐵和微量氧化銅作呈色劑，在燒製過程中釉色極富變化，青中泛紅，紅中泛紫，瑰麗異常，「夕陽紫翠忽成嵐」，或玫瑰紫，或海棠紅，美不勝收。鈞窯窯變本來是偶然錯誤所致，但人們覺得有意想不到的藝術效果，就刻意追求，將錯就錯，以錯爲美，由此成爲鈞窯的一大特色。

銅紅釉，是鈞窯彩釉的另一重要類型。它主要以氧化銅著色，在還原焰中燒成。由於銅著色能力較強，銅紅玻璃熔體在高溫下常以多種形式存在，所以窯中溫度、氣氛的任何變化都可能引起平衡的移動，而呈現出不同的色彩來。青藍釉上塗了一層銅紅釉則出現了奇妙的紫斑，凡此種種，所產生的藝術效果極其耐人尋味。銅紅釉屬顏色釉，在青釉佔重要地位的中國傳統高溫色釉中可謂一枝獨秀。

鈞窯造花式盆

鈞窯彩釉還有天藍釉和月白釉兩種。天藍釉因與蔚藍色天空相近似而得名，月白釉是一種淡雅釉色。這兩種釉均以氧化鐵作呈色劑。鈞窯瓷釉的又一特徵是蚯蚓與泥紋，釉面很像蚯蚓在灰塵中走過留下的痕跡，其成因是釉層在乾燥時或燒成初期發生分裂，在高溫階段又被粘度較低的部分流入空隙補填裂罅所形成。

鈞窯釉色多不透明，爲乳濁釉，這正是鈞窯與基他瓷窯不同的獨特之處。

鈞窯窯系在宋代六大窯系中形成最晚，但延續時間較長。它以河南禹縣爲中心，影響遍及豫西、豫北，河南南部、山西北部、內蒙南部一些瓷窯亦均受其影響，燒製鈞窯瓷器。仿鈞窯瓷器在元代已有出現，從而擴大鈞窯體系。鈞窯在彩釉上的新創造，爲中國陶瓷美學開闢了嶄新的境界。

明教大規模發展

明教原名摩尼教，是三世紀在古波斯興起的宗教，創始人爲摩尼，故得其名。因其宗旨是「清靜、光明、大力、智慧」，崇拜光明，反對黑暗，宋代時被稱爲明教。

摩尼教是在瑣羅亞斯德教的理論基礎上，吸收了基督教、諾斯替教、佛教等教義思想而形成自己的信仰。它的主要教義是「二宗三際論」，並形成一套獨特的戒律及寺院制度。據該教的經典記述，二宗指光明和黑暗，亦即善和惡；三際是初際、中際和後際，即過去、現在和未來。明暗是指世界的兩個本原，三際是說世界在發展過程中的三個階段。光明和黑暗是兩個對立的王國，初際時，光明王國在上，黑暗王國在下，彼此不貫通。光明王國充滿愛、信、忠實、溫順、智慧等一切美好的事物。管理該王國的最高神稱爲「光明之父」或「偉大之父」，集神位、光明、威力和智慧四種德性於一身，是「三界獨尊」、「三界諸牢固獄解脫明門」。而黑暗王國到處充斥著黑暗、暴力、愚癡、淫欲等。統治者稱大魔或怨貪魔王。初際之末，黑暗王國入侵光明王國，於是展開了一系列戰爭，戰爭的結果是先產生了日月群星大地山嶽江海，繼而產生人類始祖亞當和夏娃，其肉體是黑暗分子構成，而靈魂則由光明分子構成。從此光明分子被禁錮在人的肉身裡。「光明之父」爲了拯救世界和人類的靈魂，派摩尼到世間「轉大法輪，說經律定慧等法」，以超度眾生。摩尼對教徒作了一些清規戒律，包括戒酒、戒謊言、戒暗中做壞事、戒淫欲以及不拜偶像、不殺生、不偷盜等「三封」、十

朱溫像

誡」。每天還要進行四次或七次祈禱，實行齋戒和懺悔。

摩尼教自三世紀到十七世紀，從波斯本土西傳至敘利亞、小亞西亞、北非、羅馬等地，東越葱嶺、逾阿姆河，經中亞傳入中國，約六至七世紀傳入新疆，由新疆傳入回紇，回紇可汗尊爲國教。唐時因回紇助平安史之亂有功，摩尼教有所傳播，武宗禁佛，摩尼教也遭禁止。五代以後，中國摩尼教常被作爲組織農民起義的工具，其教義愈益與佛教、道教相融合。後梁陳州人母乙、董乙以該教組織民眾，其徒不茹葷飲酒，夜聚晝散，多到千人，攻打鄉社，地方官吏奈何不得。後唐、後晉時，利用明教發動起義之事也常有發生。

到宋代，明教有相當實力，已成爲諸民間宗教之首，並與農民運動結合十分緊密。其時宗徽宗向江浙一帶徵發「花石綱」，民不堪其苦，方臘爲當地明教首領，聚眾於宣和二年起事，自號聖公，掠城殺官，十日內發展爲數萬人，佔領睦、歙等六州五十二縣，擁有百萬人眾。次年被童貫率領的官兵鎮壓，方臘兵敗被殺。然而明教並未消聲匿跡，明教有互助互濟、教民來往免費招待的教義，對於貧困農民有很大吸引力，並且能融合民俗，所以民間信仰者愈來愈多。因它往往被利用來威脅帝王統治，宋代統治者貶稱其爲「吃菜事魔」的「魔教」，法禁甚嚴，但實在是愈禁而愈烈。南宋時，兩浙淮南、江東和江西尤其是福建等地明教十分流行，甚至秀才、吏人、軍兵、名族士大夫，也相傳習，這表明明教由民間而深入到上層社會中了，其勢力之大，影響之深入由此可窺見一斑。南宋還發生了五次被稱爲「魔賊之亂」的明教起義，可知明教流傳極爲廣泛，規模是非常之巨大的。

宋代重商思想抬頭

秦漢以來，抑商思想一直佔統治地位。儒家學說中慣常把民分爲士、農、工、商四種，「商」被排在最後，有人便認爲商人純然以利爲目的，貶稱他們是「逐末人」。可見商人的社會地位很低，商業不僅得不到統治者鼓勵，反而受種種政策法令的抑制。

隨著生產力的發展，經濟愈趨繁榮，宋代商人的經濟實力大大增強，商業發展十分迅速。國家通過禁榷和商稅的收入在財政總收入中佔有舉足輕重的高比例，在此情況下，長期以來形成的抑商思想受到衝擊，並開始動搖，出現了反抑商的思想傾向。

這種傾向首先表現在儒家學者們對禁權制度及其理論基礎和輕重理論的批判上。禁權制度是漢武帝時開始全面推行的，它是由官府獨自經營生產、運輸、銷售的全過程以獲取巨額利潤的經濟制度。禁權制度在推行過程中暴露了許多弊病，嚴重影響了商業和整個社會經濟的發展。不少儒家學者親自感受到這種弊害，並且發現禁權制度的基礎輕重理論違背了原始儒學的思想，於是進行了一系列批評。如太宗時田況說：「管權貨財，綱利太密。」仁宗時張奎認爲：「鹽法起於霸政，非王者可行。」著名思想家李覯在其《富國策》中提出：「一切通商，官勿買賣」，主張解除鹽茶禁權。王安石未做宰相時也批評禁權制，其他如蘇軾、司馬光、陳襄、周行己、朱熹、陸九淵等儒家學者均從不同角度對禁權制度及輕重理論提出了批評。就連皇帝自己也覺得禁權制度是與民爭利而心虛理虧，如仁宗、高宗、孝宗等均曾許諾一旦財政好轉，就取消禁權制度。

但是在當時的歷史條件下，宋朝廷財政收入極大地依賴於禁權收入，取消禁權制只是不切實際的幻想。有些士大夫如其重要代表歐陽修，便提出一種官商分利理論，試圖對禁權制度本身進行改良和完善。歐陽修認爲，以往國家企圖獲得全部由禁權而產生的壟斷利潤是不可取的，這只會導致社會經濟秩序混亂、禁權收入大量流失。國家必須與商賈合作，充分發揮商賈的積極性，把壟斷利潤的一部分讓給商人，把某些不適合官僚機器直接經營的環節交給商人經營，這樣既可搞活經營以適應多變的社會環境，又能使禁權機構、人員得到精簡，禁權實際收入也將成倍增加。官商分利的理論在事實上爲宋統治者採納，並在推行禁權制度中得到實施。宋朝在制定新的鹽、酒、茶立法時，往往召集商人討論，注意照顧商人利益，就是貫徹了「官商分利」的原則。

南宋善財童子像

隨著商業的發展，作爲國家財政支柱的禁權收入愈來愈依賴於商人的合作。作爲一個有較大貢獻的社會階層，官方對他們的態度有所改變。朝廷頒布了一系列的法令以保護商人合法經營與獲利，並允許商人子弟品行才能出眾者參加科舉考試，這是前所未有的。

社會輿論也常常趨向於反對侵損商人合法利益。在這種背景下，有些思想家明確地提出了反抑商的思想主張。如著名改革家范仲淹認爲，商人們整天在爲勾通有無而奔忙，「上以利吾國，下以藩吾身」，於國於民均有利；儒學中視商爲四民之一，並沒有說他們是「逐末人」。作商人並不可恥，並不低人一等。北宋末、南宋初的文人鄭至道認爲士、農、工、商「皆百姓之本業」。南宋思想家葉適也明確提出：「四民交致其用而後治化興，抑末厚本，非正論也。」認爲四業相輔相成，反對片面地以抑一業來重另一業的消極方式。

宋代經濟思想史上這種重商思想的產生，是生產力發展的必然結果，同時又對生產力的發展及社會的全面進步起著很大的推動作用。

女眞文創立

金收國元年（西元一一一五年）女眞族完顏部領袖阿骨打建立金國時，女眞民族尚無文字。爲便於接受漢族和契丹族較先進的文明，便於在金遼對峙、金宋對峙中進行交流，完顏阿骨打舉兵破遼時，俘虜一些契丹人和漢人，命他們教諸子弟學習契丹字和漢字，主要是學習契丹字。因此金朝初期的文書往來和種種紀錄幾乎全部使用契丹字。

隨著金代社會經濟發展的需要，特別是在戰爭中連連取勝和在與漢、契丹交往中民族意識的覺醒，阿骨打命完顏希尹創制女眞文字，記錄本民族的語言，「希尹乃依仿漢人楷字，因契丹字制度，合本國語，制女眞字」。

天輔三年（西元一一一九年）八月，完顏希尹所創的女眞文字頒行，從此結束了女眞族無文字的歷史，促進了民族素質的提高及民族文化的交流，它標誌著女眞文明的進步，在中化文明的長廊中增添了異彩。

天眷元年（西元一一三八年）金熙宗覽於契丹文字有大字和小字的制度，在原有女眞文字基礎上又創造了一種女眞文字進行頒行，完善了女眞的文字體系。先創的被稱爲女眞大字，後創的被稱爲女眞小字，二者在頒布日起便在金國境內通行，並且直到明代早期，女眞族聚居的中國東北

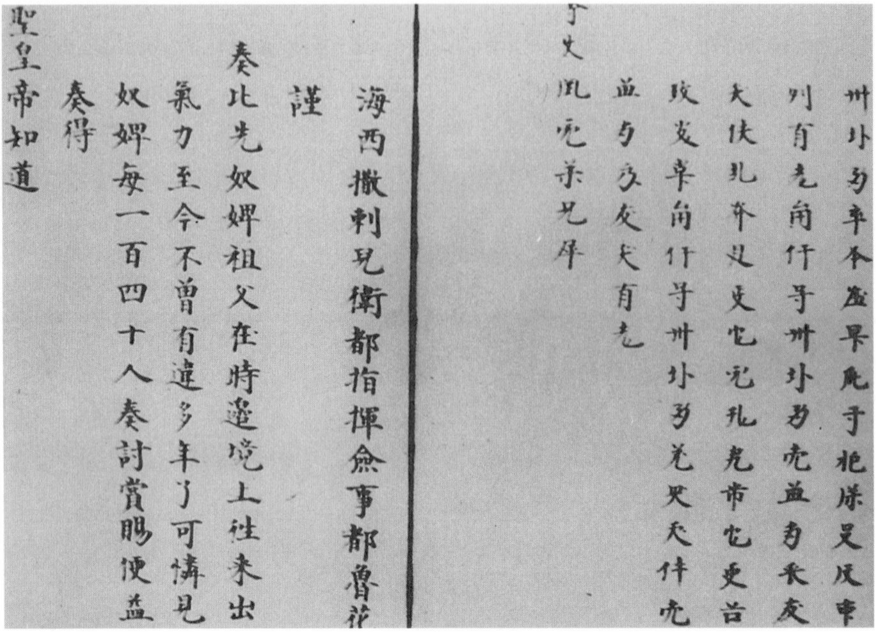

海西撒剌兒衛都指揮僉事都魯花
謹
奏比先奴婢祖父在時邊境上往來出
氣力至今不曾有違多年了可憐見
奴婢每一百四十八奏討賞賜便益
奏得
聖皇帝知道

《女真譯語》

工區仍通行該種文字。當然，漢字在女眞文頒行後仍一直在金國能通行，早期也通行契丹字。

女眞文字參照模仿漢字和兩種契丹文字而創制，字的筆劃較少，字形結構既像簡體漢字，又像契丹大字和契丹小字的原字，有些則乾脆來源於契丹大字或契丹小字。它的筆劃橫平豎直拐直角彎，有橫、直、點、撇、捺等筆劃之分，與漢字彷彿。但有些女眞文字僅保留了原出漢字的相近字形和相近字音，不保留源出漢字的字義，只作爲記錄女眞語言的一個音節符號，單獨構成單音節詞，或者與其他女眞字拼成多音節，有點類似日語的假名。從中可見漢字與契丹兩種字在女眞人創制文字的過程中所起的潛移默化而且不可估量的影響作用。連書體和書寫格式，女眞文字都仿學漢字，書體有篆、楷、行、草之分，最常用的是楷體字；格式一般也是由上往下，從右向左換行，即使最後一個因是多音符拼合成的多音節單詞而寫不下時，也可把餘下的音節寫在下一行行頭。但書寫格式上也有特例，蘇聯賽金古城出土的「國誠」銀牌上的女眞字即有把組成一個單詞的兩個女眞字按先左後右的方式堆在一起，與契丹小字的排列法相同。據現有女眞文字資料，如金代的《大金得勝陀頌碑》、《女眞進士題名碑》、《慶源寺碑》等碑刻，西安碑林孝經頂部發現的缺書殘頁，蘇聯列字格勒所存殘頁以及一些印章、銅鏡邊款等；明代的奴兒干《永寧奇碑》、四夷館《女眞譯語》、《方氏墨譜》等，進行考察統計，女眞文字共有九百餘字。但這些資料的文種只有一種，缺乏對照，還不能確定傳世的女眞文字究竟是大字還是小字，研究工作有待進一步展開。

金朝創制並大力推行女眞文字，對迅速提高女眞民族的素質，縮小與當時先進民族的差距，促進本族的文化發展和社會進步，從而從總體上推進中國歷史文化的發展都有很大益處。

《女眞譯語》，是金代用女眞文翻譯的漢文書之一，今存「雜字」、「來文」兩部分。「雜字」部分是辭彙，包括女眞字、漢義和漢字注音。「來文」收錄女眞官吏向明朝進貢的表文，用女眞語彙依漢文文法堆砌而成。

宋流行觀世音塑像

觀世音菩薩以其大慈大悲救苦救難而受到中國信眾的普遍供祀，特別是在北宋，其時帝王對佛教優禮甚厚，影響到民間，信仰觀世音菩薩蔚爲一時風尚，突出的標誌是觀世音塑像的大量流行。

開寶四年（西元九七一年），宋太祖趙匡胤下詔在隆興寺內興建大悲閣，並鑄大悲菩薩千手千眼觀世音銅像。像成前後，宋皇曾三度臨幸視察，足見皇室對佛教的崇信程度。由於帝王的提倡，朝野上下信仰大悲觀世音漸成風俗，各地爭相造觀世音塑像，或塑或雕，不一而足。在陝北、四川、浙江等地的宋代石窟造像遺跡中，或者單獨開龕供養，或者雕作不同名稱的觀音化相，於佛像之外自成體系。當時有像辛澄這樣以畫觀音像知名一方的畫家名手，經他所傳的「海州觀音樣」曾在四川廣爲流傳。

現存的宋代觀世音塑像遺跡甚多，都有各自的姿態和特色。如四川安岳華嚴洞左壁觀音像，取跏趺坐姿，手作定印，頭戴寶冠，外罩薄紗，雙目微合，端莊嫻雅，神態雕刻細膩生動。浙江杭州煙霞洞觀音像頭戴高冠，外著風帽，袈裟罩體，項飾七寶瓔珞，雙手交置腹前，表情慈祥恬靜，形象間溶入了中國信眾對觀世音菩薩悲天憫人神性的理解和企盼。大足托山石窟一二五龕數珠手觀音爲北宋年間開龕雕造，形象嬌媚柔麗，含笑欲語，有「媚態觀音」美稱。北山一一三龕水月觀音，取蕭散悠閒的姿態。這種水月體的觀音像，首創於唐代畫家周日方，五代北宋時期在石窟造像中首次出現水月之體，稍後又出現水月樣式的紫竹觀音，如雕造於南宋的四川安岳塔子山毗盧洞紫竹觀音，背間刻出竹叢巉岩，極富雕飾意味，面容表情已出現世俗人特質，從而使水月觀音樣式更顯出世俗化特徵。大足北山一四九號窟如意輪觀自在菩薩像，改變唐以來一體六臂的形式而作一面二臂，與另外兩尊觀音像同臂雕出，並在三像左右兩側分別刻出男女供養人像。據窟內題記可知，這窟觀音像是北宋建炎二年（西元一一二八年）奉直大夫知軍州事任宗易夫婦發願雕造，由此可知當時信奉觀音之風的興盛。另外，宋代還鐫造有觀音菩薩多體像，如大足妙高山第四窟正壁雕刻西方三聖像，左右兩壁共有觀音立像十軀，手中分持不同法器作對稱排列，左壁觀音著對襟式天衣，右臂觀

宋代菩薩騎麒像（彩塑）

山西大同送子觀音雕像

宋代菩薩立像（銅鑄鎏金）

音穿圓領方口天衣，下著長裙，風姿綽約，宛如人間美女。據造像風格觀之，當爲南宋紹興年間雕造，爲觀音像體系的最終定型作了圖樣上的有益嘗試，也爲其他菩薩像的創造和完善提供了可資參考的經驗。

此外，北宋出現了過去所罕見的以觀音爲中尊，配以文殊、普賢兩位元菩薩三位一體的組合形式，這是入宋以來觀音信仰在民間流行之後逐漸發展起來的新樣式，如隆興寺大悲閣內的觀音塑壁展現的就是這種形式。還有元豐二年（西元一○七九年）興建的山西長子縣崇慶寺三大士像，觀音菩薩地位顯尊，體現出宋代民間普遍信仰觀世音菩薩的空前盛況。

宋代觀音像的流行，以及當時觀音供祀的風氣，反映了由唐迄宋信仰風氣的轉變。

中國出版業全面發展

宋代，圖書出版事業得到全面發展，進入了一個黃金時期。經濟、文化的空前活躍和繁榮、圖書生產手段日趨完善，使得圖書的生產規模和生產數量取得驚人進展。各地都開始出現雕版刻書機構，並形成分布於中原、西南、東南的四大刻書中心，全國性刻書網路以官刻、坊刻和私刻爲三大主幹力量，開創了空前的繁榮景象。

政府刻書業稱官刻，建隆四年（西元九六三年）頒行的《重門宋刑統》是宋代官刻第一部書，也是中國歷史上第一部官方刊印頒行的法典，對宋代早年全國律令的統一、法制法規的建立有重要意義。後來，爲順應民間尊崇佛教的風氣，政府又在四川成都開雕大藏經，即是佛教上著名的《開寶藏》，共計十三萬版片，一○七六部。是有史以來第一部刊印的漢文佛教總集。

宋朝政府在發展刻書業的同時也建立和完善各級刻書機構。中央主要刻書管理機構是國子監，同時又是國家教育管理機構和最高學府。國子監出書注重質量，刻書內容除翻刻五代監本十二經外，還編刻九經的新舊注疏。從宋代建國初到景德二年的四十餘年裡，國子監雕版數量增長二十五倍，其中有大量史書，《三史》（《史證》、《漢書》、《後漢書》）、《三國志》、五代史等，司馬光主編的《資治通鑑》也曾鏤版印刷。國子監也刻印了許多醫書，類書、算書、文選等也有校刻。中央刻書機構還有秘書監、崇文院、太史

經摺裝的《安吉卅思溪法資福祥寺大藏經》

經摺裝宋刻本《一切經音義》

局、校正醫書局等。各級地方政府也競相刻書，並且常請知名學者擔任校勘，故刻印質量都屬上乘。地方官刻也是宋代官刻的主要組成部分，在宋代官刻中發揮過重要作用。尤其是宋朝南渡後，舊存開封國子監版全遭毀棄，在恢復和重建過程中，國子監調集地方書版或依靠地方力量搜集書籍版進行刻印。

書坊刻書稱坊刻，書坊又稱書肆、書林、書堂、書棚、書鋪、經籍鋪、書籍鋪，是賣書兼刻書的店鋪作坊。書坊規模增大，遍布全國，以開封、杭州、建陽麻沙等地最爲集中和有名。這些書坊以刻印出售書籍爲業，以營利爲目的，擁有寫工、刻工、印工等，雕版、印刷、裝訂等生產手段齊備。有的坊主本人就是藏書家或編輯、能集編輯，出版、發行於一身，因此使坊刻書名目新，刻印快、行銷廣。坊主還常刻意翻新版刻形式，客觀推了版刻技術的發展。

兩宋有很多著名書坊，尤以臨安陳起父子睦親坊和建安餘氏刻書世家最有名。陳起有頗深的文學藝術造詣，曾爲江浙文人編印詩集《江湖集》，還刻印了不少唐人詩集，他的刻印質量精美，是坊刻中的上品。建安餘氏刻書百年不衰，官刻之書也不少由其承刻。魯迅曾在《中國小記史略》中高度評價餘氏刊本。坊刻書內客廣、涵蓋面大，迎合不同階層的文化需要，比起官刻和私刻又有刻印快、發行量大、行銷廣等優勢，促進了圖書的廣泛流傳，也促進了文化的普及發展。但因爲坊主追求營利，印書質量往往參差不齊。

私家刻書則稱私刻或家刻，是指不以賣書爲業，由私人出資校刻書。兩宋時私刻很多，刻書人注重聲譽，

總是選擇優秀版本作底本，且極重注意校訂、鏤刻的質量，因此所刻之書大多是上品。如臨安進士孟琪所刻《唐文粹》、京台岳氏所刻《新雕詩品》等都一直受到推崇，尤其南宋廖瑩中刻印的《昌黎先生集》和《河先生集》歷來被譽爲神品。

私刻也包括家塾本，是富貴之家的私塾教師依靠主人財力刊刻的書籍。私塾教師中不乏眞實學之人，他們或著述、或校勘、或注釋、或闡發前人著作，質量較高，具有學術性強和校刻精湛的特點。著名的善本書「慶元三史」（黃善夫本《史記集解索引正義》、《漢書》和劉元起本《後漢書》）、岳氏本《九經》、《三傳》等都是家塾本。

總的看來，發達的刻書事業體系和完善的刻印網路已在宋代形成。其刻印內容很廣，反映了社會文化的各個方面；精湛的校刻爲後世留下許多珍貴善本；強大的刻印力量促使許多大部頭著作問世；並且擁有足可雄視前代的刻印數量。中國古代圖書事業由此而跨入了全盛時期。

宋年畫發展成熟

北宋時期，社會經濟生活相對穩定。隨著繪畫藝術的不斷提高和木版印刷術的廣泛採用，一張年畫在創造出來後往往可以複製數百幅，或雕版印刷數千份，然後在歲末上市出售，以供春節之用。因此，中國古代年畫的藝術發展在宋代已日趨成熟。

北宋年畫的形成與發展有著它深厚的群眾基礎。北宋建立後，在當時繁華的東京汴梁，民間藝術極其豐富多彩，如說書、小唱、雜劇、皮影、杖頭傀儡、小兒相撲、散樂、諸宮調等等不可勝數。這些爲廣大人民喜聞樂見的說唱和表演藝術，爲當時的繪畫提供了廣泛的創作題材。最著名的當數張擇端的《清明上河圖》。

與此同時，當時的繪畫藝術，也已由過去的貴族們賞心雅玩，或宮廷、寺廟的宗教及迷信宣傳，進一步擴大到勞動人民中間去。比如：宋太祖趙匡胤一次在觀賞蜀宮書畫時，偶爾問手下人：「這些書畫都是作什麼用處呢？」手下人回答是專爲皇帝用的，太祖便說：「單獨讓我一人看哪裡有讓大家都來欣賞更好呢？」於是朝廷就賜東華門外的茶肆酒館張掛名人書畫，以供行人欣賞，這樣，在東京城的很多地方，如茶館、酒館、熟食店、藥鋪等者張掛名人繪畫作品，以招攬顧客。如此等等，都從客觀上促進了北宋繪畫藝術的極大發展。

繪畫藝術水平的提高爲年畫的發展奠定了基礎。北宋時，年畫有手工繪製和木版印刷兩種。手工繪製雖然成品較木版印刷少而慢，但爲了滿足社會的需要，有的民間畫工在畫完一稿後往往再臨摹數百份，上市出售。如開封畫師劉宗道，曾畫一幅「照盆孩兒」年畫。小孩以手指盆，盆中水影中也映出以手指小孩兒的圖案，形影相分，十分生動。他畫完稿後，就曾臨摹數百份，以滿足購買者的需要。

當時著名的年畫還有開封的杜孩兒畫的「娃娃畫」和山西人楊威畫的「田村畫」等等，都是這種情況。北宋木版印刷的年畫主要有門神、鍾馗、回頭鹿馬等，是從唐朝雕版印刷神佛像的基礎上發展而來的。唐末至五代時就有用五色紙印刷神佛像的傳統，當時叫「紙馬」。到了北宋時期，木版印刷術更爲提高，已經能夠印刷比較複雜、細膩的年畫作品了。如四川成都發現古代早期紙幣「交子」，朱墨交錯，表裡印記、隱密難僞，做工極其精細。高超的木版印刷技術爲年畫的發展提供了技術條件。

西元一一二七年，金兵攻陷東京汴梁，擄走徽、欽二帝，北宋滅亡。高宗趙構在建康（南京）重建朝廷，後遷往臨安（杭州），是爲南宋。宋、金對峙時期，中國的年畫繼續發展著。

在南宋，當時的京都臨安較昔日的汴梁更爲繁華熱鬧，其年畫已經出現了接近現代中原內地的年畫內容和水平了。如雕印的大、小門神，桃

《東方朔盜桃圖》年畫

符、鍾馗、獅子、虎頭、春帖之類。而北方的金朝，年畫的木版印刷中心則從汴梁轉移到山西平陽（臨汾）一帶。

著名的年畫有一九七三年在西安碑林修整「石台孝經」碑時發現的《東方朔盜桃圖》。該版畫是一個頭戴罩巾，身穿寬領大袖袍，腰繫豹皮裙，雙步行走如飛，肩扛一斷枝仙桃，而面容帶笑的老人。此畫套色齊備，形象生動。此外，比較著名的還有畫有王昭君、趙飛燕等人的《四美圖》、畫有關羽的《義勇武安王位圖》的年畫，可惜這兩幅年畫在清光緒三十四年（西元一九〇八年）爲沙俄柯茲洛夫盜走，連同上千件文物，一同運往當時的亞歷山大三世博物館。

宋代年畫的成熟發展爲後世年畫的繁榮奠定了基礎。

西湖漸盛

杭州西湖是一個歷史悠久、世界著名的風景遊覽勝地，古跡遍布，山水秀麗，景色宜人。

西湖在漢代以前是一個海灣，由於潮汐泥沙淤積，形成了杭州平陸和瀉湖。隋唐之際，湖水淡化，湖泊固定下來。因湖三面環武陵山，曾稱「武林水」。錢塘縣治從靈隱山移至東面平陸後，湖處縣境內，故名錢塘湖；因湖在城西，又稱西湖。北宋中期，西湖之名逐漸取代了錢塘湖。南宋王朝（西元一一二七—一二七九年）建都杭州（南宋時稱臨安），西湖面貌變化尤大。它的不斷完美是靠勞動人民辛勤治理，興修海塘、疏浚湖泥而得來的。

西湖以自然山水、文物古跡、寺廟古塔、碑刻造像組合而成。湖區水面南北長三點三公里，東西寬二點八公里，周長十五公里，面積五點五平方公里，平均水深一點五米。

孤山是湖上一個大島；蘇堤、白堤把西湖分割爲外湖、裡湖、小南湖、岳湖和西裡湖五個大小不等的水域；三潭印月、湖心亭、阮公墩三個小島鼎立於外湖。西湖南、北、西三面峰巒環抱，湖區面積四十九平方公里。南有吳山、夕照山；北有寶石山、葛嶺；西有三台山、丁家山；週邊有鳳凰山、玉皇山、南高峰、北高峰、天竺山、靈隱山、玉泉山、棲霞嶺等。群山中分布著虎跑、龍井、玉泉三個名泉和黃龍洞、煙霞洞、雲棲、九溪十八澗等曲徑洞壑名勝。

西湖的自然景色四時不同。西湖十景，樓、台、亭、榭同湖光山色相互輝映。春天，「蘇堤春曉」、「柳浪聞鶯」、「花港觀魚」，春花吐豔，彼伏此起；夏日，「曲院風荷」，荷花映日，湖面新綠一片；秋季，三秋桂子，香飄雲外；冬來，「斷橋殘雪」，銀裝玉琢，放鶴亭畔，寒梅鬥雪。清晨，「葛嶺朝暾」；薄暮，「雷鋒夕照」；黃昏，「南屏晚鐘」；夜晚，「三潭印月」和「平湖秋月」。白居易詩：「湖山春來如畫圖，亂峰圍繞水平鋪。松排山面千重翠，月點波心一顆珠。」蘇軾詩：「水光瀲灩晴方好，山色空濛雨亦奇。欲把西湖比西子，淡妝濃抹總相宜。」這些詩篇，均是對西湖風光的眞實寫照。

西湖不僅有許多古跡，如東漢的《三老諱字忌日碑》，五代至宋元的飛來峰摩崖石刻，煙霞洞的造像，文廟的石經，東晉時的靈隱古剎，北宋的六和塔、保叔塔、雷鋒塔，南宋的岳飛墓和岳王廟等，還是人文薈萃之地。

杭州西湖「我心相印亭」

唐宋傑出詩人白居易、蘇軾先後在杭任職時「募民開湖」，興修水利，並留下許多吟詠西湖的名篇；南宋畫家馬遠、陳清波曾作「西湖十景」的畫卷。這些書畫，都是中華民族文化的珍品。

元朝初年，義大利旅行家馬可·波羅在遊記裡譽杭州爲「世界上最美麗華貴之城」。杭州西湖由是馳名世界。

宋桌椅成爲主導

宋代傢俱的最大特點是民間普遍使用桌子和椅子，徹底改變了自古以來席地而坐的生活習慣。

北宋時流行的椅子式樣主要有兩種：一種是交椅，另一種是直腿椅。交椅又名交床、胡床、繩床。當時的交椅只設有圓形搭腦的椅圈和繩編的軟坐屜。到南宋時，才第一次出現了頭部有倚靠的太師椅。傳說臨安府的長官吳淵有一次見到太師秦檜在國忌所坐在交椅上打盹，俯仰之間，頭巾落到地上，便當即設計出荷葉托首四十柄，運到國忌廳，命令工匠當場安裝完畢，凡是宰相、執政、侍從官每人都有，所以號稱「太師樣」（張端義《貴耳集》）。坐在太師椅上，雖然頭部有所倚靠，兩臂仍然無處安放，於是又出現了「三清椅」，兩臂可以擱在「按手」上。

北宋時，直腿椅的使用者逐漸增多。在河南方城的北宋墓中，曾發現有石雕的直腿椅子。在今河南禹縣白沙發現的北宋墓中，第一號墓和第二號墓的壁畫上，墓主夫婦所坐椅子都是直腿靠背椅。

因爲人們從席地而坐到使用椅子，桌子四腿的高度也相應提高。桌子的樣式視需要而定。四川廣漢北宋墓中，出土的一張長方桌子，四腳寬厚，四足呈馬蹄形。

北宋初年，桌椅僅限於富貴人家使用，到北宋中期以後才逐漸普及到平民家庭。但這時基本上還只限於男子們使用。在士大夫家，婦女如果坐椅子或兀子，就會被人譏笑爲沒有「法度」（《老學庵筆記》卷四）。南宋時，這種習俗才逐漸改變。

桌椅的流行和人們起坐習慣的改變，使整個傢俱的形制、格局都有變化，如床榻、鏡台、屏風等物的的尺度增高，各種傢俱在室內的擺放形成了一定的格局。

鄭樵會通諸史

南宋紹興年間，鄭樵撰寫成紀傳體通史——《通志》。

鄭樵（西元一一○四—一一六二年），字漁仲，興化軍莆田（今屬福建）人。徽宗宣和元年（西元一一一九年）其父亡故後，他隱居山野，四十年如一日，潛心研讀史學，並著成繼司馬遷的《史記》後又一部大型的紀傳體通史——《通志》。

《通史》全書共五百萬字，二百卷，其中帝紀十八卷，皇后列傳二卷，年譜四卷，略五十一卷，列傳一百二十五卷。縱觀《通志》全書，鄭樵自始至終貫徹一個「會通」的史學思想。在《通志・總序》中，他強調史事、典章制度相依因的聯繫，這是從空間上貫通歷史的聯繫。另外，他反對班固的斷代史，主張修史書還應從時間上揭示古今之變，即從歷史進程上「極古今之變」，《通志》這個思想對發揚中國史學的會通之史有理論上的指導價值，影響了後世的修史方法。

《通志》全書的精華在於《二十略》，這裡的略相當於司馬遷《史記》中的「書」或班固《漢書》中的「志」。《二十略》共有五十一卷，約佔全書的四分之一。若對《二十略》從其條目和內容方面與前世的史書進行比較分析，基本上可將《二十

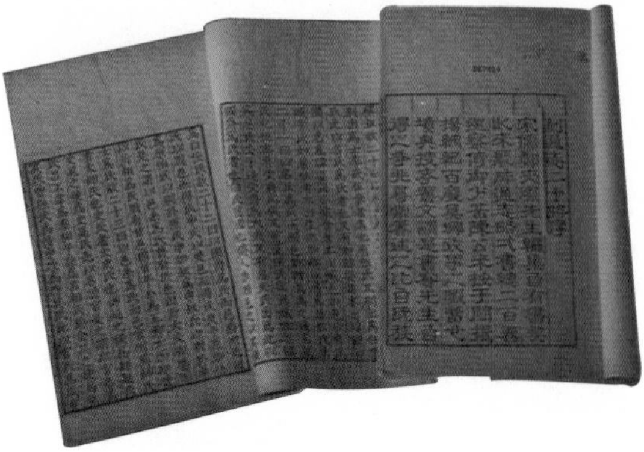

鄭樵《通志》

略》分爲三大組成部分。第一部分是條目和內容都和前史相同，如禮、職官、選舉、刑法和食貨等五略，基本上都來源於杜佑的《通典》。第二部分是條目同於前史，但內容上有所改進，如天文、地理、樂、藝文、災祥等六略，特別是在《藝文略》中，鄭樵將歷史文獻按三個等級進行分類。首先將歷史文獻分爲經類、禮類、樂類、小學類、史類等類，又在類下區分子類，如在史類下又區別出正史、雜史、編年史等子類，再在子類下依據不同標準分成更細的子類，形成一套完整的三級分類體系。第三部分是不論條目還是內容，均與前史有所不同，包括民族、六書、七音、都邑、謚、校讎、圖譜、金石、昆蟲草木等九略，都從不同程度上對前史的內容有所擴展和補充，特別是在自然史方面，這主要是因爲鄭樵認爲史家應重視實際，多學習自然史方面的知識，並反過來核實史書的記載。《二十略》的成就，除將史學的研究範圍從典章制度的分析擴展到對於社會、文化及自然史方面外，作者還宣揚其無神論思想。他批判董仲舒的陰陽五行之學，斥之爲「妖學」。他還強調修史的眞實反映性，把任意歪曲歷史事實的修史主張斥爲「妄學」，反映出他的求實精神。

鄭樵的《通志》的成就，使得後人將他與司馬遷並稱爲史學上的「雙子星座」。

覆燒、火照工藝發明

中國瓷器發展到了宋代，不管在藝術外觀還是瓷質上都產生了很大的飛躍，這自然得力於製瓷技術的進

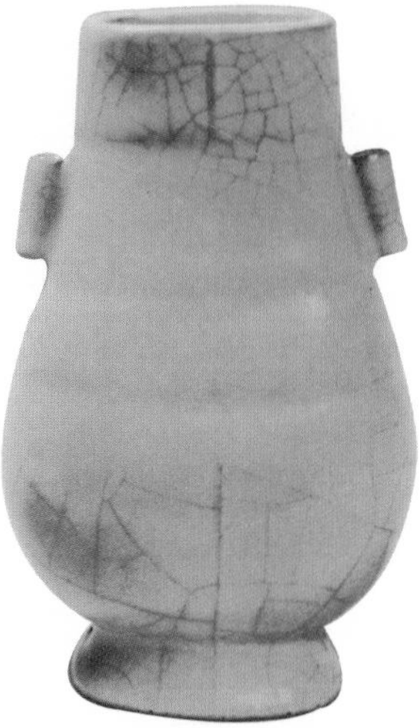

官窯貫耳瓶

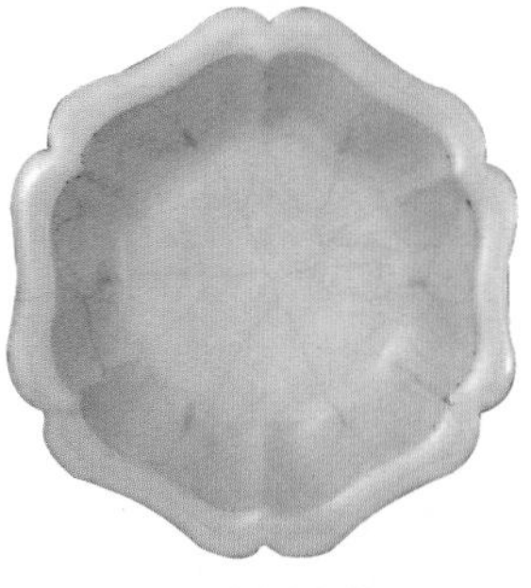

宋官窯葵瓣盤

步。其中裝燒工藝方面「覆燒」法和「火照」術的發明，對提高瓷器產量和降低燒製成本以及保證盡可能高的成品率都起到了重要作用。

所謂覆燒，就是將盤、碗、碟類器皿反扣過來燒製，包括使用一種墊圈式組合匣鉢來代替單位匣鉢。這種方法的優點就在於最大限度地利用窯位空間。同一窯爐，使用同樣的燃料，由於窯具的改進，產量可增加四至五倍，既節省了燃料，又可防止器具變形。不足之處是：器皿的口沿都存有無釉的芒口。為此，人們又發明了口沿部包鑲金、銅的工藝來予以彌補。由於這種方法降低了成本，大幅度提高了產量，因而很快在南北瓷窯中都得到了推廣運用。

「火照」是窯工們用來觀察、判斷窯內火候的一種坯件。它多呈三角形，上端有一圓孔。這種坯件一般用碗坯改製，半截上釉；下部尖狀處插入放滿沙粒的一個匣鉢中，此匣鉢放於爐前的觀火孔內。如果要瞭解窯內火候，就用鉤子伸入觀火孔內，將火照從匣鉢中鉤出。一般來說，燒製一窯瓷器往往要檢查火候數次。發明火照後，人們每驗一次火候只須鉤出一個火照，根據火照顯示的情況來把握窯內溫度。這種設立固定參照物的方法，既使檢驗手續變得簡便易行，又使人們能較準確地掌握窯溫，從而大大提高了成品率。

南宋突火槍開始使用

南宋時，火藥性能提高，火藥兵器在兵器中的比重顯著增大，火藥武器的製作也日趨精良。這時，戰場上開始出現類似近代槍炮的火藥兵器，突火槍是其中具有代表性的一種。

一一三二年，陳規鎮守德安時，製成了能噴射火焰的長筒形火槍，用以焚毀敵人的大型攻城器；一二三二年，金軍在作戰中使用了飛火槍，它其實是用十六層紙捲成約二尺長的

南宋武士俑

筒，內裝火藥、鐵渣、磁末等物，再綁在長矛前端，臨陣先點燃燒殺敵人，噴完火後再用矛格鬥。一二五九年發明的突火槍在此思路上進一步發展，它用良竹爲筒，能發射出「子窠」，即彈丸，這種彈丸已具備後世子彈的雛形，發射時聲響如炮，遠近皆聞。

突火槍的出現，意味著火藥兵器，已從過去只能噴火焰燒灼敵人的管形噴火器，發展到能發射彈丸殺傷敵人的管形射擊火器，不能不說是世界武器製造史上的劃時代進步。

儘管當時的突火槍還未使用金屬發射管，但其發射原理卻是後世步槍、火炮的理論先導。

文化小事典　中國新娘開始坐花轎

轎子是從輦、輿等載人工具演變而來的，在五代出現了有頂的轎子。從張擇端的《清明上河圖》和《宋史．輿服志》中可以知道，當時的轎一般呈正方或長方形，有黃、黑兩種顏色，轎頂向上凸出，沒橫梁支撐，四周圍以篾席，左右開窗，前面沒有門簾，以兩根長竿扛抬。

宋代時，男家已經開始用花轎來迎接新娘。在此以前使用的迎親工具是花車。司馬光在《書儀．親迎》中記載說：「今婦人幸有氈車可乘，而世俗重擔子，輕氈車」。擔子也就是轎。可見當時民間迎親已大部分採用花轎。據《政和五禮新儀》規定，皇帝要皇后入宮，皇后乘后肩輿（原注，「肩輿為擔子」）進堂上，再降輿升車。當時親王家的公主出嫁，要乘坐金銅擔子，轎頂用朱紅漆的脊梁，用剪棕作蓋，再裝飾上滲金銅鑄雲鳳花朵，四周垂繡額珠簾、白藤間花。兩壁欄檻上雕以金花裝的雕木人物、神仙。擔子裝有兩根長竿，竿前後都用綠絲條金魚鉤子鉤定。（據《東京夢華錄．公主出降》）士庶之家和貴家女子結婚，也乘坐轎子，只是轎頂上沒有銅鳳花朵罷了。當時市面上還有店鋪專門出租擔子。

據吳自牧記載，臨安府民間在迎親的日子，男家算定時辰，預先命「行郎」指揮搬運花瓶、花燭、妝盒、鏡台等人，還要雇上妓女乘馬，雇請樂官鼓吹，抬著花轎到女家迎接新人。花轎抬到女家之後，女家擺下酒宴款待行郎，發給花紅銀碟及利市錢，然後樂官奏樂催妝，時辰一到，催促登轎；茶酒司齊念詩詞，說著吉利的話，催請新人出閣上嬌。新娘是由女家的親戚抱上轎的。新娘上轎後，抬轎人還不肯起步，仍在那兒念著詩詞，索取利市錢和酒，這叫：「起擔子。」女家發給錢以後，行郎們才抬起轎子齊聲奏樂，一直迎到男家的門口。這時候預定的吉時將到了，那些樂官、妓女和茶酒司等還要互相念著吉利的話，在門口索取利市錢物花紅等，這叫：「攔門。」

宋代以後，新娘乘坐花轎的風氣一直沿襲下來。花轎的設備越來越考究，花轎也更加富麗堂皇。

上花轎是婚禮上最熱鬧的一個場面

金制定法幣

金章宗承安三年鑄造「承安寶貨」，是中國貨幣史上第一次使用白銀作爲法定的通用貨幣，成爲中國古代幣制的一次革命。影響了元朝及以後的中國古代及近代幣制。

金朝建國前沒有貨幣，在商貿活動中實行的是物物交易，佔領遼、宋後，沿用其舊貨幣並隨著商業的發展和繁榮，對此加以改造，創制了自己的貨幣。金朝發行貨幣開始於海陵王貞元元年遷都之後，戶部尚書蔡松年復鈔引法，創制了交鈔，並在中都及其他十四府七州設交鈔庫、抄紙場。這時發行的交鈔分大、小鈔兩種十等，規定流通期限爲七年。章宗大定二十九年，改爲無限期流通，它的出現於南宋會子六年，可以說是幣制史上的一次重大改進。海陵王正隆三年，設寶源、寶豐，利用三錢監鑄造「正隆通寶」的銅幣，並開始流通。章宗大定十九年鑄「大定通寶」，第二年就鑄了一萬六千多貫。泰和四年，鑄制泰和重寶，由於金代銅少，此後沒能再鑄銅錢，因而銅錢無法取代紙幣作爲主要流通貨幣。

金章宗時，紙幣作爲永久流通貨幣而被大量發行，加之貨幣屢屢更改，市民怨恨，金代幣制開始陷入極度混亂之中。紙幣極度貶値，以至衛紹王大安三年會河之役時用八十四輛車子運送所需的軍賞，其價値輕得幾乎不如印製它的工墨費。政府爲抑制

金代交鈔銅鈔版

幣制混亂採取的措施是亂發紙幣，每次發行都提高所當舊幣的額數，這樣不僅不能保證幣值，反而更加貶值，通貨膨脹十分嚴重，在這種情況下，人們爭相追逐銅錢和銀，使得銀的地位愈來愈高。物價上漲，商旅不行，社會經濟陷入危機之中。爲此政府採取了一些經濟上的對策，其中之一就是鑄造銀錠，使其便於流通，金章宗承安二年以前是以錠來計量白銀的，銀錠重五十兩，這一年，開始鑄造「承安寶貨」，有一兩至十兩共五等，從此成爲法定貨幣，這次貨幣的革命性變革雖無法改變金王朝經濟極度混亂的局面，卻對後代產生了深遠的影響，元代的幣制就是由此直接脫胎而來的。此外，金政府採取了促使貨幣回籠，以時估價、限價、計價等措施，仍然無法逃脫濫發紙幣帶來的貨幣流通規律性的懲罰，以致亡國。

陳敷著《農書》

南宋紹興十九年（西元一一四九年），陳敷著成《農書》。它所反映的是南宋初長江下游三角洲的農桑經營情況，是一本典型的地方性農書，也可視爲一部自耕農和小經營地主的生產經營和技術指導手冊。學者們對《農書》評價甚高，認爲它可以與《氾勝之書》、《齊民要術》、《王禎農書》、《農政全書》等並列爲中國一流的古農書。它有許多獨特的創見和發明，內容豐富多彩。

陳敷《農書》是以江南一個農業區域或一個具體農場爲研究物件，雖然連序、跋在內才一萬二千餘字，但書的結構表現出了江南澤農特點的一個相當嚴謹的整體，作者似乎是試圖追求一個新的完整的農學體系。全書分上、中、下三卷，上卷沒設篇名，內容是論述土地經營管理和作物栽培，重點討論水田生產但也兼及旱地的耕種爲全書主體；中卷《牛說》，論述耕牛，實際上是水牛的經濟地位、飼養管理，以及牛病的防治，這是所有現存農書中第一次用專篇系統研究耕牛的問題；下卷蠶、桑，討論蠶、桑的培育管理。把蠶桑作爲農書的一個重要問題來研究，也是此書所開先例，並對以後的農書有深遠的影響。最能體現出其體系嚴謹的是他上卷諸篇的編次，按實際耕作過程中先後當考慮的問題而貫穿爲一個有條理的有機整體，分別論述了「財力之宜」、「地勢之宜」、「耕耨之宜」等「十二宜」。正如作者在後序中所說，其目的是使「覽者有條而易見，用者有序而易循」。

陳敷本人是一個雜糅釋、儒、道思想的全眞教道徒，《農書》中用以解釋農學原理的哲學思想也較駁雜，有「農本」、「聖人」之訓、陰陽五行學說等，而其核心的指導思想仍是以「天、地、人」爲內涵的「三才」哲學思想，這與其他農書一樣。陳敷對農業生產的一般原理進行較高理論性的探索，常用自己的語言表達心得體會，表現了其獨創性。陳敷把「人力」的作用放在首位，看作是整個農業生產的核心。對於「地」，注重統籌觀察與利用，特別強調施肥對於提高地力的重要性。論述「天時」，他把「天」、「地」、「時」緊密結合起來談，反映出他對三者相互作用的關係的深刻認識。

陳敷在《農書》中對土壤和施肥理論的發展有突出的貢獻。陳敷以前的農書對於施肥的方法的論述很貧乏，似乎是只有基肥一種，只強調綠肥的使用。陳敷在《糞田之宜》等篇中介紹了火糞、發酵的麻枯、糞屋積肥、漚池積肥等積肥方法，其指導思想是開闢肥源、多積肥料，增進肥效、避免損失，大大地豐富發展了中國古代土壤、肥料學的理論。

《農書》

陳敷像

陳敷《農書》還有一個與其他農書不同的特點是，它不僅僅記述耕作、栽培等生產技術，而且還注重對農業進行經營管理。並且形成了比較系統的經營管理思想。這些思想來自於他自己經營管理的實踐活動中。

他認爲，農業經營要有整體的觀念和進行通盤籌畫，要有計劃、有步驟。要充分利用同一塊土地，多種經營，使「種無虛日」、「收無虛月」。還得注重農業技術的應用，重視農具和動力，提高工作效率。這種系統的經營管理思想對後世影響深遠。

張元素創臟腑辨證說

《黃帝內經》、《中藏經》，孫思邈的醫學著作，都包含了臟腑辨證的思想，北宋著名醫學家錢乙對此有所總結，開創了臟腑辨證的理論先河。在此基礎上，張元素結合自己的臨床經驗和體會，對疾病的臟腑辨證方法作了系統的理論概括，從生理、脈、證、預後、治療五個方面討論了臟腑病機和證治。形成了臟腑辨證說的理論體系，成爲易水學派的開創者。

張元素，字潔古，生卒年不詳，是與劉完素同時而稍年幼的著名醫學家。幾乎三十歲時，他才開始攻讀醫學，經過數十年的刻苦鑽研，學術和臨床經驗有了豐富的積累。有一次，劉完素患「傷寒」，自己八天的診治仍無好轉，其門人請來張元素，最初，劉認爲他是後學而面壁不顧，十分輕視，聽完張元素對病因病機、用藥之誤的分析陳述之後，肅然起敬，自感不如，於是服了張的處方之藥，一劑而癒，從此，張元素的名聲大熾。

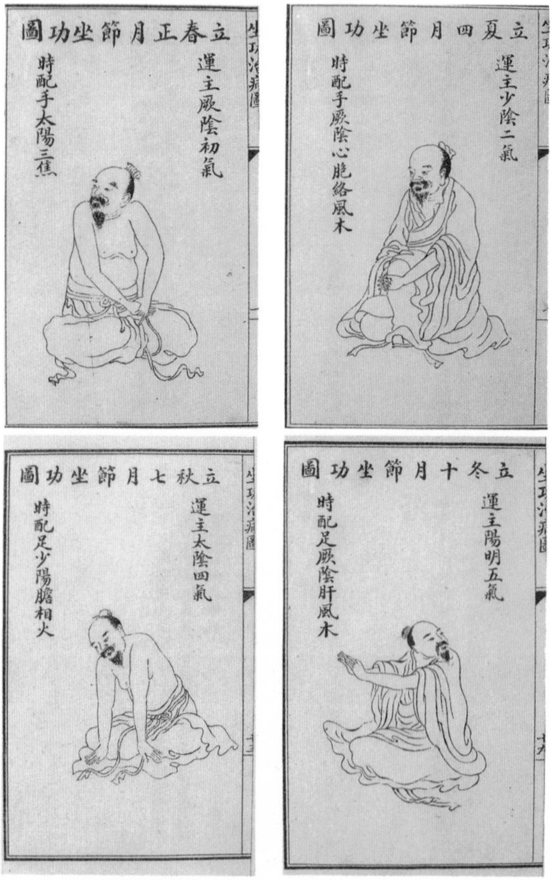

《二十四氣坐功導引治病》之立春、立夏、立秋、立冬坐功圖

張元素的著述很多，但大都散佚，現僅存《醫學啓源》、《珍珠囊》、《臟腑標本虛實用藥式》三書。《醫學啓源》三卷，爲張元素爲教授弟子而作，上卷論臟腑、經脈、病因、主治等，中卷爲「內經主旨備要」及「六氣方法」，下卷爲「用藥備旨」。《珍珠囊》主要根據《內經》理論，闡發藥物的性味、陰陽、升降、浮沉、補瀉道理及六氣，十二經隨證用藥的方法。《臟腑標本虛實用藥式》分別論述各臟腑生理特點、本病、標病的臨床表現及虛實寒熱證候的法則和藥物。

其臟腑辨證說，大力提倡和闡發藥物歸經的學說，確定了藥物與臟腑的對應關係。所謂「歸經」，是指藥物對臟腑及其所屬經絡的選擇性作用，瀉心火，則稱它歸心經；黃芩瀉肺火，則稱它歸肺經，石膏瀉胃火，則稱它歸胃經。這種藥物歸經理論雖在《神農本草經》中即已論及，但未被予以足夠重視。張元素將其繼承並發揚，通過對一百種藥物歸經的明確標示，爲人們在臟腑辨證基礎上準確選擇藥物提供了重要依據。對一些作用特導性極強的所謂「引經藥」藥理的認識，是張元素的制方理論的一大創見。

同時，他善長師古方之法而化裁新方，創制了許多後世醫家喜用的方劑，如爲克服麻黃湯、桂枝湯的副作用而創制的四時發散通劑，實踐證明對外感風寒、風濕病症有較好的療效。由於他對藥物氣味厚薄的陰陽屬性及其升降沉浮作用趨勢的關係闡發上，表現了其精深的藥物學造詣，李時珍在《本草綱目》中對其大加稱讚，所許甚高。

所有這些遺方製藥理論，都是建立在其臟腑辨證理論的基礎之上的，因而，受到後世的極大重視，成爲易水學派對傳統醫學的突出貢獻。

宋廣泛流行導引術

宋初，儒、釋、道三教開始合流，所以宋初的儒者學士在精研儒家學說的基礎上也兼及釋道的學說，思想活躍，學派很多。來自道家釋家的導引養生之術就在這幫儒者文士之中流行起來了，他們當中還有人對此做過精深的研究，多有著述。

當時內丹學在儒者文士中頗爲流行，兩宋名儒種放、穆修、李之才、邵雍、周敦頤、晁迥、蘇軾、朱熹等都曾潛心研究過內丹學，有的還根據內丹之傳實地修煉。據元初張雨《玄品錄》記載，穆修、李之才、邵雍等人的內丹之學都直接間接來自陳摶的傳授。葉夢深在《石林燕語》卷十中說晁迥：「初學道於劉海蟾，得練氣服形之法。後學釋氏，嘗以二教相參，終身力行之。既老，居昭德坊裡第，又以前為道院，名其所居堂曰『凝寂』，燕坐肅然，雖子弟見有時。」靜坐就是內丹學的主要修引方法。

在修習導引術的宋代儒者中最有名的恐怕要算蘇東坡了。蘇東坡是宋代著名的文學家，他的思想中儒、釋、道兼有之。他在養生諸法中「擇其簡而易行者」為之，「積累百餘日，功用不可量，比之服藥，其力百倍。」他的導引方法是：「每日以子時後，披衣坐。面東或南，盤足坐，叩齒三十六通。握固閉息，內視五臟，肺白肝青脾黃心赤腎黑。次想心為炎火，光明洞徹，入下丹田中，待腹滿氣極，則徐出氣，候出息勻調，即以舌攪唇齒內外，漱煉津液，未得咽下，復作前法，閉息內觀，納心丹田，調息漱津，皆依前法。如此者三，津液滿口，即低頭咽下，以氣送下丹田中，須用意精猛，令津與氣谷谷有聲，徑入丹田。」這就是靜坐功。

當時還有許多講理學的大師，無論是道學家還是心學家，都喜歡用「靜坐內省」來教育人。據說程頤一坐便是幾個小時，朱熹也很重視靜坐。他在「滄州精舍」就經常靜坐，並對人說：「人著逐日無事，有現成飯吃用，半日靜坐，半日讀書，如此一二年，何患不進。」（《朱子語類》卷二）朱熹一生心儀於內丹之道，撰寫了《周易參同契考異》一書。他認為自己「異時每欲學之，而不得其傳，無下手處」，故「不敢輕議」。

導引圖

總的說來，宋代內丹學的流行對儒學的影響極大，其哲學理論給儒學提供了具有極大啓發性的思想材料，並且這種屬於氣功一類的修練方法以其治病強身、延年卻老之功效吸引了包括儒者文士在內的眾多人士去實踐和體會，對後世產生了極大的影響。

當然，有些人的養生之術也並不是來自內丹說，如歐陽修就認爲要想享天命，「盡天年」，就要「以自然之道，養自然之生」，至於內丹學，雖「可以全形而卻病」，卻非上策。這可以說是養生術的另一個流派了。

犁耕取代鋤耕

犁耕取代鋤耕是農業生產和農業技術的重大成就和根本性革命，在金代，上京諸路已基本完成此過程。

考古發掘出土的大量金代鐵製農業生產工具顯示，這時期的農業生產技術較前代已有相當進步，在今黑龍江、吉林、遼寧、河北、北京、山西、河南等省市出土了數量眾多的農具，有的一處就達數十件，如黑龍江肇東八里城出土各種鐵製農具五十餘件，北京房山縣焦莊村出土三十多件，其中種類繁多，有犁鏵、蹚頭、犁壁、鐮、手鐮、鋤、鋤鉤、耘鋤、鎬、叉、鍬、鍘刀、車車官等，每種工具又有多種不同形式，分別可用於翻土、播種、牛耕鋤草和收穫等各個生產環節。一九七六年，在河北灤平縣窯上公社岑溝村——金代農家遺址中，發現了一個《齊民要術》中提到的「瓠種」所用的竅瓠，它是見於報導的迄今最早的此類遺物。

據此分析可以認爲，至遲在金代中期，上京諸路使用的鐵製農具已經成龍配套。黑龍江肇東八里城出土的五十多件鐵製農具經初步整理，直接用於農業生產的有翻土分土工具、鋤草工具和收割工具。而且許多農具與中原地區的農具已基本一致，甚至十分相似，有些還同近百年及本世紀三○年代前後黑龍江地區農村使用的工具有些近似，表現了其農業技術的進步性。

除了數量多、品種齊及應用的細緻性以外，其結構也顯得相當進步，如所出土的犁鏵，尖端角度較小，不僅入土深，而且能起較大的壟，有利於保種全苗。而所用的鋤頭，鋤板很薄，上邊還安裝有彎形鋤鉤，這樣，鋤草時既不易碰壞莊稼，又可深鋤而省力。

在耕作技術上，這些地區已廣泛推行了遼代的壟作，不僅能防風沙，而且有利於吸收太陽光能，提高土壤溫度，的確適宜於東北地區的環境及氣候特點。在此基礎上，金代進一步

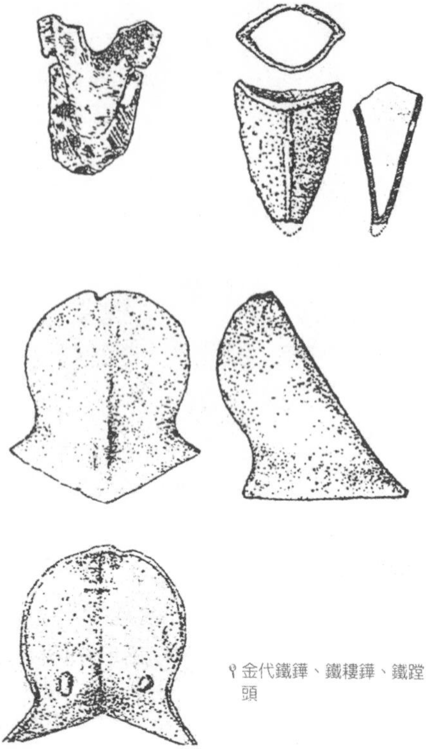

金代鐵鏵、鐵耬鏵、鐵蹚頭

完善並形成了一整套適合這種耕作方式需要的農具。如出土的犁鏵和現代東北地區使用的已很相似，而與河北地區的出土文物有較大差別。再如犁壁，上京地區的呈長方形，而北京的則爲扁方形。這些差別顯然是與當時實行壟作和平作方式不同有關的。最有特色的是蹚頭，這種既可以分土起壟，又可以牛耕的適合東北壟作方式的特徵性農具，到目前爲止，僅在黑龍江肇東八里城等地遺址中有所發現。

據上述材料足以推斷，在金代犁耕已經取代了鋤耕並已發展到相當高的水平，這些成龍配套的農具使許多地區已擺脫了粗放的耕種方式，進入了精耕細作農業的時代，極大地促進了農業生產的發展。

宋禁殺人祭鬼

宋朝的時候，民間有殺活人祭祀鬼神的醜惡習俗，特別是在湖南、陝西、兩廣等地方，這種殺人祭鬼的活動大爲流行。宋朝廷多次禁止都沒有什麼效果。

紹興二十三年（西元一一五三年）六月，將作監孫壽祖鑒於殺人祭鬼的陋習蔓延到浙江、四川這些地方，妨害官府政令的推行和居民生活的安定，影響很壞，於是上奏朝廷，陳述利害關係，請求朝廷責令監司、州縣嚴行禁止，並且建議朝廷對違反的人處以連坐的重刑，搗毀所有巫鬼淫祠，以絕後患。宋廷見事態嚴重，再不嚴禁恐怕會造成更惡劣的後果，於是採納了孫壽祖的建議，立即頒布文告，委派專官，採取嚴厲措施來禁止這種陋習。宋廷的嚴刑重罰，在一定程度上扼制了殺人祭鬼這種醜惡習俗的擴散。

宋舞隊活躍於民間

兩宋時期，逢年過節，有組織的、自娛兼表演的舞蹈活動十分活躍，許多不再被宮廷長期供奉、必須自謀生路的專業歌舞藝人與農村優秀舞人樂伎一起湧向城市，形成一支爲城鎮百姓表演的專業隊伍。他們組成班社，開闢固定的表演場地，相互在藝術創造和表演上展開競爭、爭奪觀眾，這一切爲舞蹈藝術向商品化和劇場化過渡準備了條件，並促進了舞蹈技藝的不斷提高。

宋代民間歡度節日，以歌舞爲主，「舞隊」是指包括武術、雜技、說唱等的遊行表演，當時稱之爲「社火」，也有人認爲社火來自於祭社樂舞習俗。民間「舞隊」的活動規模十分可觀，名目也很豐富，每年臘月下旬開始，就陸續有舞隊出動，到正月初一後，日漸增多，到元宵節達到高潮。

「舞隊」表演技藝的名目，《東京夢華錄》、《夢粱錄》、《西湖老人繁勝錄》、《都城紀勝》均有記載，《武林舊事・舞隊》所記更爲詳盡。舞蹈性的節目有：大小金棚傀儡、快活三郎、瞎判官、細旦、夾棒、男女竹馬、男女杵歌、大小斫刀鮑老、交衮鮑老、諸國獻寶、穿心國入貢、孫武子教女兵、六國朝、四國朝、遏雲社、緋綠社、胡女、風阮稽琴、撲蝴蝶、回陽丹、大樂、瓦盆鼓、焦錘架兒、喬三教、喬迎酒、喬親事、喬樂神、喬捉蛇、喬學堂、喬宅眷、喬像生、喬師娘、獨自喬、地仙、旱划船、教象、裝志、村田樂、鼓板、踏蹺、撲旗、抱鑼裝鬼、獅豹、蠻牌、十齋郎、耍和尚、劉衮、貨郎、打嬌惜等等。由此可以窺見當時舞隊的表演形式與內容之豐富多彩。從這些名目中還可以得知，純粹的舞蹈表演節目並不多，大多是雜技、歌舞、舞蹈化的武術和體技表演，也有許多是以舞蹈動態語言爲主的戲劇性小品，諸如《孫武子教女兵》以及許多的「喬××」。「喬」在這裡可以理解爲「喬妝」、模仿和扮演之意，可見此時的舞蹈藝術正向情節、人物性格化靠攏，向戲曲發展的總趨勢。這在宋代的民間舞和宮廷舞中都是一致的。

從上述「節目單」中可將宋代「舞隊」中舞蹈性較強的作品分爲以下幾類：

一、表現農耕勞作和生活情趣的舞蹈。

《村田樂》，這是一種表現農村

勞動生活的民間歌舞，鄉土氣息濃郁。范成大曾有詩描述臨安燈節上表演該舞的情景：「村田蓑笠野，街市管弦清。」此舞一直流傳到明代。

《訝鼓》，也寫作《連鼓》、《砑鼓》，是一種以擊鼓伴奏爲特徵的歌舞形式，其間常穿插扮各種人物表演的情節性舞蹈小品，類似今天秧歌中的小場子，元宵節表演《訝鼓》的風習，由宋至元、明、清，一直流傳不衰。

《十齋郎》，也稱《舞齋郎》、「齋郎」是唐宋時代掌管太廟或郊社祭祀儀式的一般官員，本應講求儀表端正無疾，但在宋代這一官位可以蔭新，也可用錢捐買，故稱職者不多，人們便用舞蹈予以諷刺。《十齋郎》即以風趣怪異的形態，刻劃了那些笨拙無能、滑稽可笑的官員的醜陋形象，編入民間舞隊表演。

《鮑老》，或稱《舞鮑老》，民間舞隊中的滑稽舞蹈。

二、裝神扮鬼，帶有宗教神祕色彩的舞蹈。《裝神鬼》，簡稱「神鬼」，是宋代民間舞隊和百戲中的舞蹈類別。這類舞蹈名目很多，像《搶鑼》、《舞判》、《硬鬼》、《歇帳》、《七聖刀》、《啞雜劇》等皆是，主要在每年臘月至次年元宵節的廣場舞隊中表演。「裝神鬼」中的各個節目，幾乎都以一聲爆仗的鳴響和燃燒的煙火相接，扮著各種怪異鬼神形象的舞者輪番出場表演，《東京夢華錄》對這些舞蹈都有較詳盡的描述。

三、舞蹈化的武術、擊技表演及其他。這類舞蹈雖已融入了更多的武術技藝藉以吸引觀眾，但其主要藝術特徵還是舞蹈。一些比較有名的舞蹈有《斫刀》、《舞蠻牌》、《抹跑板落》，此外與《斫刀》相類的《舞劍》，在民間舞隊中也有表演，《都城紀勝·瓦舍公技》中就有《舞劍》

宋代樂舞圖

名目。

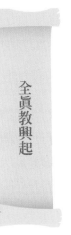

宋代民間舞蹈與前代相比，有幾個鮮明的特點：

一、表演性舞蹈的一部分，由宮廷走向了民間，服務對象從專爲皇室貴族到兼爲廣大市民階層。

二、出現了一些以舞蹈爲謀生手段的專業藝人，加快了舞蹈表演藝術劇場化、商品化的進程，促進了舞蹈藝術技巧的進一步提高和豐富。

三、民間舞蹈活動更爲經常，形式、品類、節目更爲多樣，更富有娛樂性，保存下來的史料和流傳下來的節目更多，很多民間舞作爲漢族民間舞蹈的主體，一直活躍於明、清和近現代，盛傳不衰。

四、民間舞蹈的題材擴大了，內容更豐富，多角度、多層面地反映生活，融進了許多傳說故事，出現了生動鮮明的人物形象，出現向戲劇靠攏、發展的趨勢。

全眞教興起

北宋後期，主張練丹服氣的外丹派因數百年來毫無靈驗而沒落，取而代之的內丹派社會影響已相當廣泛，正醞釀著新的大教團的誕生；文化上，多元融合成爲社會的一種新趨勢，三教合流成爲文化思潮的主流，吸收佛道的新儒學（宋代道學）和容納儒道的新佛學（宋代禪學）相繼出現，貫通三教的新道教雖未誕生，卻也呼之欲出了。不久，便有王吉吉（西元一一一三—一一六九年）從庶族地主中應運而出，上承北宋內丹道教傳統，下應時代潮流，以「三教圓融」爲號召，創立了一個具有完整教義教創的新道派——全眞教，它是宋元道教鼎革浪潮中湧現出來的一個最大、最重要的新道派。

王吉吉出身富庶，文武全才，但直至四十七歲仍不得志，才慨然入道，自號重陽子，後人又稱他爲王重陽。他是個天才的宗教宣傳家，善於隨機施教，尤其擅長作詩詞歌曲勸誘士人，製造神奇詭異驚世駭俗。未立全眞教以前，他在終南山築穴而居，號「活死人墓」，內則潛修金丹，外則佯狂裝瘋，還自名「王害風」，但並未引來信徒。大定七年（西元一一六七年），他焚居東行，雲遊至山東半島，樹起「全眞」旗號，不僅招收了馬鈺、譚處端、劉處玄、丘處機、王處一、郝大通、孫不二七大弟子，還在文登、寧海、福山、萊州一帶建立了五個群眾性的教團會社，正式創立了全眞道的組織形式。不久，王吉吉在返回關中路上逝於汴京。但他東行傳教這三年中，成績卓著，在理論和組織方面都爲全眞教的興盛奠定了基礎。

王吉吉所收的七大弟子，多數出身豪門富戶，而且皆是士子中的第一流人才，不僅自身成爲全眞教興旺發達的骨幹力量，而且身後各自形成門派，推動全眞教繼續發揚光大。全眞七子傳道途中，秉承師道，以奇行苦節感動世人，又輕財仗義，濟人之急，民眾感佩之餘，入教者漸多；他們又有著述問世，不僅總結發展了全眞教的教義理論，而且便於結納士類，相與推揚。全眞七子積極向外弘宗傳教之餘，還特別注意爭取朝廷的承認和重視，並且開始營造宮觀，建立鞏固的宗教活動基地。

經過二十餘年經營，全眞教在組織上已具備相當規模，教義也發展完善。王吉吉繼承內丹派道禪融合的思想，高唱三教合一，宣揚「三教從來一祖風」，「太上（老子）爲祖，釋迦爲宗，夫子（孔子）爲科牌」，後來全眞家常說「天下無二道，聖人不兩心」，正是這種會通三教的強烈願望的表現。全眞教力倡三教平爭，也是有鑒於儒佛兩家遠勝於道教的不等事實，他們說三教之徒交遊中不應有門戶之見，顯然是要抬高道家地位，與儒佛平起平坐。

全眞教作爲一個道家流派，也堅持成仙證眞的信仰。他們汲取佛教「眾生皆有佛性」說，宣揚人人皆可成仙論；又援附禪宗的「見性成佛」說，宣揚明心見性，即可證仙，但其學說比禪宗更淺顯易學。王吉吉爲其新道派起名「全眞」，正是爲了提倡保全眞性，以清淨爲宗，以識心見性爲本，成就一個最完美、最眞實的人生。

太上老君坐像

隨著全眞教日益形成一種不可忽視的精神力量和社會勢力，金朝統治者也受到了觸動；而全眞道又是不以政治為目的的宗教教派，更促使金廷對之拉攏利用，以加強黃河流域廣大漢族區域的統治。皇帝的一再徵召問道，抬高了全真七子的身分，助長了全真教團在民間的發展；而全真教的勢力愈益擴大，朝廷對它也愈益重視。劉處玄掌教時，全真教正式成為合法宗教，全真教進入穩定發展時期。金朝衰敗後，在民間擁有強大勢力的全真教，成為蒙古、金、南宋三國爭奪中原中所爭取的一個重要目標。

海戰興起

宋代，海戰漸漸興起，這是因為當時海船建造技術的發展，為海戰準備了充分的物質條件，使海戰的興起成為可能；而更重要的是，沿海航路的重大戰略意義在當時明顯地顯露出來，無論是在宋金對峙時期還是在宋元對抗階段，沿海航道都成為南下北上的重要途徑，具備了重大的軍事意義，因而海防的地位日見重要，海戰明顯增多，規模增大，揭開了中國古代大規模海戰的序幕。

海戰也是水戰的一種，中國古代的水戰，一般均由近距離的接舷戰決定最後勝負。宋代水戰已具備了近代水戰的雛形，由於弓弩的大量使用，特別是爆炸性火器如火箭、鐵火炮、霹靂炮等的應用，出現了在一定距離之外可以發起攻擊的水戰。宋代水戰的基本戰法，有火攻、接舷戰、順流沖角三種。在具體戰役中，各種戰法交互使用，致使宋代水戰精彩紛呈，蔚為壯觀，有江河攻防戰、內河水戰、水陸結合戰等。當宋代水戰由內河擴及海上，由江河作戰擴為江海作戰，就導致了中國古代大規模海戰的興起。

宋代海戰中，唐島之戰最初出現，這是火器應用於水戰之後的第一次大規模海戰，在海戰史上寫下了光輝的一頁。紹興三十一年（西元一一六一年），金完顏亮大舉南下，蘇保衡、完顏鄭家奴率水軍七萬人，鐵艦六百艘直指臨安；南宋水軍將領李寶率戰艦一百二十艘，水兵三千人迎擊。在黃海唐島（又名陳家島，在今山東靈山衛附近）兩軍相遇，李寶乘敵軍尚未發覺，命令艦隊全面出擊，突入敵陣。金軍遭到突襲，驚慌失措，倉促應戰，艦隻擠成一團。李寶迅速下令向敵軍發起火攻，金艦隊陷入一片火海。接著，李寶又指揮艦隊插入敵未著火的艦陣之中，命令士兵靠幫跳上敵艦，展開激烈的白刃戰。結果，全殲金艦隊，只有蘇保衡隻身

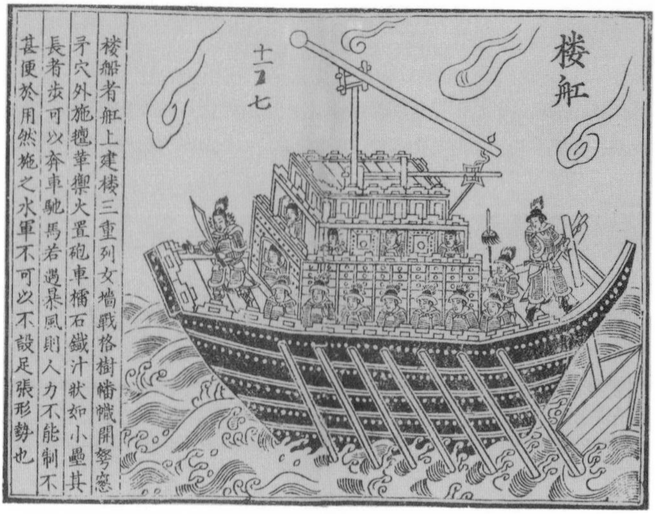

樓舡圖

逃脫。此次海戰，李寶長途奔襲，以三千水軍，全殲超過自己二十倍兵力的金軍大艦隊，創造了中國海戰史上以少勝多、以弱勝強的光輝戰例。

海戰的興起，增強了當時宋王朝的國防力量，對宋朝人民保家衛國起到了很好的積極作用；而宋代海戰興起，又對後世海戰起到了開創先河、並具有重大啓迪作用，所以說宋代海戰興起，又是近現代海戰雛形的形成。

中國創造火箭

火箭起源於中國，是中國古代重大發明之一，是一種依靠自身向後噴射火藥燃氣的反作用力飛向目標的兵器。宋代火箭廣泛應用於軍事，被稱爲「軍中利器」。

火箭一詞，最早見於《三國志·魏明帝紀》注引《魏略》，魏明帝太和二年（二二八年），諸葛亮出兵攻打陳倉（今陝西寶雞市東），魏守將郝昭「以火箭逆射其雲梯，梯然，梯上人皆燒死」。但那時的火箭，只是在箭杆靠近箭頭處綁縛浸滿油脂的麻布等易燃物，點燃後用弓弩發射出去，用來縱火。火藥發明後，上述易燃物由燃燒性能更好的火藥所取代，出現了火藥箭。北宋時期已大量生產火藥，並用來製造火器，主要有弓火藥箭、弩火藥箭、霹靂炮。北宋後期，民間流行的能高飛的「流星」（或稱起火）屬於用來玩賞的火箭，南宋時期，產生了最早的軍用火箭。當時的火箭是在普通的箭杆上綁一個火藥筒，發射時用引線點燃火藥，火藥燃氣從尾部噴出，產生反作用力推動火箭前進，它以火藥筒作發動機，以箭杆作箭身，用翎和箭尾上的配重鐵塊穩定飛行方向。其構造雖簡單，但組成部分卻很完整，是現代火箭的雛形。當時有些稱「雷」或「炮」的武器，如南宋紹興三十一年（西元一一六一年），宋金採石之戰所用的帶著火光升空的「霹靂炮」實際上就是

宋代火箭

一種火箭。火箭的火藥筒製造簡單，用多層油紙、麻布等做成筒狀，筒內裝滿火藥，前端封死，後端留有小孔，從中引出火線，這與現代火箭製造原理十分相似。火箭的戰鬥部就是一般的箭頭，或代之以刀、矛、劍，強者可射穿鎧甲，射程可達五百步（約七七五公尺），有時在箭頭上塗縛毒藥來增強殺傷效果。火箭戰鬥部從用冷兵器實施個體殺傷，發展到用火藥作群體殺傷和破陣攻城，是火箭武器殺傷威力的重大推進。火箭技術迅速提高，發展成種類繁多的火箭武器，廣泛應用於戰場。許多中外文獻對中國古代火箭均有記述，尤以明朝焦玉撰《火龍神器陣法》和茅元紋撰《武備志》最爲詳盡，對各種火箭的製作、使用和維修方法、火藥配方和用量，及飛行和殺傷性能等均有記載，並有大量附圖。

宋代火箭技術的發展，不僅爲中國古代戰爭提供了先進武器，而且具有重大的科學價值，是中國對世界文明的一項特殊貢獻。

宋代建築布局精緻

兩宋時期，中國建築又進入了一個新的發展階段，形成了又一個高潮。宋代建築規模一般比唐朝小，組群及單體建築的外貌形象也不如唐朝時那麼宏大、雄偉，但建築組群的規劃設計比唐朝時靈活多樣，不完全拘束於對稱布局，而是隨地形高低錯落作自由布置，建築木構逐步簡化，結構簡潔、明確，施工、構件加工細緻精巧，形成了秀麗靈活的風格。

宋代建築總體布局，大多採用沿中軸線排列成若干院落的方法，加強了建築群的縱深感，使人置身其中感到層層空間的變化，每層空間因爲庭院，達到精神方面的需要。另一種布局，在宋畫《滕王閣圖》和《黃鶴樓圖》等中所見到的樓閣亭台、高低錯落，布置比較靈活自由，但仍以周圍小建築擁簇中央的主體建築，突出中心構圖的方法，是當時南方建築在小林環境中常採用的手法。

佛寺、祠廟採用傳統的廊院式布局，變化爲在中軸線左右建樓屋與廊子連接，在主要殿堂左右建挾屋（耳房）以突出主殿的重要位置。

利用環境作園林式布局，如晉祠聖母廟建造在風景幽美的懸甕山東麓，結合地形將主殿聖母殿緊貼山下面東，殿前作魚沼飛梁獻殿等不太長的軸線，使建築自然協調地建造在蒼松翠柏之間。

山西朔縣崇福寺彌陀殿門扇欞格，是佛寺中使用欞花雙扇門的較早實例，也說明了金代建築藝術受宋朝建築的影響。

單體建築，由於木結構技術的發展，在建築造型上和制度上產生了很多新的變化，如在樓閣中的十字脊歇山屋頂，殿堂的明間加大，左右各間逐漸減小，使立面構圖突出中心，主次分明。

在外簷裝修上，宋代採用了欞格花紋裝飾的木門窗，不僅改善了殿內的採光和通風，還增加了美觀，在簡化了節點上的斗拱之後，使建築的內外空間顯得開朗明潔、簷注側角使建築增加了穩定的感覺，屋頂舉架隨進深而定，進深越大，屋頂坡度越陡。

在結構技術方面，《營造法式》大木制度中首先規定了木結構的模數制——材分制度，成爲設計、建造殿堂最基本的依據，選「材」即拱和枋的斷面爲三：二，科學地考慮了斷面的剛度和強度。

使用木材常用小料複合、疊加或鑲拼，如在大梁上加「繳背梁」，余姚保國寺大殿中的「瓜棱柱」用同樣大小的四根木料拼合，再在拼接處接鑲四塊小料，用榫卯固定。

木構構件加工精細，凡露明構件如柱、梁、枋、斗拱等用「卷殺」，將柱頭砍成覆盆形或上下柱徑小、中間柱徑大的校形柱。梁桴、闌額也都作成兩肩卷剎的月梁形式，使原來粗糙笨重的構件變得柔巧輕盈。

總的說來，宋代建築規劃設計更

趨科學，宋代建築不僅有大量的建築顯示其輝煌成就，而且還有兩部具有歷史價值的建築專籍出現，這便是《木經》和《營造法式》。

宋塔流行

宋朝是中國建造佛塔的盛期，這時期的佛塔已由木結構向磚石結構轉變，平面形式和外觀都更豐富多彩，以樓閣式爲主的幾種主要佛塔類型均已出現，而且幾乎遍布全國，尤以中原黃河流域和南方爲最多。

樓閣式佛塔是在受佛教外來文化影響下，採用中國古代傳統建築技術建造的高層建築。起初多爲木結構，固易毀於火災，所以兩宋以後磚石塔大量出現。兩宋磚石塔按其結構和造型可以分爲三種類型：第一種是塔身磚砌，外簷採用木結構，其外形同於樓閣式木塔，如蘇州報恩寺塔和杭州六和塔等。報恩寺塔在蘇州城北，又稱北寺塔，建於南宋紹興年間（西元一一三一—一一六二年）。塔共九層，高七一點八五米，平面八角形，木簷外廊和底層副階爲清末重建，磚砌塔身是宋代遺構。六和塔在杭州錢塘江畔的月輪山腰，始建於宋開寶三年（西元九七〇年），紹興二十六年（西元一一五六年）重建，至隆興元年（西元一一六三年）建成，共七層，高五九點八九米，爲平面八角的木簷磚塔。現存一三層木構外簷爲清末重建，磚心部分爲宋代原構。兩塔的磚心部分爲外壁和塔心室，裡外兩圈，之間夾以回廊和樓梯的「套筒式」結構布置，加強了塔身的剛度。在八百年前就有此高層磚結構出現，足以說明中國古代磚石技術的先進。第二種是全部磚造，但塔的外形完全模仿樓閣式木塔建造。如屋簷、平坐、柱額、斗拱等用專門製作的異形磚或石構件拼裝而成，形象逼眞，泉州開元寺雙塔是此種塔的代表。雙塔在開元寺大殿前東西兩側，東塔稱鎮國塔，高四十八米，西塔稱仁壽塔，高四十四米。兩塔平面皆爲八角形，高五層，塔下施須彌座石刻蓮瓣、力士、佛教故事等裝飾。塔心作巨型石柱樓梯設在塔壁和石柱間。塔身全部用約一噸重的大石條砌成，在古代無特殊起重設備的條件下，建造這樣高的石塔，也可稱爲世界奇跡。第三種是用磚或石砌造模仿樓閣式木塔，並根據磚材料的特點，在構造上和外觀裝飾上作了適當的簡化，如河北定州開元寺塔和河南開封祐國寺塔等。開元寺塔爲十一層八角形樓閣式磚塔，高八十四米多，是中國現存最高的磚

龍華寺塔

慶華寺花塔

河南開封祐國寺塔

塔，宋咸平四年（西元一〇〇一年）開工，至和二年（西元一〇五五年）建成。磚塔只在底層作平坐、腰簷，以上各層用簡單的磚疊澀挑出腰簷，簷下石作磚仿斗拱。塔壁與塔心之間作回廊，第四層以上各層階梯在塔心作十字交叉。八角形塔身各層開四門，只在第二、第十及第十一層四面開窗，其餘各層開假窗，這些都是加強磚塔剛性的措施。祐國寺塔建於宋皇祐元年（西元一〇四九年），是中國現存最早的琉璃磚塔，因使用深褐色琉璃磚，俗稱「鐵塔」。塔上所用構件如柱額、椽枋和斗拱、平坐等用二十八種型磚鑲拼而成，裝飾琉璃磚雕刻有飛天、降龍、麒麟等。

宋塔流行是佛教建築在中國成熟的標誌，而宋代磚塔精良的技術、多種多樣的形式結構不僅豐富了中國式的佛教建築藝術，同時也對朝鮮、日本、越南等國產生了不小的影響。

人物小事典

夏圭

南宋時期，夏圭的山水畫構圖奇巧，下筆特異，在南宋畫壇上稱絕一時。

夏圭，字禹玉，錢塘人。南宋寧宗、理宗時畫院待詔，善畫山水。師法李唐，兼采范寬、米芾等人之所長，中年時期逐漸形成自己的繪畫風格。所畫山水喜取景物一邊，藉以表現朦朧渺遠的空間，後人稱之為「夏半邊」。

夏圭時代略晚於馬遠，雖同屬水墨蒼勁一派，但所畫景物沒有馬遠那種帶有富貴氣息的矜持、高華，更多地擁有自然荒率的野趣。他善用潑墨濕暈，喜用禿筆焦墨點染，皴筆豪勁自然，潑墨酣暢淋漓，人稱其手法為「拖泥帶水皴」。所畫題材多取長江、錢塘江等江南水鄉以及西湖煙雨迷濛的江濱湖岸景色。傳世作品有《溪山清遠圖》、《江山佳勝圖》、《山水十二景》、《松崖客話圖》等等。

夏圭《梧竹溪堂圖》

夏圭《山水十二景》之一《煙堤晚泊》

《溪山清遠圖》為紙本水墨畫，畫溪山叢樹，江岸峭崖，漁舟客艇，竹籬茅舍，樓閣板橋，行人對話。山重水複，煙霧迷濛，水天一色，令人目不暇給，極盡淡遠微茫之雅趣。《江山佳勝圖》亦為紙本水墨畫，畫古松盤曲，遠灘漁村，橋梁溪澗，層巒奇峰，美不勝收。《山水十二景》為絹本水墨畫，畫遙山書雁、煙村歸渡、漁笛清幽、煙堤晚泊，景景環套，餘味無窮。《松崖客話圖》為夏圭晚年作品，多用濕筆潑墨，濃淡隱約，雲氣渾茫，似乎是山風勁吹之後懸崖孤松和隔溪樹影的情景。

夏圭作「夏半邊」、以側透全、以小見大，這種注重意境的畫法對後世影響深遠。

宋雜劇發展成熟

宋代的雜劇，是一種獨立的戲劇表演藝術。在散樂中佔有首要的地位。

北宋的雜劇演出在宮廷、軍隊中、民間勾欄裡都很活躍。宮廷演出由教坊承應，每當春、秋、聖節三大宴，或是皇帝「賜酺」，教坊演出需與飲酒活動相合。北宋，教坊演出雜劇，即在隊舞演出節次中表演，「一場兩段」。這種情況，到南宋時發生了變化。宮廷內宴多雇用、徵調民間技藝人和雜劇藝人演出，同時，也由於取消小兒隊、女童隊，雜劇也就成為獨立上演的節目。南宋時，雜劇也有了一場三段的演出方式。

軍中雜劇演出，也是兩段，一段

由軍隊演出，一段由民間雜劇女藝人演出。軍人演雜劇，也得約請民間藝人。

民間勾欄裡的雜劇演出活動也很多，勾欄技藝人將勾欄雜劇與世俗民情相結合作營業性演出。據《東京夢華錄》「中元節」記載，他們在中元節時期上演《目連救國》雜劇，與民俗活動結合在一起，在戲曲形成與發展史上有重要的地位。

雜劇及樂隊磚雕（金代）

雜劇人物（金代）

宋雜劇演出，總是以兩段或者三段的方式進行的。第一段，稱豔段，表演尋常熟事；第二段，稱正雜劇，表演故事內容比較複雜的事；第三段，稱散段，也稱「雜扮」。

宋雜劇的腳色行當，有末泥、副淨、副末、旦、貼等。

《武林舊事》「官本雜劇段數」，收錄了宋代雜劇的二百八十個劇本的名目，它們在一定程度上反映了雜劇的重要變化。

宋雜劇，初始以滑稽調笑的劇目為主，從段數名目看，可以分三種情沉。

滑稽調笑、談諧風趣的劇目，並非沒有人和事，而是以「務在滑稽」組織故事和表演。「官本雜劇段數」中《諱藥孤》、《眼藥酸》、《急慢酸》、《雙打球》、《三社爭賽》、《四教化》等，就是這類劇目。

全以人名和以故事命名的，有《相如文君》、《崔智韜艾虎兒》、《李勉負心》等這些全是有人物、有情節的雜劇劇目，是雜劇內容與形式發生變化後出現的故事劇。

以人名或故事名加曲名命名的，如《霸王劍器》、《柳毅大聖樂》等，它們是採用大柳表現故事的劇目。

雜劇作爲一種獨立的舞台表演藝術在宋代已經發展成熟，它吸收、融合說唱、歌舞的藝術成就，爲南戲的產生奠定了基礎。

宋說唱藝術繁榮

宋朝經濟的恢復與發展，帶來城市與鄉鎮的繁榮，隨之而來的是文化娛樂的繁盛。依據《東京夢華錄》和記述南宋臨安城市生活的《都城紀勝》、《西湖老人繁盛錄》、《夢粱錄》、《武林舊事》所談到的兩宋時期的說唱藝術，有二十餘種之多，有講史、小說、說經、說諢經、唱賺、小唱、嘌唱、彈唱因緣、唱京詞、諸宮調、唱耍令、唱撥不斷、說話、說諢話、商謎、學鄉談、吟叫、合生、喬合生、說藥、鼓子詞、涯詞、陶眞、像生、喬像生等。在這五種書中，還記載了許多說唱藝人的姓名、某些說唱藝術的特點。

說唱藝術，是通過說說唱唱講故事的一種語言藝術，它的品種繁雜，體裁多樣，就其體裁歸類，可分爲「說的、唱的、又說又唱的、似說似唱的，共四種」。下面是說唱藝術的幾種有代表性的種類。

一、說話，最爲盛行的說唱藝術，以說爲特點，類似講故事。說話，又分四家：小說、說公案、說經、講史等。

小說，又稱銀字兒，因爲使用的樂器爲銀字笙的緣故，小說的題材爲煙粉、靈怪、傳奇故事，存目有一百四十多種。宋人話本流傳下來的，有《京本通俗小說》殘卷，收有《碾玉觀音》、《菩薩蠻》、《西山一窟鬼》、《志誠張主管》、《拗相公》、《錯斬崔寧》、《馮玉梅團圓》等。

說公案，說公案「皆是撲刀杆棒及發跡變泰之事」。

說經，即說佛經故事。南宋說經話本有《大唐三藏取經詩話》。

講史，也叫演史或講史書，「講說前代書史文傳興廢爭戰之事」（《都城紀勝》），至今流傳的《新編五代史評話》、《大宋宣和遺事》就是講史的話本。

二、鼓子詞，又稱道情，爲宋代文人所作，是士大夫宴席娛樂時用的，不是民間藝人傳唱的作品。鼓子詞采有一支詞調反復歌唱的方式表演，用鼓作爲伴奏樂器，有的詠景抒情，有的論述故事，有只唱不說的，和有說有唱的兩種體裁。趙令疇《商調蝶戀花》，是說白與歌唱相間記事的形式，取材於元稹《鶯鶯傳》。

三、唱賺，產生於南宋初期的一種歌唱形式，《都城紀勝》、《夢粱錄》等書中均有關於唱賺的記載。紹興年間，「張五牛大夫因聽動『鼓板』中又有四片（太平令）或賺鼓板，逐撰爲『賺』」。（《都城紀勝》）鼓板也是一種歌唱形式，張五牛正是聽了演唱「鼓板」中的四片（太平令）受到啓發，才創造了「賺」。「賺」本身是一種特別的歌曲，它的特別之處就是「正堪美聽中，不覺已至尾聲」（《都城紀勝》），所以當時人認爲它「不宜爲片序也」，也即不適宜單獨使用。

石雕戲劇人物「付淨」

四、諸宮調，產生於北宋的一種說唱藝術。北宋熙寧至元祐（西元一〇六八－一〇九四年）年間，澤州（今山西晋城）人孔三傳首創。崇寧、大觀年間（西元一一〇二－一一一〇年）以來，孔三傳、耍秀才在京都汴梁瓦肆勾欄中，以說唱諸宮調馳名，孔三傳編撰傳奇，靈怪故事入曲說唱，引起文人士大夫們的注意。南北分治後，說唱諸宮調這種藝術一方面流入南宋臨安等地，出了不少有名的藝人，一方面盛行於金統治的北方。南方的諸宮調沒有完整的本子保存下來，僅在《張協狀元》戲文裡，有一段用作「開場」的諸宮調，保存至今的作品，只有金代的《劉知遠諸宮

南宋《人物故事圖》

調》、《西廂記諸宮調》。

宋海外貿易擴大

兩宋時期，中國同亞、非地區五十多個國家有貿易往來，海船直接到達的國家和地區，有二十多個。海外貿易規模和範圍都擴大了。

宋代，東到朝鮮、日本，南到南海各國（指當時東南亞和印度洋沿岸各國），西到阿拉伯半島和非洲東海岸，都有中國海船的蹤跡。宋代海外貿易的興盛，有以下幾方面的原因：一、宋朝歷代統治者都很重視海外貿易。宋朝政府對海外貿易實行鼓勵和支持的政策，大大促進了海外貿易的發展。二、很多外國人來中國經商，甚至定居。除官府和商人從事海外貿易外，中國沿海一些無地的農民，也有許多人爲謀生路，出海經商，長年在外，不歸故里。三、宋朝時，中國是世界上造船水平最先進的國家。兩宋時的船，抗風力強，並且裝有指南針，能準確辨識航向。技術先進的造船業爲宋代海外貿易的擴大提供了可靠的物質保障。

在海外貿易的推動下，宋代的海港增加了許多。宋朝重要的外貿港口有泉州、廣州、明州、杭州、溫州等。廣州是最大的海港城市。兩宋政府在這些港口設立市舶司，管理海外貿易。海外貿易同時促進了造船業的發展。

東南沿海的廣州、泉州、明州等地，都有發達的造船業。北宋東京郊外，建有世界上最早的船塢。南宋沿海地區製造的海船，規模宏大。一九七四年泉州灣出土一艘南宋海船，殘船就長達二十四公尺。

隨著海外貿易規模的擴大，它對社會經濟生活領域的影響就日益深刻起來。首先，海外貿易刺激了國內商業的發展。對外貿易中的進口貨物使市場的商品種類更加豐富多彩；而外商需求的出口商品又吸引了國內客商彙集在海港城市。沿海城市的興起都同海外貿易有著直

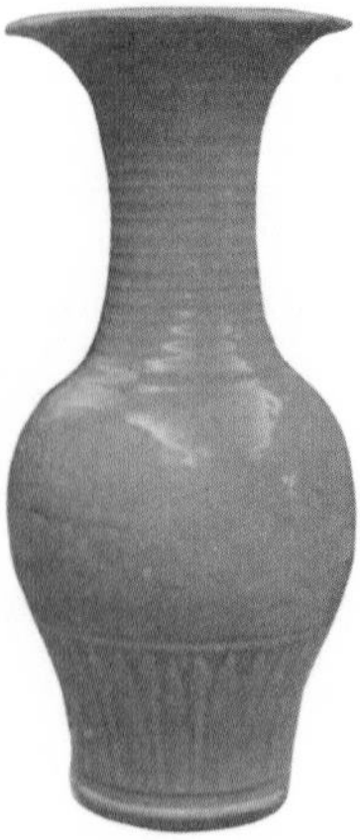

埃及開羅伊斯蘭博物館陳列的中國瓷瓶

土耳其收藏的中國陶瓶

接的聯繫。其次，某一種產品的大量出口，刺激了這類商品的生產。

宋朝海外貿易中，中國以輸出瓷器和絲織品爲主，這樣就促使製瓷業在兩宋時期大放光彩，產量大增，瓷窯遍布各地。而某些商品的大量進口，對國內的生產發展和技術進步起到積極的作用。如硫黃的進口對火藥的改進起到促進作用。最後，兩宋時期海外貿易收入，在財政上佔有重要地位，不容忽視。宋高宗末年，對外貿易所得，達到財政總收入的百分之十五多。宋朝正是通過對海外貿易進行抽稅，獲得了巨大經濟效益。

印尼日惹市蘇丹王宮收藏的中國瓷盤

宋代海外貿易的擴大，不僅僅在經濟生活方面獲益，而且在政治生活方面也取得了巨大的成就。兩宋時代，與宋朝海路通商的國家，不但包括了自漢、唐以來一直與中國有貿易

泉州出土的南宋海船，長二十四點二公尺，寬九點一五公尺，排水量約三百七十噸，是南宋時期中等船位的海外貿易貨船。

往來的國家和地區，而且也包括以前尚未建立直接貿易聯繫的國家和地區，既發展了經濟，又傳播了中華民族的文化。

宋代車船發展成熟

早在西元八世紀的唐代，我國就已經出現了兩輪戰船車船。到了宋代，車船的製造技術發展很大，車船種類大大增加。當時的車船有一車、四車、五車甚至十三車，個別的還高達二十至三十多車，所謂車是按使用轉輪數量爲標準分級，一組兩個轉輪就稱爲一車。車數越多，船體一般也越大。車船並用輪槳，在內河湖泊可以根本不依靠風力而能夠達到很高的速度。

西方造船史家認爲，以人力踏水的輪船始於十五世紀，而中國在八世紀末水軍就裝備了兩輪戰艦，而且到十二世紀中葉又造出了長三十餘丈的大型車船。西元一一三〇年，楊么起義軍在洞庭湖與宋軍展開激烈水戰時，使用的主要戰船便是車船。據史料記載，楊么義軍所用車船長度即達三十六丈，採用樓船船型，船體相當大，可以容納戰士一千多人。

這種車船在船上起樓，置拍竿，用轂轆操縱，使用二十二到二十四組轉輪，旁邊設有護車板，保護轉輪免被碰撞損壞。由於此種樓船式車船規模巨大，只能適用於像洞庭湖這樣的廣闊水面，因而並不普遍，宋代主要使用的還是八、九車以下的中小型車船。

但是，由宋代長達三十餘長大型車船的出現，足可以看出當時車船發展達到的水平。到了十三世紀，車船已經成爲中國水軍艦隊的重要艦種了。

宋南方土地利用技術突破

宋代由於人口增加與耕地不足的矛盾日益嚴重，促使人們充分利用土地資源，除了平原之外，山地、河灘、水面、海塗等都先後被利用起來，出現了梯田、圩田、塗田、架田等土地利用方式，這是中國土地利用技術的一次很大的突破。

梯田分布在丘陵地區，它雖然出現很早，其正式名稱卻是在南宋范成大《驂鸞錄》中才首次出現。唐宋時期，中國已具備梯田較大規模發展的社會經濟條件和技術條件，梯田得以長足發展，促進了南方山區的農業生產。據《嶺表錄異》、《泊宅編》、

《海錄辭事》、《駿鸞錄》的記載，在今四川、廣東、江西、浙江、福建等地山區已有許多梯田。王禎《農書・田制門》介紹了修築梯田的幾個技術要點：在山多地少的地方，把山坡地修成階梯狀田塊，每層階梯都橫削成平面；如有土有石，要先壘石塊修成田唇，再平土成田；有水源能夠自流灌溉的，可以種植水稻，沒有水源則要種粟、麥。

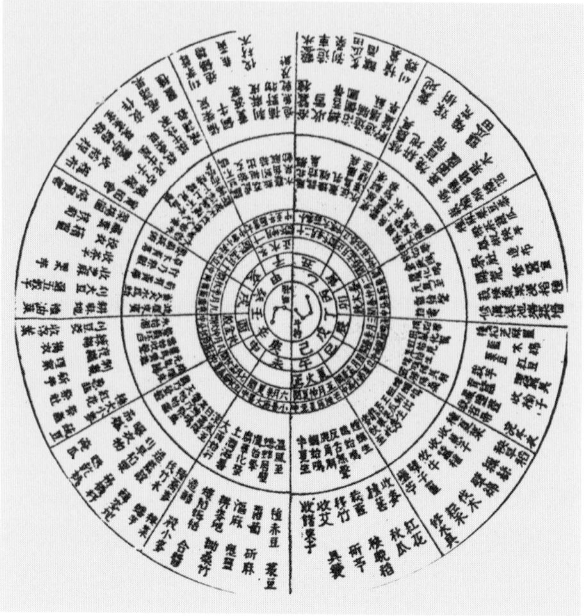
《農書》中的《授時指掌話法圖》

圩田，又稱「圍田」，其修築在五代時已有相當基礎，到宋代有了更大發展，圩田數量大大增加，僅太湖地區的蘇、湖、常、秀四州，在淳熙十一年（西元一一八四年）就建有圩田達一四八九個之多，而且規模不小。在宋代，通過圩田的經營，一方面從水面爭奪了相當大數量的田地，擴大了水稻等作物的種植面積；另一方面，又因此縮小了水面和湖泊容水量，限制甚至破壞了水稻的生產。

塗田指的是海濱地區開造的田地。唐、宋時代，一般都採用築堤的方法，對海塗加以利用。北宋范仲淹就曾在通、泰、海地區築海堤，「使海瀕沮洳潟鹵之地，化爲良田」。築堤的技術要點有二：沿海築堤擋海水，或者立樁橛抵潮汛；在田的四周開溝排鹽，並用來貯存雨水，以備旱時灌溉之用，這種溝被稱爲「甜水溝」。人們還創造了利用生物治理海塗鹽鹼土的方法，即開初種植水稗，等到脫鹽之後，才種植水稻等農作物，經過這樣處理的田比一般的田地收穫多很多倍。

中國的水上浮田，按其形成的性質大致可分爲兩類：一是天然的葑田，由泥沙自然淤積葑（茭草）根部而形成；另一類就是架田。架田，又稱筏田、葑田，是在水面架設木筏鋪蓋葑泥而成的，是一種與水爭地的人造水面耕地。《陳敷農書》最早記載了架田的製造方法：在漂水藪澤處，可以製造葑田。將木縛綁在一起成爲田丘，浮在水面上，把葑草泥沙鋪蓋在木架上，在上面種植作物。這種木架田丘，隨水高下漂浮，自然不會被淹沒。（見《陳敷農書．地勢之宜篇第二》），架田適用於南方水鄉，其優點很多：容易安裝，不受地形條件限制，不需花太多勞動去墾闢、整治土地；沒有旱澇的災害，還可在較短的收穫季節裡栽種作物。

盧溝橋修建

金大定二十九年（西元一一八九年），金朝統治者爲解決南北交通不便，在北京城西南十五公里的永定河（舊稱盧溝河）上開始動工修建盧溝橋，歷時三年，至明昌三年（西元一一九二年）完工，初名曰「廣利橋」，後因河得名爲盧溝橋。

盧溝橋是聞名世界的中國古代多孔原墩聯拱石橋，全長二一二點二公尺，加上兩端橋堍，總長二六六公尺，由十一孔石拱組成，近岸孔跨長約十六米，中心孔跨長約二一點六米，形成一種跨徑由中心一孔向兩側遞減，使橋身造型以中心對稱而向兩側作漸變韻律的處理。拱石之間有腰鐵相聯，橋墩迎水方向作分水尖，並在每個橋墩分水尖端置一三角形鐵柱，以其銳角來迎擊冰塊保護橋墩。爲保護拱腳，在墩下又打入許多短木樁。橋面淨寬七點五米，爲框式橫聯結構形式。橋面與橋欄自兩則向中間逐漸升高，使整座橋呈微向上拱的平滑曲線。橋上保留有精美雕刻。橋中

盧溝橋全景

心孔兩側與西邊第五孔拱頂龍門石上保留的三個龍頭雕刻，爲金代原物，風格獨特，現存橋的整體造型、橋墩與橋身部分構件的雕刻，均爲金代原物。現存石欄板及望柱，雖爲不同時期的遺物，但大部分仍爲金代原物。橋身兩側各有石雕護欄，二八一根欄杆望柱柱頭刻仰覆蓮座，座下刻荷葉石墩，柱頂刻石獅子大小達四八五個，個個造型生動，姿態各異。東端橋堍石欄盡頭兩側各有一隻大石獅，兩端則有兩尊石象，另有華表四根，石碑四通。

現存盧溝橋爲清康熙時毀於洪水後重建，仍堅固如初。橋東頭有清乾隆御筆題刻的「盧溝曉月」碑亭爲「燕京八景」之一。盧溝橋一直是北京通向南方的交通要道，行人和車輛來往繁忙。一九三七年七月七日，日本在此發動「盧溝橋事變」，抗日戰爭爆發，盧溝橋因此名傳中外。

盧溝橋曉月碑夜色，是燕京八景之一。

四書成爲標準教科書

北宋時期，儒學在理學家的帶動下，又開始興盛起來，在民間掀起了授徒講學之風。在教材的選定上，理學家們依照自己的理解，特地從關於禮儀制度的典籍《禮記》中抽取出《大學》、《中庸》兩篇，並爲之作注解以教授生徒。南宋時，理學的集大成者朱熹於一一七七年完成了《論語集注》和《孟子集注》後，又於一一八九年完成了《大學》、《中庸》的集注。直到紹熙元年即一一九〇年，他在福建漳州做官時，才首次把這四書連同自己的集注，彙集成一本，刊行於世，稱爲《四書章句集注》（簡稱《四書集注》），四書之名從此確定下來。

《大學》相傳是孔子弟子曾參的著作，主要內容是提出了三綱領和八條目。三綱領是「明明德」、「新民」、「止至善」，是儒家學者所追求的最根本目標。八條目是「格物」、「致知」、「誠意」、「正心」、「修身」、「齊家」、「治國」和「平天下」，是學者爲學的具體方法、邏輯程序、框架。八條目的核心內容是「修身」，它說：「自天子以至於庶人，壹是皆以修身爲本。」八條目中的前四條是所以修身的方法，後三條則是由「修身」發出來的，以「修身」爲基礎、前提。《大學》對八條目的邏輯先後關係作了詳盡的闡釋。提出了所謂「絜矩之道」，要求統治者從自身做起，推己及人。《大學》所教的對象是「欲明明德於天下」的「大人」，故被朱熹解釋爲「大人之學」。朱熹對《禮記》的《大學》原篇的章句順序作了部分調整，並把「格物」釋爲「格物窮理」，奠定了他的「理學」修養方法的基礎，實現了他的理學的特色。

《中庸》相傳是孔子孫子子思的著作，朱熹說它是爲「孔門傳授心法」。子思被後世頌爲「述聖」。《中庸》認爲，人性是「天」賦予的，因此，人倫之「道」以及修道的「教」都是本於「天道」的，而「天道」就是「誠」，它把「誠」視作世界的本體，學者修道就是要體證這個「誠」。它還發揮了孔子「執兩用中」的方法論。肯定了「中庸」是道德行爲的最高標準。朱熹釋「中」爲「不偏不倚」，釋「庸」爲「不變不易」、「平常」。書中還提出了「博學之、審問之、愼思之、明辨之、篤行之」的治學方法。朱熹認爲《中庸》承繼了堯舜以來道統的眞傳，對於駁斥當時似是而非的異端——佛、老之學極有功。是故對該書的評價甚高。

《論語》是孔子弟子及再傳弟子所記的關於孔子的言行的語錄體散文。保存了孔子的哲學、倫理、政治特別是道德教育思想及道德實踐方法，提出了以「仁」爲核心的倫理學說。《孟子》是戰國時期孟軻及其弟子萬章所著，它發揮了孔子的「仁」學思想，主張性善論，提出「配義與道」以「養浩然之氣」的修養方法，以實現「盡心知性以知天」。政治上主張擴充「不忍人之心」的「仁政」，首次提出「民貴君輕」的民本思想。《論語》、《孟子》自漢始已爲學者重視，作爲教材使用。

朱熹之所以把四書彙集起來並作集注，是因爲他認爲讀四書較讀傳統的《詩》、《書》、《禮》、《樂》（漢時亡佚）、《易》、《春秋》六經「用功少而收效多」。他曾經說：《詩經》在孔子時，小孩子都會吟誦，而今天的老生宿儒都很難理解，是不宜於作爲現今的重點教材的。他

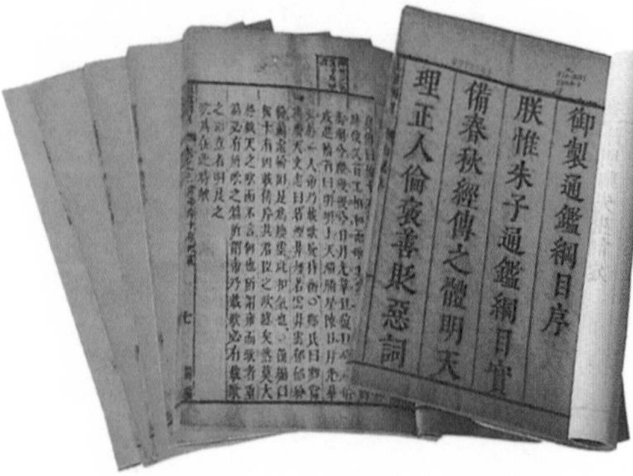

儒家經典《大學》、《中庸》、《論語》、《孟子》，合稱「四書」。

認爲做學問就須先窮理，而「窮理必在於讀書」，而四書「義理」豐富，又易讀，所以讀起來效率高。他曾經把《春秋》等經比作「雞肋」，「食之無肉，棄之可惜」，所以他主張先讀四書，「四書治，則群經不攻而治矣。」可見，他把四書的地位抬得很高，甚至可以凌駕五經了。對於四書的學習順序和意義他也有論述，他說：「先讀《大學》以定其規模，次讀《論語》以立其根本，次讀《孟子》以觀其發越，次讀《中庸》以求古人之微妙處。」

朱熹在「避佛老」的過程中吸收佛道的思想，完成了有特色的「理學」體系，爲儒學建立了宇宙論、本體論基礎，與孔孟的原始儒學是有所不同的，故被後世稱爲「新儒學」。他的理學的特色在《四書集注》中得以充分的體現。總的來說，他繼承了孔孟的核心思想，同時又發展了它，使道德實踐方法變得更爲明晰、精微。他的理學對於儒學的繼承與傳播是極有功的。對於其後的學術思想及文化傳統等具有莫大的影響。當然，這種影響力是借助於統治階級對理學的推崇。朱子的理學在其生前及逝世後曾遭到短暫的禁止，但其價值很快重新爲統治階級認識。南宋寧宗時，把《論語集注》和《孟子集注》列入學官，元朝時，科舉考試試題必須出自《四書集注》，並要求考生答題時以程朱理學的觀點闡述。明清兩代都以《四書集注》作爲從朝廷到地方的官辦和私辦的一切學校最基本教材以及科舉考試的標準答案，四書及朱子的集注，成爲標準的教科書，爲封建社會晚期廣大知識分子所必讀。

黃裳編《天文圖》

宋紹熙元年（西元一一九〇年），南宋著名天文學家黃裳進獻天文、地理等八圖。黃裳（西元一一四七—一一九五年），字文叔，曾擔任皇子嘉王趙擴的教師翊善（助理教

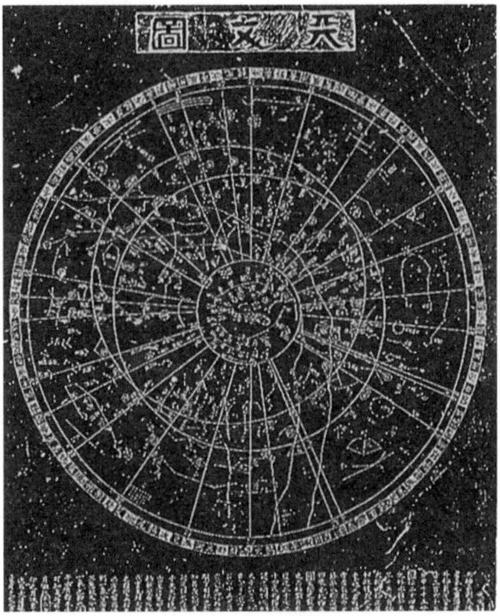

蘇州天文圖碑

師）。一一九五年趙擴登基，黃裳被任命為禮部尚書。現存蘇州文廟的石刻天文圖就是當時黃裳進獻的八圖之一。

蘇州石刻天文圖碑高二點一六公尺，寬一點〇八公尺。上部圓形星圖外圈直徑九一點五公分，下部是名為天文圖的碑文。全圖共有一四三一顆。把它與敦煌星圖、北魏及唐代一些墓室星圖相比較，可以看出蘇州石刻天文圖的發展脈絡和它的創新之處。它將中原地區可見星空濃縮於一圖，更為簡練，儘管採用的是中國傳統的蓋圖法，赤道以外星官形狀有較大的變形，但用一圖而覽全天，十分清晰，它比五代星圖的星數多了很多，比唐代墓室星圖隨意點繪有無可比擬的先進性，它的星位準確，採用極投影繪法，把銀河，甚至它的分叉都畫了出來，形象美觀，也符合實際天象。特別值得指出的是，圖中二十八宿資料、恆星座標均取自元豐年間的測量，圖上二六六顆星的位置均方誤差僅在一點五度以內，證明它是一份科學的星圖。它實在是中華文明的一個瑰寶，是西元十二世紀世界上獨一無二的科學的石刻星圖。

黃裳進獻的天文圖是世界上現存星數最多，時間最早的古代時刻星圖，它反映了截止到宋代的天文學成就和中國傳統的天文學體系特徵，因而用來作天文教具非常直觀。它星數多，星位準，清楚地顯示了三垣二十宿的劃分，同時將星占的分野以及十二次和十二辰劃分邊明確標出，所以能用於傳統天文學教學。這從一個側面反映了宋代天文學教育思想和教學方法的進步。

宋發明尖底船

單龍骨的尖底船在宋代的發明創造，是當時造船技術的最大成就。

由於海防的重要性在宋代逐漸上

升，再加上造船技術大大進步，海船有重大發展。宋代的外海戰船一般是木帆船，主要船型有沙船和福船兩種，而尖底船的船型多屬於福船，以產於福建而得名。

根據《宣和奉使高麗圖經》記載，宋代遠航朝鮮的海船「上平如衡，下側如刃」，這就是尖底船。其基本結構特點是底部設單龍骨，尖底、尖頭、方尾，利於深海破浪。福建產的海舟爲上品，尖底福船可稱是宋代最佳的深海遠航木帆船。一九七四年在福建泉州灣曾發現一艘宋代海船的殘骸，據考證，此船尖底單龍骨，頭尖尾方，船身扁闊，並且已經採用了水密隔艙，使船的抗沉性大大增強。這艘船的構造及設計，奠定了近世船舶的結構基礎，外國直到十八世紀才出現了類似水密隔艙的技術。這是中國古代造船業的傑出創造，領世界風氣之先。

文化小事典

「十八般武藝」

「十八般武藝」已成為國人耳熟能詳的口頭語，並已有了比字面遠為廣泛的涵義。追究起來，「十八般武藝」一語首次出現當是在南宋初年，南宋人華岳編於嘉定元年（西元一二〇〇年）的《翠微北征錄》中記載：「武藝一十有八，而弓為第一。」可見，「十八般武藝」原指使用十八種兵器的本領。

元朝以後，「十八般武藝」一詞廣為流傳，廣泛用於說書、戲曲、小說之中。但關於「十八般武藝」的具體內容，則說法多樣，一直得不到統一，較為經典的當數明人筆記中的提法。明人謝肇淛的《五雜組》和朱國楨的《湧幢小品》中，記「武藝十八事」為：「弓、弩、槍、刀、劍、矛、盾、斧、鉞、戟、鞭、簡、撾、殳、叉、杷、綿繩套索、白打」。其中前十七種是兵器名稱，最後一種則是徒手搏擊。而《水滸傳》裡的提法也許更生動易記：「矛錘弓弩銃，鞭簡劍鏈撾，斧鉞並戈戟，牌棒與槍杈。」後來又有了其他的說法，較常見的一種是：「刀槍劍戟，斧鉞鉤叉，鎲棍槊棒，鞭鐧錘抓，拐子流星。」

宋遼金夏

宋觀賞性刺繡發展成熟

宋代刺繡分兩類：一類仿繡書畫，以供欣賞用；一類實用性刺繡，用於衣服裝飾。前者作爲觀賞性刺繡在宋代已臻成熟，內容由唐時多繡製宗教性裝飾繪畫轉向仿摹名家書畫，風格注重寫實，以追摹原作的筆墨線條、色彩濃淡和風采氣韻爲能事。

由於刺繡工藝以繡線絲理表現物象，除畫面景象外，更具有繡工肌理的美感。這是繪畫原作所缺的方面，所以評論家稱它「較畫更勝」。例如故宮博物院原藏宋繡素底白鷹軸，羽毛部分採用刻鱗針法，在羽片外緣無墊一根輪廓線，然後根據羽毛生長的自然規律施針加繡，使羽毛呈現高下厚薄的眞實之感；繫鷹的藍索打結

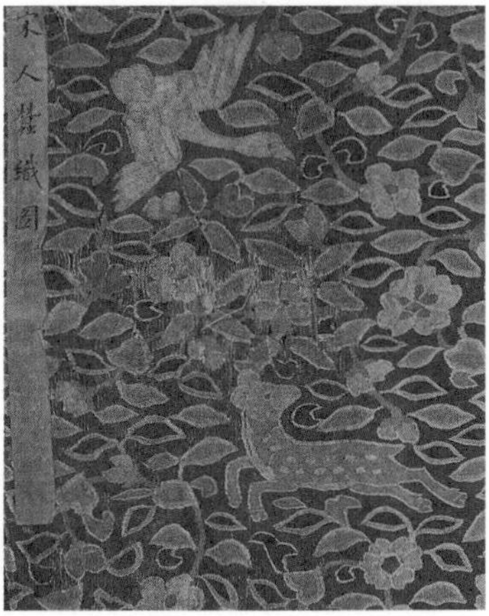

宋代流行的緙絲

處，則以粗股絲繩盤成結狀，用針絨固定；流蘇也以粗線排列並釘圖，使之顯現不同的紋理質感。再如傳世宋繡《樓台跨鶴圖》，運用多種針法以表現不同的內容：衣服和山石用擻和針，竹葉用齊針，飄帶和鶴翅用纏針、雲彩和房屋局部輪廓及衣著局部加盤金及釘金，地板用編針，右下角山石用平套針。由於畫面空曠，又以借用色地的借色繡來表現景觀層次，地都染淺棕色，天空部分加染藍灰色，就感到天空遙遠而廣闊。又在彩雲邊緣勾畫白粉，即有浮出畫面的感覺。像這樣靈活多樣的表現技法，在宋代以前是見不到的。宋代種種刺繡工藝技法的運用，都圍繞著增強藝術效果的目的。以刺繡加筆繪這一點來說，此時既不像周代因刺繡技藝尚不純熟而採用毛筆塡繪大面積的顏色；又不同於十八世紀後期因進行大量的商品性生產，爲偷工減料而大塊大面的以畫代繡；而是在若干關鍵之處，稍加點染，頓成傳神之妙趣。

緙絲「金地玉蘭」

宋代畫繡技藝之所以能夠達到歷史上的一個高峰，一方面是因爲絲織業較爲發達和人們的藝術趣味發生了新的變化；另一方面是因爲宋徽宗的愛好和提倡。宋徽宗在崇寧年間（西元一一〇二—一一〇六年）在皇家畫院設繡畫專科，鼓勵對繡畫技術的研究和運用，一時間著名畫工如思白、墨林、啓美等相繼湧現，民間繡畫也隨即蔚然成風，繡畫技術自然得到了很大發展。此外欣賞性繡畫既然要求融合書畫的風采氣韻，則對藝術修養的要求自然較爲嚴格，因而這類繡品，往往只有條件優越的名門閨秀成就最高，因此又有「閨閣繡」之稱。

民間玩具雕塑興盛

宋遼金時期，雕塑的題材內容不再囿於宗教的題材戒律，更側重於現

白釉褐花虎哨，宋代兒童的發音玩具。

↑白釉褐彩瓷狗、瓷馬
→鐵質生肖掛馬，宋代兒童懸掛之物。

世，世俗性大爲加強，突出的表現之一便是民間的玩具雕塑興盛起來，各種民間工藝雕塑小品，較之前代，顯得更加活躍。

宋時的風俗，把一種別名「化生」的小娃娃造型的「摩目侯羅」視爲吉祥之物，每逢七夕，把它送給新婚之家，以作生子之瑞。據宋孟元老《東京夢華錄》卷五記載：北宋汴京每逢七夕，街頭「皆賣磨喝樂，乃小塑土偶耳。悉以雕木彩裝欄座，或用紅紗碧籠，或飾以金珠牙翠，有一對值數千者」。「磨喝樂」即「摩目侯羅」的音譯，有可能是佛教天龍八部中的摩目侯迦的變相。這種風俗有北宋時風靡中原，統治集團南渡後又流傳到江南地區。摩目侯羅俗稱「金娃娃」，或裸體，或手執荷葉，或著荷葉半臂，形態天眞活潑，如浙江衢州王家瓜園史繩祖墓出土的匍匐狀金娃娃，笑容無邪，憨態可掬，是南宋典型的摩目侯羅遺品。

民間工藝雕塑的興盛，造就了一大批技術高超的民間藝術家，如以搏埴泥孩兒而聞名當世的田玘和袁遇昌。田玘作品「態度無窮，雖京師工效之，莫能及」，且以製作精美而身價百倍，造型小巧玲瓏，「小者二、三寸，大者尺餘，無絕大者」。袁遇昌的作品：「唇齒眉髮與衣襦襞積，勢似活動；至於腦囟，按之脅脅作聲。」設有機巧而更爲名貴。當時蘇州地區捏塑藝人爲數不少，近年在鎭江駱駝嶺宋代遺址出土了較多頗有觀賞價值的捏塑泥人小品。

宋金時代隨著陶瓷工藝的發展，和玩具雕塑相結合，南北各地名窯均有兼燒製陶瓷小品，多年來在各地古窯址、古墓葬中時有出土，造型樣式很能迎合兒童心理，小人小狗無一不有，種類多樣而釉彩亦富變化，意匠出人意表，簡樸可愛別有情趣。不同地方的玩具風格不一，各有特色，體現出不同審美愛好。

兩宋蹴鞠活動形式成熟

宋代的蹴鞠活動在軍中和民間開展得比較普遍，其活動方式大致可以分爲兩種：一是設球門的競賽，二是不設球門的競賽。

設球門的競賽。其球門柱高三丈二尺，球門徑二尺八寸，闊九尺五寸，網中有「風流眼」球門立在場地中央，比賽雙方各十餘人，宋徽宗時稱爲「左右軍」，其中一人爲「球頭」，二人當「次球頭」，比賽時，左邊的球隊先開球，「先以球團轉，眾小築（不邁開步子的小踢）數遭」，然後賜給次球頭，小築數下，待其端正，次球頭再「供與球頭」，球頭打大臁（邁開大步踢）過球門。如一方不能踢過球門即爲輸，右軍踢過球門，左軍還踢過球門的爲贏，不能還過球門的爲輸，這是北宋的有關情況。

南宋時期，參加這種比賽的人數有了變化，一是左右軍各七人的；二是左右軍各有十六人的。

北宋時期，接球和傳球都改「挾」爲「踢」，略增加了它的競技性和娛樂性，但到了南宋，某些環節又由「踢」改爲「挾」，出現了倒退。

不設球門的比賽，據《事林廣記》和《戲球場科範》記載，這種比賽可分爲兩類：即不分班和分班兩種。

不分班的賽法在人數上可分爲一人場至十人場等十種方法，可稱「一般場戶」。其術式構思巧妙，內容豐富多彩，顯示了這一時期人們對蹴鞠活動娛樂價值的重視。

分班的競賽稱「白打場戶」，是用絲圍子隔開兩班的比賽，其場法因當時的專用語，較難通，其大意是左右兩班各人入絲圍子內。「右班踢在

宋代的蹴鞠圖銅鏡

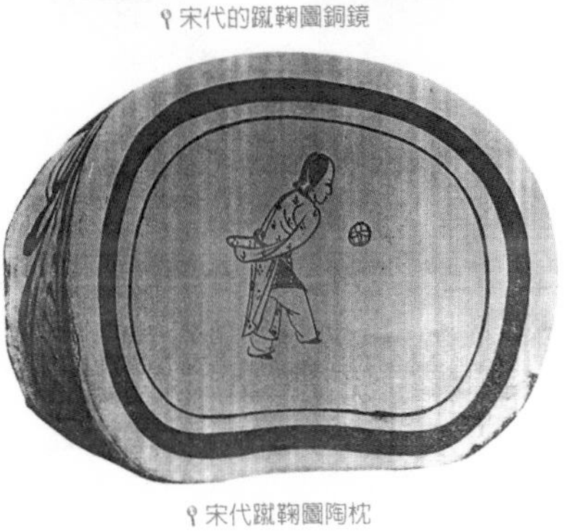

宋代蹴鞠圖陶枕

左班圍內，左班踢脫輸一籌。雜踢得活亦輸一籌，若右班踢出圍子，然後復入圍內開始，左班則贏兩籌，若左班在絲圍內踢住對方球，可贏兩籌，若右班將球踢回左班，左班踢脫，則輸三籌。

兩宋時期的蹴鞠活動形式與以前的蹴鞠已經有了不同，可以說是一個由直接對抗到間接對抗的轉化時期。

龍泉窯代表越窯青瓷

龍泉窯位於浙江省西南部，在北宋中期越窯漸趨沒落的情況下，它繼承越窯的傳統，主燒青瓷，在南宋時達到它的鼎盛階段，並成為越窯青瓷的代表。

在彩繪瓷出現以前，宋代即以青瓷為主。宋代青瓷，南北競燒，官民齊上，爭奇鬥豔，各有千秋。龍泉窯能夠於此中脫穎而出，主要就歸功於它在繼承上有所創新，燒出了粉青釉、梅子青等特殊品種。

粉青釉、梅子青的燒製工藝非常複雜，需多次掛釉，多次燒成，同時還要有白胎映襯，確是青瓷中的上乘之作。粉青釉色如青玉，梅子青更是可與翡翠媲美。

龍泉窯青瓷的種類極為豐富。飲食用具有各類盆、碟、盤、碗、盞、壺、渣鬥等器，僅瓶類就有膽式、鵝頸式、堆貼龍虎瓶、帶蓋梅瓶和五管瓶等多種；文房用具有水盂、水注、筆筒、筆架；供器有各式香爐以及八仙塑像。

此外，還有棋子、鳥食罐等器物。值得注意的是，為迎合當時的考古風尚，龍泉窯還燒製了許多仿古瓷器，如鼎、投壺、琮、文房四寶等。

龍泉窯青瓷的裝飾手法也比較多樣。早期比較普遍地採用刻花裝飾，輔以篦點或篦劃紋。此外，還有波浪、雲紋、蕉葉、團花等紋飾。北宋晚期開始出現刻花蓮瓣紋，多裝飾在碗的外部，瓣尖呈圓形，瓣內均劃直線。

①

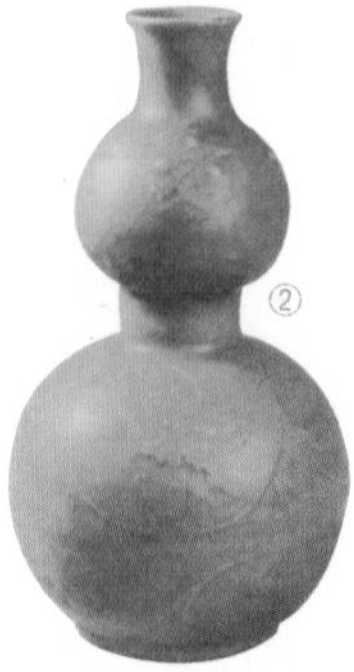
②

③

①龍泉窯魚耳爐
②龍泉窯戎爐瓶
③龍泉窟舟型艦

這一時期浮雕和堆貼的裝飾手法也大量運動用於瓶蓋和器物外部，從而帶來了瓷器的立體感。

龍泉窯作爲宋代著名的青瓷產地，其影響較爲廣泛。鄰近的慶元、雲和、麗水、武義、江山等縣以及福建的浦城、松溪兩縣都是龍泉窯的競相仿效者。龍泉窯也因其高超的青瓷工藝而存在了近八百年。

玻璃器製造相當發達

在宋、遼、金時代，中國的玻璃燒造業已相當發達，玻璃器皿的廣泛使用給當時人的生活帶來了許多便利，也帶來了獨特的裝飾作用。

這一時期玻璃燒造業的發達首先表現爲燒造地區分布廣泛。從玻璃器出土的地點來看，有十六個省區在當時均燒造玻璃，其中重要的發現有甘肅靈台、河北定縣、河南密縣、內蒙古四子王旗、江蘇連雲港、安徽無爲、浙江里安和衢州、湖南長沙等地的塔基與墓葬。其次表現爲玻璃器皿的種類比較多樣。從出土的玻璃器物中看，主要有玻璃瓶、玻璃葫蘆瓶、玻璃葡萄、玻璃花瓣口杯、玻璃壺形鼎、玻璃鳥形物、玻璃寶蓮形物、玻璃簪、玻璃飾等。《武林舊事》中還有南宋時杭州元宵節使用玻璃花燈的記載，這在當時是難度很大的製作。

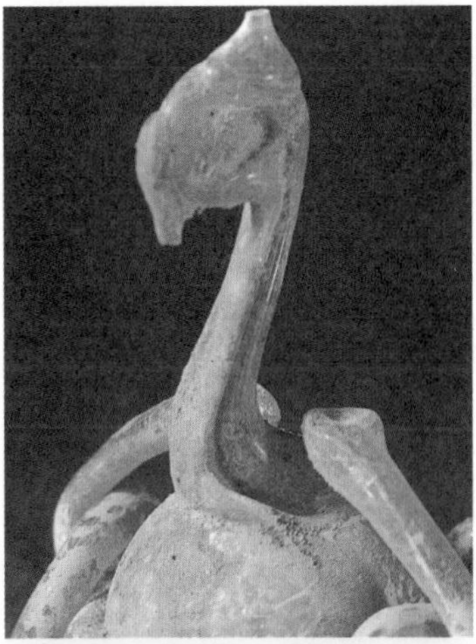
玻璃鳥形物

玻璃葡萄

當時的玻璃製造業還受到來自阿拉伯的玻璃器皿的影響。南宋在福建提舉市舶使的趙汝適曾在《諸蕃志》中記錄了阿拉伯各國玻璃器皿的優點及其配方，「添入南鵬沙，故滋潤不裂，最耐寒暑，宿水不壞，以此貴重於中國。」當時杭州「七寶社」所經營的玻璃器皿中，有些是來自阿拉伯的產品。達官貴人爭相收藏阿拉伯玻璃器皿。

這一時期製造的玻璃多屬高鉛玻璃，主要以鉛、硝、石膏合成的配方燒製而成，如定縣塔基出土的玻璃葫蘆瓶，含鉛量高達百分之七十。西北地方與沿海一帶往往摻入鉀鈉，而燒成鉀鉛玻璃。這種玻璃的特點是「色甚光鮮，質則輕脆」，不耐高溫，故而宋代玻璃多用於裝飾陳設，而難作飲食器皿。阿拉伯玻璃傳入後，這一缺陷有所彌補。

人物小事典　丘處機與成吉思汗

元太祖十四年（西元一二一九年），成吉思汗在西征途中，派遣侍臣劉仲祿帶著虎頭金牌，去登州（今山東掖縣）邀請全真道人丘處機講長生之道。丘處機於元太祖十六年（西元一二二一年）春，率領十八名弟子啓程，先到達燕京（今北京），後又取道宣德漠北，一路西進，在太祖十六年十一月時抵達撒馬耳幹（今烏茲別克撒馬爾罕）。太祖十七年四月，丘處機終於在大雪山（今興都庫什山）謁見了成吉思汗。

丘處機字通密，山東棲霞人，十九歲開始學道，拜全真教道人王吉吉為師。王吉吉給他起道號長春子，丘處機後來和王吉吉的其他弟子郝大通、王處一等人被合稱為「七真」。王吉吉死後，丘處機先後在石番溪（今陝西寶雞東南）和隴州（今陝西隴縣）等地隱居，他結交士人，廣收門徒。金世宗完顏亮曾召他到中都講道。金末亂世，他隱居在家鄉的棲霞山中，收徒傳教，金宋兩朝都派人前來徵召他做官，均遭拒絕。

丘處機晉見成吉思汗後，成吉思汗問他有什麼長生藥，丘處機回答說，世上只有養生之道，而沒有什麼長生不死的靈丹妙藥。成吉思汗對他的誠實大為讚賞，命令在自己的御帳東邊給丘處機建帳居住，留他住了六個月。在後來的交談中，丘處機除了向成吉思汗介紹各種養生之道外，還特別針對蒙古軍隊的屠殺掠奪，一再講述他的政治觀點，建議成吉思汗清心寡欲養生，敬天愛民治國，選舉賢才，施行仁政，這樣才能使國家長治久安。成吉思汗對丘處機的忠順和建議大為欣賞，命令翻譯把他的話記錄下來，傳給子孫後代，並且尊稱丘處機「神仙」。丘處機返回時，成吉思汗任命他管理全國道士，並且對丘處機的門人說，如果他們每天給皇帝祝壽誦經，今後免除一切差役賦稅。

丘處機雪山之行後，全真道開始轉入貴盛，在北方中原勢力超過了所有的宗教，顯赫一時。丘處機本人東歸後，在元太祖二十二年（西元一二二七年）病死在燕京太極宮。

宋剪紙藝術繁榮

宋代民間剪紙藝術得到了一個蓬勃發展的良機。

在民間剪紙術中，「江淮南北，五月五日釵頭彩勝之制，備極奇巧，凡以繒綃剪制艾葉，或攢繡仙佛、禽鳥、蟲魚、百獸之形、八寶群花之類，縐紗蜘蛛，綺穀麟風，繭虎絨蛇，排草蜥蜴，又螳螂蟬蠍，又葫蘆瓜果，色色逼眞，名曰『豆娘』」（《唐宋遺記》），又「凡孕婦入月，於初一日父母家以銀盆或綾或彩畫盆盛秫指一束，上以錦繡生色帕覆蓋之，上插花朵及通草帖羅五羅二女花樣，用盤盒裝送饅頭」（《東京夢華錄》）。

這種隨禮品剪製的通草花樣，可

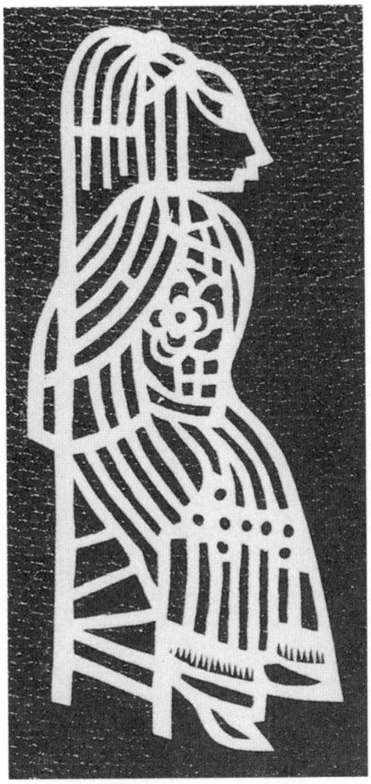

清代剪紙《楊宗保》（窗花）

說是剪紙藝術裡的「喜花」或「禮品花」之創始。

剪紙行當與名家亦在宋代出現，《武林舊事》中記有：「都下十月以來，朝天門外競售錦裝新曆，……金彩鏤花，春帖、幡勝之類，爲市甚盛。」平時，杭州小經濟中還有剪字，剪鏃花樣、鏃影戲，鬧蛾兒等。「每一事率數十人，各專籍以爲衣食之地」（同上書），不用筆墨硯石，只以剪刀和紙創作出字畫的，有楊誠齊詩集中，贈剪紙道人詩，序云：「道人取義山（李商隱）《經年別元山詩》，用青紙剪作采元章字體，逼眞。」

又周密《志雅堂雜鈔》：「向舊都大街有剪諸花樣者，極精妙，隨所欲而成，又中瓦有俞敬之者，每剪諸家字皆專門，其後，忽有少年能衣袖中剪字及花朵之美，更精於人，於是獨擅一時之譽，今亦不復有此矣。」這是剪紙藝人留下姓氏的第一名，而即能剪花朵的少年卻和眾多的民間藝人一樣，淹沒無聞了。

與雕鏃影戲人物相類者，是「走馬燈」中以剪紙形式製成的刀馬人，蕫夔《觀燈口號》「紛紛鐵馬小迴旋，幻出曹公大戰年」是悉走馬燈中剪刻的刀馬人和影戲相同。再有就是南宋吉州窯烏金釉的瓷碗上，曾將剪紙梅花、「長命富貴」等字樣用到瓷品的裝飾上去，這種巧思表達了民間藝人的聰明才智。

宋重視騎射與水嬉

在宋代，由於軍事的需要，騎射受到相當的重視。而同時，一些水上活動也在這一時期變得盛況空前。

射術一直是宋代考核士卒武藝的標準，騎射精良也使當時的武卒力量得到很大提高。

在民間，由於宋時民族矛盾尖銳，所以爲了抵禦遼金侵略，出現了許多以練習騎射爲主的社團組織——「弓箭社」，並一直延續到南宋，使騎技和射術得到廣泛的普及和發展。

這一時期有關射術的著述也很多，僅據《宋史・藝文志》記載，就

宋代馬術圖陶枕

有何王圭《射經》、徐鍇《射書》等十三人所著十五種，共三十七卷，反映當時對射術研究的成果。

水嬉最初是伴隨著水軍訓練出現的，並迅速發展成爲一種從官府到民間的全民遊戲。宋代水嬉盛況空前，據《東京夢華錄》載，當時划船成爲「圓陣」、「交頭」，以及賽船「爭標」奪彩等。大型畫舫尾部設有秋千，表演者蕩至與支架齊高時，翻筋斗投入水中。這實在是一種別開生面的早期跳水活動。

錢塘弄潮也是當時別具特色的一種水上活動。每年八月官府在錢塘進行水軍訓練，當地青年趁潮水湧來，在驚濤駭浪間大顯身手，錢塘江兩岸觀看的人群，長達數十里。至於傳統的端午競渡，宋遼金元時期，各地水鄉及鄰水城鎮，仍盛行不衰，一些近水的少數民族地區也不例外。

絲織業重心南移

宋朝絲織中心隨著蠶桑業的重心南移也從北方移到了江南，尤其是太湖地區，已躍居全國首位。

早在北宋時期，南方絲織品的產量和質量就已遠遠地超過了北方，南方絲織又以長江中上游地區以及長江下游的太湖流域最爲發展。乾德五年（西元九六七年）以後，東南諸路和今四川一帶上供國家的絲織品已達全國上供總數的四分之三，兩浙路竟佔總數的三分之一強，北方諸路卻只佔總數的四分之一。

宋代蠶業技術上有兩項較爲重要的成就，一是四眠蠶的育成和推廣；二是野蠶繭初加工技術已逐漸完善起來。尤其前者，是具有重大技術經濟意義的事件，宋代北方主要飼養一化性三眠蠶，南方主要飼養一化性或二化性四眠蠶。王安石《荊州褌篇》說：「北蠶多是三眠，南蠶俱是四眠。」三眠蠶的優點是抗病能力較強，較易飼養，四眠蠶的優點是蠶體肥大，繭質優良，這也是使南方成爲絲織業中心的因素之一。

絲織業重心南移也帶來緙絲技術和刺繡技術的發展，緙絲技術始於唐而盛於宋，它採用「通經斷緯」的組織，緯線起花，織成圖案。北宋時河北定州緙絲最爲著名，南遷時緙絲中心隨宋室南移，移到蘇州、上海一帶，其工藝由實用轉向單純欣賞，模仿名家書畫，創作出了許多緙絲精品。這時刺繡技術也同樣分化成欣賞性畫繡和實用性刺繡兩大類，並得到了平行發展，主要體現爲圖案設計更加精美規範，刺繡針法更加豐富多樣。

緙絲富貴長春軸

南宋的緙絲青碧山水圖軸

宋錦和宋羅的出現，也是絲織業重心南移的結果。宋錦是典型的南方產品。是由蘇州、湖州、杭州等江浙一帶土產，簡潔疏朗、秀麗典雅，具有很濃的民族風格。宋羅在宋代相當盛行，素羅、花羅都很精美。

汝窯天下第一

汝窯爲宋代五大名窯之一，明代文人品評把它列爲首位，因而汝窯有「天下第一窯」的美稱。汝窯窯址位於今河南寶豐清涼店，由於它主要爲宮廷燒造青瓷，而且燒造時間不長，僅二十年左右，所以傳世器物不多，

汝窯青釉碗

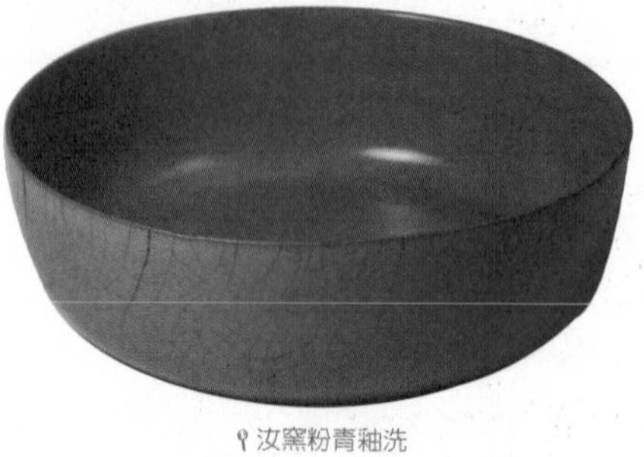

汝窯粉青釉洗

屬於稀世珍品。現存少數幾件主要收藏於台灣故宮博物院、中國北京故宮博物院、中國上海博物館。

汝窯青瓷釉色呈綠青淡藍，或如湖水晴空或如鴨蛋青色，灰而不暗，藍而不濃，綠而不翠。釉質瑩厚滋潤，有玉石之感，釉面有不很明顯的細小開片，器形仿古，多為洗、爐、樽、碗、盤等，素面無紋。由於天青色的主色調比較穩定而變化較小，而且釉面多無光澤，所以汝窯青瓷整體特點表現了渾厚蘊潤。

採用支釘支燒，是汝窯青瓷在裝燒技術上的一個特點。汝窯採用的支釘非常細小，器物並不因此而變形。所以汝窯瓷器的器底都有支釘痕，明代高濂描述為「底有芝麻細小掙釘」（《遵生八片箋》），用芝麻粒來形容器底釘痕確是比較恰當的。

汝窯瓷器的胎都很薄，盤、碗、洗等器物的口與底幾乎等厚，這又是與同期瓷器的不同之處。修坯時把坯子修得越薄則難度就越大，汝窯工匠的修坯技術達到了相當的高度，對每一件器物都是精工細作，因而能夠達到薄胎的效果。汝窯器物的底足多數均向外卷，特別是盤、碗、洗等圓器的圈足外卷更為明顯，這種作法是受浙江越窯的啟發，在當時也是很有特色的。

汝窯屬官窯，停造後有汴京官窯繼之。受汝窯影響，汴京官窯仍是重器形、釉色，不重紋飾，素面無紋，淺青開片面不很明顯。汴京官窯以後，又有許多其他窯場效仿汝窯。徐競所寫《奉使高麗圖經》就記載了高麗仿汝窯作品的情況，要由此可見汝窯的影響是較為廣泛的。可以說，汝窯青瓷代表了宋代青瓷工藝的先進水平，是中國青瓷史上的最高峰。

定窯飾花瓷器興旺

定窯為宋代五大名窯之一，從唐代時就開始燒製白瓷，至宋後期白瓷

更是著稱於世。此外還在白瓷胎上塗罩高溫色釉，燒製出黑瓷（黑定）、紫釉（紫定）、綠釉（綠定）以及白釉剔花等品種，並大量飾以花紋，如此定窯瓷器，更加爲世人所喜愛。

定窯飾花瓷器的裝飾技法主要有刻花、劃花、印花、繪金花等。刻花裝飾盛行於宋代早期，此後不久又出現了刻花與篦劃相結合的裝飾方法，在盤碗的裡面及瓶罐的外部肩腹等部位劃出折枝或纏枝花卉輪廓線條，再以篦狀工具在花葉輪廓線內劃刻複濺紋。定窯刻花工藝還常見在花果、蓮鴨、雲龍等紋飾輪廓的外側劃以細線相襯，突出了紋飾的立體感，也強調了主題。

定窯印花裝飾始於北宋中期，成熟於北宋後期，紋飾多在盤碗的裡部，其特點是布局嚴謹，層次分明，線條清晰，密而不亂。從窯址出土的大量遺物之中大體可以判斷定窯印花裝飾是仿當地緙絲紋飾的產物。窯工們把定州緙絲的圖案局部再現在瓷器上，這種移植相當成功，使定窯印花一開始就呈現出完美的布局形式，以致看不出印花裝飾工藝自身的演進過程。

定窯印花題材多爲花卉，還有走獸、禽鳥、水波游魚等紋飾。花卉紋飾最常見的是牡丹、蓮花、萱草、菊花次之，布局講究對稱，多採用纏枝、轉枝、折枝等方法。禽鳥紋有孔雀、鳳凰、鷺鷥、鴛鴦、雁、鴨等。多與花卉組合在一起。如孔雀多與牡

定窯騎雞童子

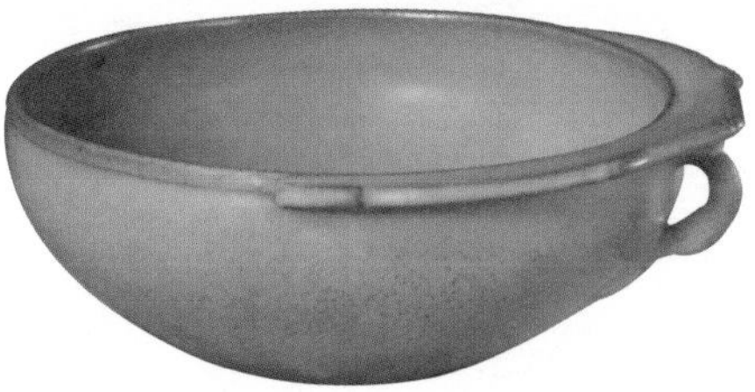
定窯單柄洗

定窯孩兒枕

丹組合，這種圖案多是在大盤裡面繪四隻飛翔的孔雀、孔雀之間以一枝牡丹隔開，盤心配以鴛鴦牡丹。這種紋飾儼如一幅布局嚴謹的織錦圖案。此外還有印花雲龍紋（這種紋飾的瓷器一般爲宮廷裡的專用品），以及雙魚紋和嬰戲紋等。

定窯飾花瓷器的器形以日用器皿爲主，有碗、盤、碟、杯、罐、壇、瓶、瓷枕、燈檯、香爐、淨瓶等。很符合民間日常生活的需要。

由於定窯瓷器胎體堅細輕薄，釉色較爲豐富，花飾內容富有生活氣息，以及瓷器種類符合人們的普遍需求，因而定窯瓷器在宋代一直長盛不衰，到了北宋後期，定窯成爲官窯，專燒宮廷用瓷，其飾花工藝更趨精巧細緻，紋樣既清晰明快，又典雅富麗，達到鼎盛。

陳自明系統性 整理婦科醫術

南宋嘉熙元年（西元一二三七年），婦產科兼外科醫家陳自明廣泛采摭諸家之善，結合家傳的醫方，編成《婦人良方大全》一書，成爲中國現存最早、具有系統性的婦產科專著。

陳自明像

陳自明（約一一九〇—一二七〇年），字良甫，臨川（今江西杭州）人。世醫出身，醫術精湛，醫德高尚，曾受聘任建康府明道書院醫學教授。他在長期的醫療實踐中，認識到醫婦人之病，特別是婦人生產時的一些疾病非常危險艱難，而當時的婦產科書籍散漫無綱，分類簡略，所選病症又不齊備，影響具體的醫療實踐和專科醫術的進一步提高。鑒於此，在編寫《婦人良方大全》時，便力求在前人基礎上「補其偏而會其全，聚其散而斂於約」。全書分爲八門，順序爲調經、眾病、求嗣、胎教、妊娠、坐月、產難、產後。每門分列若干篇論，總計約二六六論，論後介紹方藥主治，內容條理清晰而又婦產兼備。書中突出了「效」；即實用性。在論述堵病時著重概括受病之由，闡述症候特色，並附有醫案，可供臨床借鑒參考。而且在選方時不分貴賤，注意汲取一些民間驗方與中草藥的治療經驗，加強實用價值。書寫成後，影響深遠，流傳廣泛，並有一定國際影響，爲後世婦產科的發展發揮了重要的承上啓下作用。

景德鎮青白瓷成名

景德鎮是宋代江南地區著名瓷器產地，在當時以主要生產青白瓷而聞名於世。

青白瓷是一種仿玉產品。在古代因玉器屬稀有珍品而多爲統治階層所壟斷，人們只好轉而尋求以瓷代玉。景德鎮匠師出色地實現了這一模仿，燒出廠色質如玉的青白瓷，滿足了市場所需，博得了「假玉器」的美稱。

青白瓷，是一種釉色介於青與白之間的薄胎瓷器，釉色明澈麗潔，白中泛出一種青綠色或青藍色；其胎質潔白而堅，輕薄透明。青白瓷在宋以後相繼有「隱青」、「影青」、「映青」、「印青」等別稱。

景德鎮青白瓷以日用器皿爲主，飲食用具有碟、盤、碗，酒具有注子、注碗、杯、托子，盥洗衛生用具有鉢、洗和各式香薰，照明用具有燈盞，有供存放藥材、香料或婦女化妝用品的盒子，有稱子母盒的，是於大盒內粘附三個小盒，分放粉、黛、珠等化妝用品。此外，有爲善男信女燒製的觀音菩薩，有專爲陪葬用的蓋式塔罐，寢具有各式枕，如雙臥獅、立象、臥嬰和錠式，以銀錠式較多。

景德鎮青白瓷的器形也有自己的特點。如瓷鉢由斂口變敞口，折肩，肩以下漸漸收斂，口大底小，器形有較大的變化。青白瓷中又盛行蓋瓶，

點彩盒，胎質潔白細膩，施青白色釉，裝藥品、香料之器。

瓜棱形盒，施青白色釉，宋代瓷盒中的上品，裝藥品、香料之器。

瓶體瘦長，上下基本相等，上中部頸細長，頸上堆塑動物紋，上有塔形蓋，蓋頂爲一鳥形鈕，下半部瓶身多有附加裝飾，肩部一周堆貼人物。景德鎮燒製的盒子形體小而扁，有圓形、八方形、六瓣形和菊瓣形等，盒面多飾以陽文印花。

青白瓷還輔之以刻花、篦點、蓖劃和印花裝飾，更增強了青白瓷的藝術感染力。北宋前期青白多光素無紋飾，規整的器形和潤結如玉的釉子，博得了人們的讚賞。中期以後至南宋，刻劃、印花紋飾的大量出現，使青白瓷更加盛行。

景德鎮青白瓷的成名是有其特定因素的。景德鎮具有優越的自然條件，諸如優質高嶺瓷土，遍地馬尾松柴，便利的水路交通，技藝高超的製瓷工匠，這些，都是江南地區任何瓷窯無法比擬的。因而青白瓷對江南地區影響很大，江西、福建、廣東、廣西、浙江、湖北、湖南、安徽等八省近四十個縣都出現了模仿瓷窯。它們之間形成了一個以景德鎮爲中心的青白瓷體系。青白瓷是江南地區兩大瓷系之一，影響面之大居宋代六大瓷系的首位。

使棒興盛於宋民間

宋朝的社會政局複雜動盪，內憂外患，習武成爲當時的一項主要活動，各地呈現出各種習武形態。由於各地習武傳統不同，習練項目及練法也有區別。

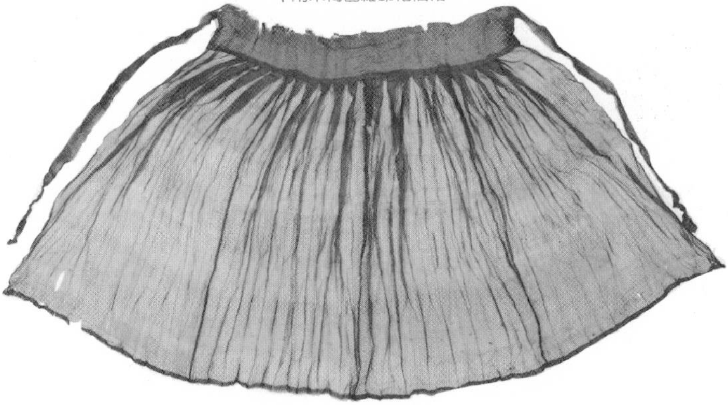

南宋褐色羅印花褶裙

「使棒」是其中之一。它始於宋代，其意爲用棒習武或用棒比武。當時這項活動在城鄉都十分普及。各地習棒的普遍發展又促進了棒術的發展演變，這主要表現在不同棒術派別競相逞雄。當時的話本對此有精彩的描述。

北宋《史弘肇龍虎君臣會》在描寫河北堯山人郭威與河南府郎署李霸遇校棒時寫道：「山東大擂，河北夾槍。山東大擂，鼇魚口內噴來；河北夾槍，昆侖山頭瀉出。……兩人在廳前使那棒，一上一下，一來一往，……喝聲不斷。」「大擂」是使棒的一種解數，也稱「雷棒」，指動作大劈直進，橫掃連擊，顯示了山東棒術粗獷剛強的風格。

而河北「夾槍」，則指的足以棍法爲主兼用槍法，體現了河北棍法剛柔相濟、細膩多變的特點。

由於這些名稱形象地形容了棒術動作，容易被人們接受，所以就成了棒術傳習中的術語並廣泛在民間流傳。當時，民間舉行的擂台賽也在一定程度上促進了使棒技能的發展。

以《揚溫攔路虎傳》中敘述的在東嶽泰山的使棒擂裁判台賽爲例，賽前除宣讀比賽規則外，再由部署在中間間棒，宣布比賽開始。勝者可以領取「利物」（獎品）。像這種有組織的比賽，使民間使棒的更加普遍，同時也推動了棒術招法的研究。

《張協狀元》是宋代最早的戲文。它的第八出稱使棒的招法，「有大開門、小開門」人們至今還沿用它。招法是棒術技法變化及風格特點的具體表現。當時不僅講究招法的各種變化，而且也注重招法中的問題。各種招法的發展，反映了民間棒術又有了進一步的發展。

人物小事典

宋慈

宋代，法醫學作為一門獨立學科的條件已初步具備。宋慈在此時對中國古代法醫學的發展作了全面總結，寫成《洗冤集錄》一書，開創了法醫學，宋慈也由此成為「法醫學之父」。

宋慈（西元一一八六－一二四九年），字惠父，福建建陽人，南宋寧宗朝進士，歷任多地行政、司法官員。他一貫嚴肅認真地對待司法審判，尤其重視刑事案件的現場勘驗。宋慈反對國家委派一些新入仕途、沒有實際經驗的官員和一些武官去處理重大命案，認為這些人難免造成冤案、錯案。為了「洗冤澤物」，他特採擷前人折獄著作中有關法醫檢驗的案件實例，結合自己的實踐經驗，「會而之，厘而正之」，加進去自己的意見，總為一編，這就是《洗冤集錄》。

《洗冤集錄》是中國最早的一部比較完整的法醫學專著，也是世界上第一部法醫學專著，比義大利人佛圖納圖‧菲德利（Fortunato Fidelis）所著的歐洲第一部法醫學著作要早三百五十多年。此書的最早版本是宋理宗淳祐七年（西元一二四七年）宋慈於湖南憲治的自刻本。該書一出，皇帝立即命令頒行全國，成為南宋王朝及後世辦理刑案官員的必讀本，據錢大昕稱，該書一直被「官司檢驗奉為金科玉律」（《十駕齋養新錄‧洗冤錄條》）。

《洗冤集錄》共五卷，五十三目，每目下又分若干條。全書共有四部分，其第一部分是將宋代歷年公布的同法醫檢驗有關的法令匯總，輯為「條令」目，共二十九條，都是針對檢驗官制定的法律規定，凡是違犯者都要承擔法律責任，這說明宋代司法中的法醫檢驗已有法可依，已經法律化了。第二部分是檢驗總論，包括法醫檢驗人員的一般辦事原則、檢驗原則以及技術操作程序等，說明宋代法醫檢驗已有章可循，已規範化。第三部分是關於驗屍、驗骨、驗傷、中毒等各種死傷的核對總和區別的方法。第四部分裡有關各種急救的方法和藥方，包括對自縊、溺水、凍死、殺傷、胎動等數十則。

《洗冤集錄》中不少內容符合近代法醫學原理，有許多具有相當科學水平，對法醫檢驗很有價值的東西。它提出了即使在今日法醫檢驗中也須遵循的法醫檢驗的一般原則，如實事求是、不輕信口供、調查研究、驗官親填「屍格」等。該書所論述的法醫檢驗範圍和項目與現代法醫學所論述的基本一致。如現代醫學對人的非正常死亡，定為：機械性死亡、機械性窒息、高低溫致死等，該書則定有「刃傷物滅、手足他物傷、縊死、勒死、溺死、捂死、燒凍死」等。對於各種死傷的疑難辨析，有許多是符合現代醫學、生理學原理的，如對溺死、燒死、縊死者在不同狀況下的不同特點，作了細緻、形象的描述，多與現代法醫學相同。

宋慈之後，元、明、清各代都有不少類似的法醫學專書問世，但「後來檢驗諸書，大抵以是為藍本而遞相考究，互有增損，則不及後來之密也」（《四庫全書總目‧子部‧法家類》）。明代以後，朝鮮、日本、法國、英國、德國、荷蘭先後翻譯出版《洗冤集錄》，該書在國際上廣為流傳，是對世界法律文明發展的一大貢獻。

宋慈像

宋《洗冤集錄‧驗屍圖》

趙友欽做光學實驗

十三世紀中葉，趙友欽設計和實施了小孔成像實驗。趙友欽（西元十三世紀中葉至十四世紀初），自號緣督，饒州鄱陽（今江西省波陽縣）人。

中國宋末元初的科學家。其著述頗多，但大都失散，唯留《革象新書》五卷。此書以討論天文問題爲主，兼及光學和數學，有不少精闢的論述。其中「小罅光景」節便記載了這一實驗。

趙友欽以樓房爲實驗室，在樓下相鄰兩個房間的地上各挖一個直徑約爲四尺多的圓阱，右阱深四尺，左阱深八尺。實驗時，在左阱中可安放一張四尺高的桌子。另在兩塊直徑四尺的圖板上各密插一千多支點燃的蠟燭，放在阱底（或桌面上）作爲光源。再備中心開孔的大小和形狀各不相同的木板若干塊，實驗時根據需要選取分別蓋在兩阱口。每個房間樓板下各水平掛一塊大木板作像屏。在這個實驗室中，趙友欽進行了如下步驟的實驗：改變孔的大小和形狀，即改換阱口的木板；改變光源的形狀和強度，即抽減蠟燭；改變像距，即改變大木板高度；改變物距，即拿掉左阱中的桌子，將光源放在阱底。這樣，在只有一個條件不同的情況下，進行對比試驗，對每個參數逐一進行探討。趙友欽總結指出：物距、像距、光源和孔竅都影響像的大小和濃淡；在孔大時，所成的像（明亮部分）與大孔形狀相同；孔小時，所成的像與光源的形狀相同。另外，他還注意到兩個參數同時變化時的相長相消現象。

這是中國歷史上記載最詳、規模最大的物理實驗，這樣大規模的光學實驗當時在世界上也是絕無僅有的。

耀州窯系形成

宋代北方青瓷的著名產地，是耀州窯，當時北方民窯青瓷便以耀州窯爲代表。耀州窯始燒於唐代，在燒青瓷的同時，還燒白瓷、黑瓷、釉下彩、唐三彩等。北宋時期以燒青瓷爲主，因其釉色青綠閃黃，故叫「薑黃釉」，以刻、劃、印花草樹木、鳥獸蟲魚及人物等紋樣來裝飾。北宋前期耀州窯曾一度仿燒越窯青瓷，如仿越窯同類裝飾而作浮雕蓮瓣紋飾。但隨著刻花裝飾達到成熟階段，耀州印花青瓷也逐漸流行，並對陝西、河南、廣東、廣西等省瓷窯產生很大影響，從而形成了耀州窯系。

耀州窯系瓷器的特點首先表現在高超的拉坯技術，耀州窯青瓷造型多種多樣，即使是一些製作難度較大的器物，如瓜棱瓶、十二瓣瓜棱碗、十六瓣菊瓣盤等，拉坯時也能做到瓜瓣距離既勻稱又和諧，而且器底修坯二整，正如碑中所說：「轉輪就制，方圓大小，皆中規矩。」

耀州窯青瓷刻花具有刀鋒犀利、線條灑脫的特色，在宋代刻花裝飾中堪稱一流。耀州窯刻花題材豐富，以花卉最爲常見。牡丹是常用的裝飾題材之一，常出現在瓶、盤、碗、罐等器物上。海水游魚紋也比較多見，在碗裡用熟練的技法刻上幾刀，三條魚就出現在碗壁上，再用篦狀工具劃出海水作襯托，在漩渦中三條魚悠然自得地遊弋，栩栩如生。嬰戲紋也是耀州印花青瓷經常採用的題材，故宮博物院收藏的一件嬰戲碗，眞裝飾主題的一胖娃，寥寥幾刀就完成了胖胖的男娃形象，又以纏枝花三朵圍繞，更覺相得益彰。蓮塘遊鴨題材也頗具藝術效果，兩隻遊鴨在蓮池中追逐，刻劃在不大的天地裡，足見匠心。浮雕牡丹獅流壺另具一格，壺的造型是典型北宋時期的式樣，壺主體突出一朵牡丹，輔以枝葉。因用浮雕技張處理紋飾，故有極強的立體感。這種壺原被國外視爲東

①

②

③

①耀州窯青釉刻花瓶
②耀州窯青釉印花碟
③耀州窯印花枝菊花碗模

窯作品，後來發掘耀州窯時有這種壺出土，由此可見是北宋時期耀州窯作品。

耀州窯青瓷器形以生活實用器皿爲主，造形渾厚，紋樣瀟灑犀利，充分體現了民間藝術樸實健康，活潑開朗的精神風貌，因其成就突出，北宋時曾被宮廷選中而造貢瓷。據《元豐九城志》及《宋史》記載，神宗元豐及徽宗崇寧時，耀州窯場燒貢瓷。自此，耀州窯系的影響更加廣泛而深遠。

中國式橋梁進入全盛時代

宋代是中國古代橋梁發展的全盛時期。這一時期不僅建造的橋梁長度是空前的，而且橋梁品種更加多樣，造橋技術日臻完善。最長的石礅梁橋，配以廊屋的木橋、無柱「虹橋」。以及植礪固基的石橋等這些在世界橋梁史上也佔有一席之地的橋梁都是這一時期的傑作。

石礅梁橋進入宋代以後已臻成熟，當時製造的這類橋梁有的至今還在使用，如南宋寶祐丙辰年（西元一二五六年）建的浙江紹興的八字橋、北宋嘉祐四年（西元一〇五九年）峻工的福建泉州市的洛陽橋等。南宋紹興二十一年（西元一一三八年）建成的福建省安海灣上的安平橋，全長五華里，是最長的石礅梁橋。

宋人在造橋時，爲防備雨水浸糟木樑和供過橋人躲避風雨，還別出心裁地在橋上建有廊屋。如浙江省龍泉縣建安鎮的永和橋，長一百二十五米，是一座木伸臂廊屋橋，飛架於河水之上，遠遠觀之尤如空中樓閣。這種橋型在當時是中國的獨創。

紹興廣寧橋

橋梁結構形式的中國獨創的還有汴水虹橋。在汴河上建造跨距近二十米的木拱無柱「虹橋」，始於宋仁宗時期，這種橋橋身爲二十一組拱型木構架並列構成，即木構架用粗壯圓木作拱骨，以兩根長拱骨和兩根短拱骨組成的拱和三根等長的拱骨組成的拱交替排列。全橋分布橫貫全橋面寬度

福州晉江縣安平橋

的橫木五根，它們聯繫各拱骨，保證了橋的橫向穩定。所用結構用捆綁或某種鐵件連結，又在每根橫木端郎釘有長方形木板一塊，上畫獸頭，以保護木端。在拱骨上橫鋪橋面板，順拱勢到拳邊呈反復曲線，使橋面柔順，增加了橋的美觀。爲了承重拱橋對兩岸的推力，以「疊巨石固其岸」（《繩水燕談錄》），即用方正的條石砌築橋台，台前留有纖道。整座橋的設計精細周到，堪稱當時的世界先進水平。

泉州洛陽橋又稱萬安橋，在晉江，惠安兩縣交界處的洛陽江人海處，橋礅因潮汐漲落，前後作出分水尖，每根石梁重達一噸多，傳說當時的建橋方法是拋石爲基，退潮時築橋墩，用木排浮運石梁，再利用潮水的漲落架設石梁。不過洛陽橋建造時最爲人稱道的是採用了「種蠣於礎以爲固」（《宋史・蔡襄傳》）的方法。當時，因石灰漿遇水不能凝固，爲將石塊膠成整體，免受海潮沖散，便採用植蠣膠固的辦法，不僅解決了施工困難並使塊石膠固成筏形基礎，這是中外橋梁史上的偉大創造。

另外，江蘇蘇州市東南的平江寶帶橋，利用單向推力墩的科學方法，建成一座多孔薄墩聯拱式橋；潮州海陽縣的廣濟橋採用浮橋開關式建成一座石梁橋；這些在當時也都是運用先進造橋技術而留下的佳作。總之，在宋代，特別是在南方一帶，由於經濟水平的發達，江河湖泊的繁多，水陸交通的便利，各種貿易的發展橋梁建築技術確定呈現出了高超的水平。

宋蔬菜品種增多

宋代，農業生產較前代有了很大的進步，特別是在蔬菜種植業方面。

首先表現在種植面積方面，北宋的都城開封附近，所有土地都種上了蔬菜，南宋臨安城的蔬菜種植面積，更爲擴大，大有超過糧食種植面積的趨勢。蔬菜種植的專業也明顯，很多地區已開始生產地域性很強的蔬菜品種，如安徽銅陵羅家洲就以生產蘿蔔而聞名。除種植面積和蔬菜專業化外，在宋代蔬菜種植方面最突出的成就還要算是蔬菜品種的迅猛增加。

宋代發展最快的蔬菜當屬「菘」，即爲白菜。菘原產北方，漢魏年間逐漸傳到南方，宋代已成爲南北方人民最爲通用的蔬菜品種。宋代菘的品種多樣，據《臨安志》所載，就有台心、矮黃、大白頭、小白頭、黃芽等等。在所有的品種中，以揚州產的菘最爲有名，菜體碩大，最重的高達十五斤，最輕的也有八、九斤。

除白菜外，竹筍在宋代也很普遍，並且積累了豐富的有關竹筍的採收、食用、收藏等方面的經驗。食用菌在宋代的品種也很多，儀浙江台州地區就有松蕈、竹、蕈、麥蕈、玉蕈等十一個品種，另外，南宋時期蔬菜品種據歷史所載的就有三、四十種之多，如芥菜、韭、蔥、大蒜、紫茄、黃瓜、葫蘆、冬瓜、山藥、蘿蔔等等。

宋代時期蔬菜品種的繁多以及其他種植技術的創新，極大地豐富了當時人民的生活，是當時發達農業的一個顯著特徵。

宋人揩牙

宋代人非常重視口腔衛生，每天早晨或晚上臨睡前有用揩齒粉末揩齒的習慣。太宗年間的《太平聖惠方》中記載的指齒粉配方達九種之多，其中包括朱砂散方、七寶散方、龍腦散方、槐枝散方、桑椹散方、貝齒散方、升麻散方、寒水石散方和龍花芯散方等。這些牙粉都是用中草藥爲原料配製而成的，據說長期使用，效果「甚佳」或「甚驗」。在南宋時，人們還發明了牙刷。在臨安市場上，「諸色雜貨」中有一款是「刷牙子」，這就是牙刷。當時在臨安金子

宋代痰盂

巷口還開設有「傅官人刷牙鋪」，這是宋理宗時很著名的一家店鋪，也是世界上第一家專門銷售牙刷的商店。

除了揩齒、刷牙之外，人們還主張經常漱口，保持口腔的衛生。楊士瀛認爲，暑毒、酒毒常常伏於口齒之間，所以，「臨睡洗畢，至於晨興，灌漱一口。」可以去除毒素。（《仁直指・齒論》）。蘇軾則主張用濃茶嗽口，這樣便可以使牙齒「堅密，蠹病自已」（《蘇軾文集・雜記・漱茶說》）。這是很有科學道理的。

宋代的口腔醫學也得到充分發展，出現了專門的口腔科。牙醫不僅治療牙病，還會鑲補牙齒。陸游和樓鑰（西元一一九七—一二一三年）就都曾寫過詩文讚美：「以補種墜齒爲業」的牙醫（陸游：《劍南詩稿・歲晚幽興》）。

兩宋南北飲食系統

宋代社會經濟取得了長足的發展，使得烹飪技術不斷提高和飲食業的不斷發展，北宋時，南食、北食兩大系統已經形成，爲以後的中國漢族飲食習俗奠定了基本格局。

南食和北食的差別在於，南食以稻米製品爲主食，葷菜主要是豬肉和魚；北食則以麥麵製品爲主食，葷菜以羊肉爲主。宋神宗時，麵粉是宮廷主食的主要原料，「御廚」所用麵粉和大米的比例是二比一。南方人一般不吃麵食，民間開玩笑說：「南方人只會把擀麵杖用來撐門，吃胡餅（一種表面帶芝麻的燒餅）比服藥還艱難。」這種飲食習俗到南宋初出現了很大變化。靖康之變以後，「北方人大批南遷、江、浙、湖、湘、閩、廣地區「西北流寓之人遍滿」。由於這些南移的北方人愛吃麵食，致使麵食的消費量激增，麥價上揚，高宗初年，一石小麥售價達十二貫銅錢。在這種情況下，南方農民「競種春稼，極目不減淮北」，麥子的種植面積迅速擴大（《雞肋編》卷上）。

在南宋都城臨安府中出現了許多麵食店，麵食製品甚至比北宋汴京還要豐富。吳自牧的《夢粱錄・天曉諸人出市》中記載，臨安最熱鬧的大街上麵食店「通宵買賣，交曉不絕」，出現了許多「有名相傳」的麵食店鋪。麵食品種也比前代增加了許多，湯餅不僅成爲煮餅或麵片湯，而且主要成爲各種麵條，東京和臨安府的飲食店中有幾十種麵條供應。宋代的包子一般是帶餡的，饅頭則一般實心無餡，如果帶餡就要在饅頭前說明餡的

宋代《春宴圖》

內容，如羊肉饅頭、蟹黃饅頭等。唐代的餛飩到宋代稱爲「餛蝕」，餛蝕就像今天的餃子或鍋貼；另外，麵食中還有角兒（角兒即糖三角）、春繭、春餅、夾兒（又稱夾餅）笑靨兒、月餅、汕餅、胡餅、劃子、千層兒、鏵鑼（一種有餡的麵食，餡有蟹肉、豬肝、櫻桃等，烤熟）、彈兒（丸子）等等品種。在米食方面，花色品種更多。乾飯就有香子米飯、石髓飯、大骨飯、羊飯、悶飯、鋪羊粉飯等；水飯有大小米水飯、羊泡飯、七寶薑粥、五味肉粥、赤豆粥、綠豆粥、臘八粥等（《武林舊事．粥》）。

在宋代的葷菜方面，北宋時北食以羊肉爲主，南食以豬肉爲主。東京飲食店中有各種羊肉食品，如旋煎羊白腸、批切羊頭、虛汁垂絲羊頭、乳炊羊肫等，還有專門的熟羊肉鋪。連御廚所用羊肉和豬肉的比例也是一百比一。南宋時，羊肉在肉食中依舊保持相當大的比重。臨安需要的羊，大都來自江浙等地，羊肉食品中有蒸軟羊、鼎蒸羊、羊四軟、酒蒸羊、繡吹羊、千里羊等不勝枚舉（《夢粱錄．分茶酒店》）。

與羊肉相比，臨安城裡的豬肉更多，城內外的肉鋪不計其數。每家肉鋪的肉案上都掛著十多片豬肉，大瓦修義場形成了「肉市」，巷內兩街都是屠宰之家，每天宰豬不下數百頭。當時許多豬肉店鋪還組織起「行」。這些都說明臨安居民食用豬肉之多。

可以說，經過一個多世紀南食和北食的融合，到南宋末年，臨安的飲食已無嚴格的南北地區的差異。經過長時間的混居，已經形成「水土既慣，飲食混淆，無南北之分」的格局。

國家圖書館出版品預行編目資料

老師沒教的中國史：透析紛擾宋遼／李默主編.——
初版.——臺中市　：好讀, 2008.12
面：　公分，——（圖說歷史；25）

ISBN 978-986-178-099-3（平裝）

1.宋史 2.遼史 3.文化史

635　97020619

好讀出版

圖說歷史 25

老師沒教的中國史—透析紛擾宋遼

主　編／李　默
總 編 輯／鄧茵茵
文字編輯／莊銘桓
美術編輯／徐明瑞
發 行 所／好讀出版有限公司
台中市407西屯區何厝里19鄰大有街13號
TEL:04-23157795　FAX:04-23144188
http://howdo.morningstar.com.tw
（如對本書編輯或內容有意見，請來電或上網告訴我們）
法律顧問／甘龍強律師
承製／知己圖書股份有限公司　TEL:04-23581803

總經銷／知己圖書股份有限公司
http://www.morningstar.com.tw
e-mail:service@morningstar.com.tw
郵政劃撥：15060393 知己圖書股份有限公司
台北公司：台北市106羅斯福路二段95號4樓之3
TEL:02-23672044　FAX:02-23635741
台中公司：台中市407工業區30路1號
TEL:04-23595820　FAX:04-23597123

初版／2008年12月15日
定價：350元
特價：299元
如有破損或裝訂錯誤，請寄回知己圖書更換

Published by How-Do Publishing Co., Ltd.
2008 Printed in Taiwan

ISBN 978-986-178-099-3

讀者回函

只要寄回本回函，就能不定時收到晨星出版集團最新電子報及相關優惠活動訊息，並有機會參加抽獎，獲得贈書。因此有電子信箱的讀者，千萬別吝於寫上你的信箱地址

書名：老師沒教的中國史—透析紛擾宋遼

姓名：＿＿＿＿＿＿＿ 性別：□男□女 生日：＿＿年＿＿月＿＿日

教育程度：＿＿＿＿＿＿＿＿＿＿＿＿

職業：□學生 □教師 □一般職員 □企業主管

□家庭主婦 □自由業 □醫護 □軍警 □其他＿＿＿＿＿＿＿＿＿＿＿

電子郵件信箱（e-mail）：＿＿＿＿＿＿＿＿＿＿＿＿ 電話：＿＿＿＿＿＿＿＿

聯絡地址：□□□＿＿＿＿＿＿＿＿＿＿＿＿＿＿＿＿＿＿＿＿＿＿＿＿

你怎麼發現這本書的？

□書店 □網路書店（哪一個？）＿＿＿＿＿＿＿＿＿ □朋友推薦 □學校選書

□報章雜誌報導 □其他＿＿＿＿＿＿＿＿＿＿＿＿＿＿＿＿＿＿＿＿＿＿＿

買這本書的原因是：＿＿＿＿＿＿＿＿＿＿＿＿＿＿＿＿＿＿＿＿＿＿＿＿

□內容題材深得我心 □價格便宜 □封面與內頁設計很優 □其他＿＿＿＿＿＿

你對這本書還有其他意見嗎？請通通告訴我們：

＿＿＿＿＿＿＿＿＿＿＿＿＿＿＿＿＿＿＿＿＿＿＿＿＿＿＿＿＿＿＿＿＿＿

你買過幾本好讀的書？（不包括現在這一本）

□沒買過 □1～5本 □6～10本 □11～20本 □太多了

你希望能如何得到更多好讀的出版訊息？

□常寄電子報 □網站常常更新 □常在報章雜誌上看到好讀新書消息

□我有更棒的想法＿＿＿＿＿＿＿＿＿＿＿＿＿＿＿＿＿＿＿＿＿＿＿＿＿

最後請推薦五個閱讀同好的姓名與E-mail，讓他們也能收到好讀的近期書訊：

1.＿＿＿＿＿＿＿＿＿＿＿＿＿＿＿＿＿＿＿＿＿＿＿＿＿＿＿＿＿＿＿＿＿

2.＿＿＿＿＿＿＿＿＿＿＿＿＿＿＿＿＿＿＿＿＿＿＿＿＿＿＿＿＿＿＿＿＿

3.＿＿＿＿＿＿＿＿＿＿＿＿＿＿＿＿＿＿＿＿＿＿＿＿＿＿＿＿＿＿＿＿＿

4.＿＿＿＿＿＿＿＿＿＿＿＿＿＿＿＿＿＿＿＿＿＿＿＿＿＿＿＿＿＿＿＿＿

5.＿＿＿＿＿＿＿＿＿＿＿＿＿＿＿＿＿＿＿＿＿＿＿＿＿＿＿＿＿＿＿＿＿

我們確實接收到你對好讀的心意了，再次感謝你抽空填寫這份回函

請有空時上網或來信與我們交換意見，好讀出版有限公司編輯部同仁感謝你！

好讀的部落格：http://howdo.morningstar.com.tw/

請填妥後對折黏貼，直接投郵即可，無須貼郵票。

廣告回函
台灣中區郵政管理局
登記證第3877號
免貼郵票

好讀出版有限公司　編輯部收

407 台中市西屯區何厝里大有街13號

電話：04-23157795-6　傳真：04-23144188

沿虛線對折

購買好讀出版書籍的方法：

一、先請你上晨星網路書店http://www.morningstar.com.tw檢索書目或直接在網上購買

二、以郵政劃撥購書：帳號15060393 戶名：知己圖書股份有限公司並在通信欄中註明你想買的書名與數量

三、大量訂購者可直接以客服專線洽詢，有專人為您服務：
客服專線：04-23595819轉230 傳真：04-23597123

四、客服信箱：service@morningstar.com.tw